.

홀로서서 인생을 행복하게 사실 분의 책

# 홀로서기
## 예수님과 동행하며

강요셉지음

"야곱은 홀로 남았더니 어떤 사람이 날이 새도록 야곱과 씨름하다가(24)" "그러므로 야곱이 그 곳 이름을 브니엘이라 하였으니 그가 이르기를 내가 하나님과 대면하여 보았으나 내 생명이 보전되었다 함이더라."(창 32:24;30)

성령

# 홀로서기
## 예수님과 동행하며

성령

# 들어가는 말

"홀로서기 예수님과 동행하며"라고 하니까, 좀 이해가 난이한 분들도 있으실 것입니다. 홀로서기를 문자적으로 이해하면 혼자 살아가는 것으로 이해할 수가 있습니다. 남녀가 결혼도 하지 않고 혼자살고, 학교도 가지 않고, 직장생활도 하지 않고, 세상에 나가지 않고 집에서 홀로지내며, 혹은 산속에서 자연인으로 살아가는 것으로 이해할 수도 있습니다.

홀로서기는 역설적으로 이해해야 합니다. 홀로서기란 세상에서 예수님을 주인삼고 동행하며 세상 사람들과 살아가면서 홀로 서는 것을 말합니다. 결혼한 부부가 각각 홀로서기가 바르게 되어야 결혼생활과 가정이 정상적으로 이루어질 수가 있습니다. 가정에서도 구성원들이 각자 홀로서기가 되어야 가정이 원만하게 될 것입니다. 직장에서도 개인이 홀로서기가 제대로 되어야 직장이 원활하게 돌아갈 수가 있는 것입니다. 교회에서도 성도 한 사람 한 사람이 성령 안에서 홀로서기가 되어야 교회가 정상적으로 설 수가 있을 것입니다. 홀로서기가 안 되는 사람은 다른 사람과 함께 서기가 힘들게 됩니다. 짐만 되기 때문입니다. 지금 코로나19 시대에 국민 한 사람 한 사람이 개인방역을 철저하게 해야, 대한민국의 코로나19 방역이 성공할 수가 있는 것입니다.

먼저 자기중심의 홀로서기입니다. 이스라엘 백성이 애굽에서 살 때는 인간의 수단과 방법과 노력으로 일해서 그 대가로 떡을 먹었습니다. 혹은 농사를 지을 때는 나일강물을 대서 씨를 뿌리고 열매를 거두었던 것입니다. 애굽에서 사는 모든 삶은 자신이 계획하고 자신이 애쓰고 노력해서 결실을 맺어서 먹고 살았습니다. 그런데 자신의 힘은 무한하지 못해 한계에 부딪치게 됩니다. 바로왕의 박해가 심해져서 자기 노력으로 살수가 없게 됩니다.

둘째로 예수님과 동행하며 홀로서기는 하나님께서 불러내셨기 때문에 전적으로 하나님께서 책임을 져주십니다. 모세를 따라 홍해를 건너 광야로 나왔을 때 이제는 자신의 힘으로 살수가 없었습니다. 물도 없고, 밭도 없고, 논도 없고, 종자를 뿌려봤자 자라날 수도 없습니다. 황막한 광야, 황막한 산천이었습니다. 그러나 하나님께서 주인으로 동행하시며 낮에는 구름기둥 밤에는 불기둥으로 보호하시는 하나님을 찾으며 하나님의 말씀을 의지하고 순종하며 하나님께서 공급하시는 모든 것으로 살아갑니다.

예수님과 동행하며 홀로서기는 예수를 믿고 성령으로 거듭나 성령의 인도를 받는 사람들이 성령하나님을 주인으로 모시고 성령의 인도를 받으면서 "내게 능력주시는 자 안에서 모든 것을 할 수 있다"는 믿음으로 하나님께서 공급하시는 모든 것으로 행복하게 살아가는 것을 말합니다. 독자들이여, 모두 이 책을 통하여 세상에서 예수님과 동행하며 스스로 홀로 서며 살아계신 하나님을 주인으로 모시고 하나님의 은혜로 행복하시기를 바랍니다.

주후 2022년 08월 25일
충만한 교회 성전에서
저자 강요셉목사

# 세부적인목차

## 4부 태어날 때부터 홀로서는 것이다.

### 20장 믿음이 있어야 홀로서기 한다. -293
1. 예수로 죽고 예수로 산다고 믿고 행하라.
2. 하나님 말씀을 마음으로 듣고 순종하라.
3. 믿고 행해야 성령 안에서 홀로 서게 된다.

### 21장 태어날 때부터 홀로서기 실습하라. -308
1. 어려서부터 홀로서기를 실습하라.
2. 늙도록 할 수 있는 직업을 선택하라.
3. 스스로 살림하는 법을 배워야 한다

### 22장 홀로서려면 자신의 처지를 비관 말라. -323
1. 자신의 지혜와 지식은 계속 성장한다.
2. 사람은 어려울 때 가장 많이 성장한다.
3. 성령 안에서 홀로 서며 성장해야 한다.

### 23장 홀로서려면 잘 할 수 있는 일을 하라. -338
1. 자신의 재능을 자신이 발견해야 한다.
2. 자녀들의 진로선택 부모가 결정하지 말라
3. 성령 안에서 홀로서기를 체험해야 한다.

### 24장 홀로서면 혼자서도 즐겁고 행복하다.  -353
1. 탐욕을 버린 소박한 마음이 되어야 한다.
2. 사람과의 관계가 부드러운 것이 행복이다.
3. 건강을 감사하고 관리할 때 행복하다.

# 1부 왜 사람의 행로는 홀로서는 것일까?

## 1장 사람이란 결국 홀로서는 것이니까?

(롬 11:36)"이는 만물이 주에게서 나오고 주로 말미암고 주에게로 돌아감이라. 그에게 영광이 세세에 있을지어다. 아멘"

사람은 혼자와서 혼자가는 것입니다. 인생이란 무엇인가? 많은 사람들이 답을 내 놓았습니다. '어차피 인생은 홀로서기다' '인생은 항해와 같다' '인생은 짧고 허무하다' '인생은 어두운 밤과 같다' 혹은 '인생은 살만한 가치가 있다' 인생의 마지막은 혼자다.' 등 인생에 관한 여러 가지 표현들은 부분적으로 일리가 있지만, 모두가 그림자만을 본 것에 지나지 않습니다. 인생의 실체에 관한 참된 언급은 성경에서 찾을 수 있습니다. 성경만이 인생의 문제에 관한 유일하고 분명한 해답을 주고 있기 때문입니다. 본문에서도 인생이 무엇인가를 엿볼 수 있습니다. 인생이란 무엇인가를 바르게 깨달아야 "홀로서기 예수님과 동행하며"라는 책의 제목이 이해가 될 것입니다.

인생은 어디서 왔다가 어디로 가느냐? 인생은 나그네 길입니다. 필자가 젊을 때 이 노래를 들으면 심각해지기도 하고 아이러니 할 때가 있었습니다. 인생을 바르게 깨닫지 못했기 때문입니다. 이제 예수님을 믿고 성경말씀을 깨닫고 보니 하늘에서 왔다가 하늘로 돌아간다고 믿고 사니 참 편합니다. "이는 만물이 주에게서 나오고 주로 말미암고 주에게로 돌아감이라. 그에게 영광이 세세에 있을지어다. 아멘"(롬 11:36). 주님이 나를 세상에 보내고 주님 안에서 잘 살다가 하늘에 계신 주님께로 돌아가야 되기 때문입니다. 이젠 주님이 왜 나를 세상에 보냈는지를 알았으니 하나님의 영광을 위해 사는 것이 신앙생활입니다. 60대 후반에 앉는 필자가 깨달은 것은 세상생활은 영적전쟁이라고 표현하면 정확한 것이라고 생각합니다. 세상생활은 천국을 침노해서 **빼앗아야** 되기 때문입니다. "세례요한의 때부터 지금까지 천국은 침노를 당하나니 침노하는 자는 **빼앗느니라.**"(마 11:12). 그런대도 예수님은 이렇게 말씀하십니다. "예수께서 또 이르시되 '너희에게 평강이 있을지어다.' 아버지께서 나를 보내신 것 같이 나도 너희를 보내노라."(요 20:21). 하나님께서 우리들을 세상에 보내셨습니다. 우리를 이 땅에 보내신 이유를 정확하게 깨달으려면 예수님께서 세상에 오셔서 하신 일을 보면 알 수가 있습니다. "하나님이 세상을 이처럼 사랑하사 독생자를 주셨으니 이는 그를 믿는 자마다 멸망하지 않고 영생을 얻게 하려 하심이라 (17) 하나님이 그 아들을 세상에 보내신 것은 세상을 심판하려 하심이 아니요 그로 말미암아 세상이 구원을 받게 하려 하심이라 (18) 그를 믿는 자는 심판을 받지 아니하는 것이요 믿지 아니하는 자는 하나님의 독생자의 이름을 믿지 아니하므로 벌써 심판을 받은 것이니라.”
(요 3:16-18). 하나님께서 이 땅에 우리들을 보내신 것은 세상
을 구원받게 하시려고 보내신 것입니다.

세상에 하나님의 나라를 건설하려면 전투를 해야 합니다.
“또 아는 것은 우리는 하나님께 속하고 온 세상은 악한 자 안에
처한 것이며”(요일 5:19). 악한 자에게 처한 세상에 하나님의
나라를 건설하려면 영적전투를 해야 합니다. 예수님은 이렇게
말씀하십니다. “세례 요한의 때부터 지금까지 천국은 침노를
당하나니 침노하는 자는 빼앗느니라.”(마 11:12). 세상에 하나
님의 나라를 건설하려니 인생은 험악한 세월이 되는 것입니다.

**1. 사람의 종국은 홀로서는 것이다.** 험악한 세월이라고 합니
다. 이는 야곱(이스라엘)이 바로 왕을 만나서 말한 것을 보면 이
해가 갈 것입니다. “야곱이 바로에게 아뢰되 **내 나그네 길의 세
월이 백삼십 년이니이다.** 내 나이가 얼마 못 되니 우리 조상의
나그네 길의 연조에 미치지 못하나 **험악한 세월을 보내었나이
다** 하고 (10) 야곱이 바로에게 축복하고 그 앞에서 나오니라.”
(창 47:9-10). 야곱이 왜 험악한 세월을 살았다고 할까요?

**1)야곱의 생애를 한번 살펴봅시다.** 아버지에게 장자의 축복
을 받고 형 에서를 피하여 20년 간 머슴살이를 합니다. 20년
간 머슴살이를 하면서 외삼촌에게 여러번 사기를 당합니다. 얍
복 나루에서 홀로남아 얍복강을 건너지 않겠다고 천사와 씨름

하다가 허벅지 관절이 어긋나는 고통을 당합니다(창32:25). 하나님을 대면하여 보았으나 내 생명이 보전되었다고 간증하기도 합니다(창32:30). 사랑하는 아내 라헬이 해산하게 되어 심히 고생하다가 라헬이 난산하다가 죽는 마음의 고통을 겪습니다(창35:16). 눈에 넣어도 아프지 않는 요셉이 죽었다는 소식을 듣습니다(창37:33-35). 인생의 행로는 이렇게 홀로서서 험악한 일을 당하면서 지나오는 것입니다.

**2)야곱의 아들 요셉의 행로를 보세요.** 어린 나이에 어머니가 죽었습니다. 형들의 모함으로 구덩이에 빠져서 죽음의 위협을 당합니다(창37:24-27). 애굽에 가서 보디발의 집에서 머슴살이를 합니다. 요셉에게 하나님이 함께하니 보디발의 집에 하나님의 복이 내려 형통하게 되었습니다(창39:2-3). 그러나 보디발의 아내의 모함으로 억울하게 감옥에 들어가게 됩니다(창39:17-20). 나중에 애굽의 총리가 되기는 했지만 요셉도 이렇게 죽을 고비를 넘기면서 험악한 인생을 살았습니다.

**3)모세도 인생이 만만하지 않았습니다.** 태중에서 생사를 건너다니는 불안과 두려움의 고통을 겪습니다(출1:8-22). 태어나서부터 생사의 갈림길에서 구사일생으로 살아났습니다(출2:2-8). 나이 사십이 되어 동족을 구할 생각이 나서 갔다가 그만 분노가 올라와 살인을 합니다(출2:11-15). 이일로 인하여 모세가 바로를 피하여 미디안 땅으로 도망을 갑니다(출2:15). 미디안에서 미디안의 제사장의 사위가 되어 40년간 처가살이

를 합니다(출2:21-22). 그러다가 때가되어 호랩산 가시떨기 나무에서 하나님을 만나 하나님의 소명을 받습니다(출3:1-8). 그래서 하나님이 주신 지팡이를 들고 바로 왕에게 가서 하나님이 말씀하신대로 여러 가지 이적과 기적과 재앙으로 바로 왕을 항복시킵니다. 이스라엘 민족을 이끌고 광야로 나오면서 여러 가지 고난을 당합니다. 그러나 모두 주인되신 하나님의 도움으로 해결하게 됩니다. 모세가 신 광야 므리바에서 결정적인 실수를 합니다. 하나님이 반석을 명하여 물을 내라고 했는데 분을 발하면서 반석을 쳐서 가나안에 들어가지 못합니다(민20:8-12). 그렇게 많은 고생을 하고 이스라엘 민족을 이끌고 광야로 나왔지만 한번 실수로 가나안에 들어가지 못합니다.

**4)다윗의 인생길도 결코 만만하지 않았습니다.** 다윗은 15세에 하나님에게 택함을 받고 사무엘로부터 하나님의 기름부음을 받습니다(삼상16:12-13). 다윗은 그 후 14년 간 사울의 시기를 받아 사울에게 쫓기는 생활을 합니다. 사울이 죽고 나이 삼십에 유다 나라 왕이 되고 수많은 전투를 하여 이스라엘을 통일하여 이스라엘 왕이 됩니다. 그러나 우리아의 아내를 범하는 죄악으로 자녀들 간에 간음사건이 발생하기도 합니다.

결정적으로 아들 압살롬이 반역을 일으켜서 도망을 가기도 합니다. 아들 압살롬이 먼저 죽는 슬픔을 당합니다. 이렇게 인생의 행로에는 여러 가지 환란과 고통이 따르는 험악한 세월을 살게 되는 것입니다. 그러므로 우리는 인생행로에서 시시때때로 받은 상처를 성령의 은혜로 치유하며 살아야 하는 것입니다. 그래서 당신의 지금 모습은 사건 사고의 집합체라고 해도 과언이 아닌 것입니다. 예수님 없이 살아갈 수가 없는 것입니다.

**5)필자도 험악한 세월을 살았습니다.** 자세한 내용은 차차로 설명하겠습니다. 우선적으로 필자의 아버지께서 당시 나이 49세, 제 나이 17살에 세상을 떠나 영원한 천국에 가셨습니다. 사랑하는 큰딸, 눈에 넣어도 아프지 않던 딸이 3살 되던 해에 교회 앞에서 놀다가 교회 버스에 접촉되어서 사랑하는 아빠와 엄마를 세상에 두고 먼저 천국에 갔습니다.

필자와 41년간 같이 인생을 살다가 영원한 천국에 먼저 들어간 우리 사모역시 험악한 인생을 살았습니다. 어린 나이에 사랑하던 아버지가 교통사고로 세상을 떠나셨습니다. 젊은 나이에 눈에 넣어도 아프지 않던 3살 먹은 딸을 천국에 보냈습니다. 그때 상처와 스트레스를 당하면서 온몸 속에 쌓인 깊은 상처를 사전에 깨닫고 실질적으로 정화하지 못하여 갱년기에 질병이 찾아와 몇 번이나 수술을 해야만 했습니다. 유난이도 하늘나라 천국에 대한 찬송과 말씀을 사모했습니다. 필자가 몇 년 전에 **"죽음이후 세계를 준비하는 법"**이란 제목으로 책을 집필하여 주일날 설교를 했습니다. 사모가 너무나 은혜를 많이 받았다고 다시 한 번 해달라고 해서 그러겠다고 했습니다.

**6)주변에 유명하신 분들 역시 험악한 세월을 사셨습니다.** 김대중 전 대통령을 생각해보시기를 바랍니다. 대한민국의 대통

령을 하셨지만 험악한 세월을 사셨습니다. 상당한 기간 동안 옥중의 고통을 당했습니다. 타국에서 떠도는 떠돌이 세월을 사셨습니다. 바다에 수장되려다가 살아나는 고통을 당하는 등등 험악한 세월을 사셨습니다. 얼마 전에 천국에 가신 조용기 목사님을 생각해보시기를 바랍니다. 젊은 시절 오대양 육대주를 다니시면서 복음을 증거 하시고, 하나님의 은혜로 순복음교회를 세계 최대의 교회가 되게 하셨지만 목사님의 인생은 즐겁고 순탄했다고 평가하지 못하고, 험악한 인생을 사셨다고 말할 수밖에 없는 것입니다. 필자가 68년 인생을 살면서 깨달은 것은 인생살이가 그렇게 행복하고 즐겁기만 한 세월이 아닙니다. 필자가 어느 날 약국에 가니까, 나이가 지극하신 단골 약사분이 야~ 오랜만입니다. 왜 이리 오랜만에 오셨습니까? 그래서 필자가 "그동안 사건사고가 많아서" 찾아오지 못했습니다. 그러니 그분이 하시는 말이 "원래 인생은 사건사고를 당하면서 사는 것이 인생"입니다. 그러시더라고요, 제가 아~ 인생은 사건사고를 당하면서 사는 것이 인생이구나 하면서 은혜를 받았습니다.

**2.인생은 살기위한 몸부림이다.** 인생은 태어날 때부터 살기 위한 몸부림이라고 할 수가 있습니다. 요즈음 매스컴에서 "아기가 음식물 쓰레기 속에서 발견이 되었다. 종이 박스 안에서 고양이 울음소리가 나서 보니 탯줄도 잘리지 않은 신생아였다. 그러나 모두 극적으로 죽지 않고 살아있었다." 이런 소식을 들

게 됩니다. 인생을 어머니 배속에서 나올 때부터 살기위한 몸부림입니다. 그래서 아기가 태어나면서 하~하~하~ 하며 웃으면서 태어나지 않고, 응아~ 응아~ 울면서 태어나는 것인가 봅니다.

앞에 거론한 아기들과 같이 엄마 뱃속에서 나와서 2일 동안 방치되다가 기적적으로 살아나신 권사님의 간증입니다. 이 권사는 한창 전쟁 중인 51년도에 태어났다고 합니다. 어머니가 출산하고 보니 여자아이이니까 할머니가 이 전쟁 중에 딸을 키워서 무엇 하느냐고 가져다 버리라고 하여 큰 다리 교각 밑에 다가 버렸다고 합니다. 버린 후 이틀이 지나서 죽었으면 땅에 묻어주려고 어머니가 현장에 가서 보았다는 것입니다. 그런데 아기가 그때까지 죽지 않고 울고 있기에 명이 긴 아이라고 데려다가 기른 아기가 바로 이 권사님이라는 것입니다.

권사님은 이때 사망의 두려움과 공포에 시달린 후유증으로 심장병과 류머티즘 관절염으로 많이 고생을 하였습니다. 지하철을 타려고 세 계단만 올라가도 쉬어야만 할 정도였다고 합니다. 그러다가 친구들의 권면을 받고 시흥 시화에 있었던 우리교회에 오셔서 치유를 받았습니다. 자신을 지금까지 괴롭히던 질병을 치유 받을 수 있다는 사모하는 마음으로 맨 앞에 앉아서 은혜를 받았습니다. 성령의 불의 역사로 심령이 태워지는 성령의 불세례를 시간마다 체험했다고 합니다.

본인에게 호흡을 들이쉬고 내쉬면서 마음을 열고 배에서 나오는 소리로 기도를 하라고 했습니다. 질병을 치유 받고 축귀를 하려면 기도가 바뀌어야 하기 때문입니다. 그래야 성령께서 장악하시고 역사합니다. 제가 알려준 대로 순수하게 기도를 하셨습니다. 성령이 완전하게 장악을 했습니다. 필자가 기도시간마다 안수하면서 귀신을 물리쳤습니다. "예수 이름으로 명하노니 심장병을 일으키는 귀신은 떠나갈지어다."하면 악을 막 쓰다가 기침을 한동안 하다가 떠나갔습니다. "또 예수 이름으로 명하노니 류머티즘 관절염을 일으키는 귀신은 떠나갈 지어다." 하면 막 발작을 하고 기침을 하면서 귀신들이 떠나갔습니다. 몇 주를 성령이 감동하시는 대로 안수하면서 명령을 했습니다. 그러면서 권사의 얼굴이 점점 밝아지는 것을 보게 되었습니다.

몇 주를 다니다가 저에게 이렇게 간증을 했습니다. "목사님 내가 처음 여기 올 때는 계단 3개를 올라가서 쉬고, 또 올라가고 했는데 지금은 50계단을 거뜬하게 올라갑니다." 이 권사는 어머니 뱃속에서 태어난 후 2일 동안 다리 밑에 있을 때 당한 공포와 두려움을 통하여 들어온 두려움과 공포의 영으로 심장병과 류머티즘 관절염으로 고생을 했는데 말씀과 성령으로 내적치유하고 귀신을 쫓아내서 완벽하게 치유 받은 것입니다. 하나님은 어떤 문제라도 치유하십니다. 하나님의 치유와 성령의 권능을 몰라서 고생하는 것입니다. 필자는 항상 이렇게 말합니다. 예수를 믿은 성도가 영육으로 고생하는 것은 영적으로 무지해서 당하는 것이라고 말합니다. 하나님의 역사를 알고 하나님께 나오면 무슨 병이라도 치유 받을 수 있기 때문입니다.

**3.하루 앞도 알 수 없는 것이 인생이다.** 탈무드에서 '인생은 어두운 밤과 같다'고 합니다. 불확실하다는 의미입니다. 사람은 자기 힘으로 한치 앞을 내다볼 수 없는 불완전한 존재입니다. 젊은 사람들이 이것을 깨달아야 하루하루 삶을 보람 있게 살아갈 수가 있습니다. 야고보서 4장 14절 "내일 일을 너희가 알지 못하는 도다. 너희 생명이 무엇이냐 너희는 잠깐 보이다가 없어지는 안개니라" "…너희 생명이 무엇이냐…" '헬라어 포이아 헤 조에 휘몬'이 뜻은 '너희의 생명이 무엇을 위해 존재하느냐'입니다. 생명이 무엇을 위해 존재하느냐를 바르게 깨닫는 것이 중요합니다. 필자는 생명(인생)은 살아계신 하나님의 영광을 나타내기 위해서 존재한다고 믿습니다.

잠언 27장 1절 "너는 내일 일을 자랑하지 말라 하루 동안에 무슨 일이 일어날는지 네가 알 수 없음이니라" 인생이 짧고 불확실하기에 장담하거나 자랑하지 말라는 것입니다. 필자가 군대에 있을 때 전방 사단에서 근무했습니다. 사단 사령부에 근무했기 때문에 예하부대전방 GOP에서 지뢰가 터져서 병사 1명이 사망하고 2명이 부상을 당했습니다. 사건 현장에 가서 사고를 수습하고 어느 대대에 들렀습니다. 대대장이 하는 말이 지휘관이 잘못해서 사고가 났다는 것입니다. 그때 필자의 머리를 스치는 생각은 이 대대장이 무엇을 모르는 사람이구나 생각하고 한 5분이 지났는데 옥상에서 병사가 전기에 감전이 되어 사망했다는 것입니다. 당시 탄약고에 경보기를 설치했는데 경보기 설치를 위하여 전선을 연결하는 데 순간 고압선에 전선이 접촉되어 잡고 있던 병사가 사고를 당한 것입니다. 세상 말에 "가지 많은 나무에 바람이 잘 날이 없다"고 합니다. 딸린 식구가 많은 군대 지휘관은 남의 말을 할 것이 아니고 자신의 휘하를 더 보살펴야 한다는 것입니다. 소크라테스는 "너 자신을 알라"고 했습니다. 우리 성도님들도 그렇습니다. 다른 성도님의 자녀에 대하여 이런저런 말을 하시는 분이 계십니다. 그러나 하나님은 결코 좋아하시지 않습니다.

다음의 간증을 읽어보시고 경각심을 가지시기를 바랍니다. 저는 실어증과 우울증이 심하고 영적인 문제에 시달리다가 충만한 교회에 오게 되었습니다. 영적인 문제는 다름이 아니고 자꾸 눈에 악한 영들이 보이고, 밤에는 아예 잠을 자지 못할 정도로 불면증과 악한영의 괴롭힘에 1년 6개월을 시달렸습니다. 그리고 심한 우울증과 실어증으로 1년을 고생 하였습니다. 이분의 아버지가 필자에게 하는 말이 "아파트 문을 열고 들어가면 아빠 여기 귀신이 있어요, 하고 놀라고, 또 저기도 귀신이 있어요, 하며 놀라고, 자다가도 귀신이 나타났다고 소리를 질렀다는 것입니다. 그러면서 저에게 하는 말이 목사님 한번 생각해 보세요. 잘 길러서 미국 유학을 7년이나 다녀와 영어를 그렇게 잘하던 딸이 연속적으로 스트레스를 많이 받다가 그만 스트레스가 쌓여서 저렇게 순간적으로 변해 버리니 아버지의 마음이 찢어집니다.

 지난 1년 반 동안 안 해본 것 없이 다 해보았습니다. 목사님 저희 딸을 예수 이름으로 치유하여 종전같이 회복 되도록 도와 주세요." 그래서 필자가 이렇게 대답 했습니다. "예수님은 못 하시는 것이 없습니다. 의지를 가지고 제가 하라는 대로 순종 하며 연속적으로 집회에 참석하여 말씀 듣고 불같은 성령을 체 험하고 본인이 기도하고 안수기도 받으면 정상으로 회복이 될 것입니다." 하고 안심을 시켰습니다. 본인의 말로는 무당 옷을 입은 귀신은 밤에 많이 나타나고, 흉측하게 생긴 귀신은 낮에 도 아파트 문을 열면 나타나 놀라게 했다는 것입니다.

 그래서 이곳저곳을 돌아다니면서 치유 받으려고 하다가 도 저히 해결 받지 못하고 국민일보 광고와 어느 분의 소개를 받 고 우리 교회를 알고 왔다는 것입니다. 그래서 매일 다니면서 치유를 받게 되었습니다. 우리 교회에 아버지와 어머니 모두 등록을 하고, 매주 마다 영적인 말씀을 듣고 기도하며 영성 훈 련을 했습니다. 이 자매가 치유를 받고 이렇게 간증했습니다. "매시간 목사님의 안수를 받으면서 악한 영들이 때로는 울면 서 떠나가고, 어떤 때는 악을 쓰면서 떠나가고, 어떤 때는 얼 굴과 몸이 뒤틀리다가 떠나가고, 그리고 떠나가면서 각각 형 상으로 보여주면서 떠나갔습니다. 그렇게 한 달 정도 치유를 받으니까, 눈에 그렇게 보여서 나를 놀라게 하고 괴롭히던 악 한 영들이 서서히 보이지 않았습니다. 영적인 깊은 말씀을 듣는 중에도 하품을 통해서 말로 표현 못하게 떠나갔습니다. 하루에 화장지 한통이 들어갈 정도로 많은 더러운 것들과 상처들이 치유되었습니다. 마음 안에 쌓인 상처와 스트레스가 정화되고 치유되었습니다. 1-2개월이 지나니까, 잠이 잘 오고 불면증도 서서히 사라졌습니다. 그리고 악한 것들도 보이지 않고 밤에도 조용하게 잠을 잘 수 있었습니다. 그러나 우울증의 현상은 완전히 없어지지 아니하고 여전히 남아서 저를 괴롭혔습니다. 그래서 끝까지 치유 받아 홀로서며 정상적인 생활을 한다고 생각하고 계속 다녔습니다.

4개월이 지나고 5개월 중간쯤 되니까, 마음이 상쾌해지고 삶에 생기가 돌고 우울증이 사라졌습니다. 그리고 목사님의 말씀이 꿀같이 달게 들려졌습니다. 성경을 읽으면 옛날에는 하나도 보이지 않았는데, 눈에 쏙쏙 들어오는 것을 보니 영적인 눈도 열린 것이 분명했습니다. 그래서 저는 이렇게 생각합니다. 하나님이 못 고칠 질병이 없고 못 떠나보낼 악한 영이 없다는 것입니다. 그리고 눈에 악한 영이 보인다고 자랑하는 사람들은 정신적으로 영적으로 조금 문제가 있는 사람입니다. 이렇게 체험적으로 알게 되었습니다. 왜냐하면 그렇게 낮이나 밤이나 눈에 보이면서 괴롭히던 귀신들이 이제 봄 햇살에 하얀 눈이 녹아 없어지듯이 없어졌기 때문입니다." 이렇게 간증했습니다.

그러나 인생이 불확실하기는 하지만, 우리 성도는 놀라거나 두려워하거나 결코 낙심할 필요가 없습니다. 왜냐하면! 앞에 간증한 자매와 같이 성령의 인도를 받으면서 주의 은혜 안에서 살아 갈 때 하나님께서 우리의 병든 몸과 마음을 치유하여 주시고 성령께서 우리의 인생을 바른 길로 인도해 주시기 때문입니다. 오늘도 예수님 밖에서 어두운 밤길을 살아가고 있는 우리의 이웃들을 빛 가운데로 돌아오게 해야 할 것입니다. 우리는 저들에게 영생의 인생을 살도록 도와주어야 하겠습니다.

즉, 세상에 하나님의 살아계심을 증명하면서 성도의 사명이자 주님의 지상 명령인 영혼 전도에 힘써야 하겠습니다(마 28:19~20). 세상이 아무리 불확실해도 모든 세계의 주관 자 되시는 살아계신 예수님을 주인으로 모시고 홀로 서며 걸어 다니는 성전으로 살아갈 때, 우리는 지금 당장 세상을 하직한다고 해도 우리의 인생은 영원한 천국입니다.

인생은 무한하지 않고 무상한 삶입니다(약4:14). "내일 일을 너희가 알지 못하는 도다. 너희 생명이 무엇이냐 너희는 잠깐 보이다가 없어지는 안개니라" 무상이란 만물은 항상 변하며, 영원한 실체로 존속하는 것은 아무것도 없다는 뜻에서, 만물의 실상을 표현한 것입니다. 그러나 무상이라는 것이 불규칙적인 변화를 의미하는 것은 아닙니다. 모든 존재는 서로 관련을 맺는 관계성 안에서만 존재할 수 있다는 것입니다. 예수님 안에서 모든 것이 이루어지는 것입니다.

인생은 누구나 죽는 것이 정해 졌습니다(히9:27). "한번 죽는 것은 사람에게 정해진 것이요. 그 후에는 심판이 있으리니” 성경에서 인생을 비유하기를 '쇠하여 지는 풀과 꽃'(시 103:15), '잠간 자는 잠'(시90:5), '머물지 않는 그림자'(대상 29:15)라고 하였습니다. 물론 이 세상의 삶을 말합니다.

야고보서 4장 14절에서도 “잠깐 보이다가 없어지는 안개”라고 하였습니다. 이른 아침에 자동차로 서해안 고속도로를 따라 운전하고 가다보면 짙은 안개를 만납니다. 쌍 라이트를 켜지 않으면 1미터 앞도 잘 보이지 않을 정도로 안개가 심합니다. 그런데 1시간 후에 다시 그 길로 돌아오면 그 짙은 안개가 하나도 없습니다. 어디로 사라졌는지 흔적도 없습니다. 안개는 영원하지 않고 순간입니다. 이처럼 인생은 영원하지 않고 짧고 덧없고 무상한 것입니다. 어제까지 얼굴보고 대화 했던 사람이 다시 볼 수 없는 것이 인생입니다. 그런데도 사람들은 영원히 이 땅에서 살 것처럼 착각하고 살아가는 것이 실로 안타깝습니다.

살아서 예수님을 믿고 하나님을 주인으로 모시는 것이 최고의 복이요, “우리에게 우리 날 계수함을 가르치사 지혜의 마음을 얻게 하소서”(시90:12)라고 기도해야 합니다. 육신을 입은 우리 인생의 짧음을 알고 예수을 믿고 홀로서서 살아계신 하나님의 성전으로 사는 것이 최고의 복입니다. 육을 입은 우리 인생은 언제 죽을지 모르는 삶이므로 다음 나라를 준비하며 살아야 합니다. 성령의 지배와 인도를 받는 것이 최고의 복입니다. 살아계신 하나님을 주인으로 모시고 예수님과 동행하면서 홀로서서 사는 것이 최고의 은혜입니다.

# 2장 성경적인 홀로서기란?

(창 32:24)"야곱은 홀로 남았더니 어떤 사람이 날이 새도록 야곱과 씨름하다가"

예수님 안에서 홀로서기란 무엇이냐 이렇게 설명할 수가 있습니다. 하나님의 자녀는 예수님을 믿을 때 자신은 죽고 다시 사신 예수님으로 사는 사람들을 말합니다. 예수님으로 사는 사람들은 성령 안에서 홀로 서며 예수님의 능력으로 사는 것입니다. 성령 안에서 홀로 서서 하나님의 권능으로 삶을 사는 것입니다. 좀 더 이해하기 쉽게 설명하면 참새가 있고 독수리가 있습니다. 참새가 나는 것은 자기의 날개 힘으로 나니까 헉~ 헉~ 헉~ 헉~ 이러다 바로 옆 나뭇가지에 앉아서 헉~ 헉~ 헉~ 숨을 몰아쉬는 것입니다. 독수리는 자기의 날개 힘으로 날지 않습니다. 바람을 이용하여 상승기류를 타고 쫙 올라갑니다. 성령 안에서 홀로서기가 된 성도는 성령의 힘을 얻어서 독수리가 날개 치며 찬공을 올라감 같이 성령의 힘으로 세상을 살아갑니다.

자기 힘으로 홀로 서며 살아가는 사람은 헉~ 헉~ 헉~ 헉~ 하며 있는 힘을 다해 살다가 아이고 힘들어 죽겠다고 하소연합니다. 자신의 힘의 한계를 느끼고 목표까지 올라가지도 못합니다. 자기 힘으로 어디까지 올라가겠어요. 성령 안에서 홀로 선 성도는 성령의 힘으로 살아가기 때문에 독수리의 날개 치며 올라감 같이 저높은 곳을 향하여 올라갈 수가 있는 것입니다.

홀로서기에는 자기중심의 홀로서기와 성령님 안에서 홀로서기가 있습니다. 자기중심의 홀로서기는 이스라엘 백성이 애굽에서 살 때는 자기들의 수단과 방법과 노력으로 일해서 그 대가로 떡을 먹었습니다. 혹은 농사를 지을 때는 나일강물을 대서 씨를 뿌리고 열매를 거두었던 것입니다. 그러므로 애굽에서 사는 모든 삶은 인간으로 계획하고 인간으로 애쓰고 인간으로 노력해서 결실을 맺어서 먹고 살았습니다. 그러나 자기들의 노력으로 애굽에서 살아가는 것이 영원하지 못합니다. 세상(애굽)환경이 변합니다. 고난과 고역이 찾아옵니다. 애굽의 왕이 정책적으로 핍박을 가합니다. 노예생활로 전락합니다. 자기 노력으로 살수가 없도록 상황이 전개됩니다. 이것이 자기중심의 홀로서기입니다. 결국 하나님을 찾고 찾게 됩니다.

성령님 안에서 홀로서기는 모세를 따라 홍해를 건너 광야로 나왔을 때 이제는 자기의 힘으로 살수가 없었습니다. 물도 없고, 밭도 없고, 논도 없고, 종자를 뿌려봤자 자라날 수도 없습니다. 황막한 광야, 황막한 산천이었습니다. 그러므로 어찌할 도리 없이 그들은 하늘을 쳐다 볼 수밖에 없었습니다. 자기를 바라보고 살수도 없고 환경을 바라보고 살수도 없습니다.

살아남을 길이 하늘밖에 없고 하늘에서 들려오는 것은 하나님의 말씀밖에 없었습니다. 하나님 말씀을 의지해야만 살수가 있었고 하나님 말씀을 의지하고 순종할 때, 그들은 하나님의 능력으로 살았던 것입니다. 광야를 지날 때는 하나님 중심으로 오직 하나님의 말씀을 믿음으로 말미암아 살 수밖에 없었습니다. 오로지 성령님 안에서 홀로서기가 되어야 하나님의 은혜를 받으면서 행복하게 살수가 있습니다. 예수를 믿고 성령으로 거듭난 성도들은 모두 성령님 안에서 홀로서기가 되어야 합니다.

하나님께서는 세상에서 많은 사람들 속에서 살아가면서 성령하나님 안에서 홀로서기를 원하십니다. 그래서 예수님도 공생애 기간동안 홀로 있는 시간을 많이 가지셨습니다. "무리를 작별하신 후에 기도하러 산으로 가시니라 (47) 저물매 배는 바다 가운데 있고 예수께서는 홀로 뭍에 계시다가"(막 6:46-47). 예수님은 홀로계시면서 하나님과 교통하여 지내셨습니다. 예수님은 홀로 있는 시간을 많이 보내셨습니다. 홀로 있을 때 하나님과 독대하며 하나님의 계시를 받고 하나님의 권능을 충전할 수가 있었기 때문입니다. 아브라함에게 "여호와께서 아브람에게 이르시되 너는 너의 고향과 친척과 아버지의 집을 떠나 내가 네게 보여 줄 땅으로 가라"(창 12:1) 하셨습니다. 우리는 하나님께서 홀로서기를 원하신다는 뜻을 바르게 깨달아야 합니다.

성령 안에서 홀로 선다는 말은 사람들의 무리 속에서 세상 삶을 살아가되 세상 사람들의 말에 상처받지 아니하고, 사람들의 말에 좌지우지 되지 않고, 사람들의 말에 휘둘리지 아니하고, 사람들의 말에 미혹당하지 않고, 사람들의 간사한 말에 사기당하지 아니하고, 오로지 말씀과 성령으로 마음을 채워서 성령께서 자신을 통해서 일하신다는 믿음을 가지고 성령의 인도받으며 성령하나님을 주인으로 모시고 성령 안에서 홀로서기 하며, 세상에서 하나님의 살아계심을 체험하며 살아가라는 뜻입니다.

**1.성경적인 홀로서기를 바르게 알라.** 홀로서기란 장가도 가지 말고 시집도 가지 말고 혼자 살라는 말이 아닙니다. 직장도 다니지 말고 자연인이 되어서 산에서 혼자 살아가라는 뜻이 아닙니다. 세상 사람들 속에서 살아가면서 예수님 안에서 홀로서야 한다는 것입니다. 눈에 보이지 않는 예수님을 자신의 주인으로 모시고 광야와 같은 세상을 예수님의 권능으로 치열하게 살아가자는 것입니다. 필자가 이 책을 집필하는 목적은 성경적인 홀로서기는 세상 사람들이 말하는 홀로서기와 다르다는 것을 깨달아 바르게 예수님 안에서 홀로서기 인생이 되도록 하기 위함입니다. 세상 사람들이 말하는 홀로서기란 오로지 자신이 혼자가 되어 세상을 살아가는 것입니다. 세상 사람들은 홀로서기를 이렇게 깨닫고 삽니다. 세상을 살아가면서 "그래, 홀로서야 한다. 홀로서기를 익혀야 성장하는 것이다. 그러기 위해서 나는 먼저 나의 살아가는 법을 고쳐야겠다." 이정도로 알고 홀로서며 살아가려고 발버둥을 치는 것입니다.

필자가 말하는 복음적인 홀로서기란 예수님을 믿을 때 예수님과 함께 십자가에서 죽고, 사망권세를 깨뜨리고 부활하신 예수님으로 살아가는 것입니다. "내가 그리스도와 함께 십자가에 못 박혔나니 그런즉 이제는 내가 사는 것이 아니요 오직 내 안에 그리스도께서 사시는 것이라 이제 내가 육체 가운데 사는 것은 나를 사랑하사 나를 위하여 자기 자신을 버리신 하나님의 아들을 믿는 믿음 안에서 사는 것이라."(갈 2:20). 물론 생명을 유지하고 육체와 정신과 영적으로 살아가지만 자신의 마음대로 자신의 의지대로 홀로 서며 사는 것이 아니고, 예수님을 주인으로 모시고 성령 안에서 홀로 서며 사는 것을 말하는 것입니다.

마치 아브라함이 "아브람이 롯에게 이르되 우리는 한 친족이라 나나 너나 내 목자나 네 목자나 서로 다투게 하지 말자 (9) 네 앞에 온 땅이 있지 아니하냐 나를 떠나가라 네가 좌하면 나는 우하고 네가 우하면 나는 좌하리라."(창 13:8-9). 아브라함은 하나님께서 자신 하고 함께 한다는 믿음이 충만했습니다. 그래서 하나님은 "롯이 아브람을 떠난 후에 여호와께서 아브람에게 이르시되 너는 눈을 들어 너 있는 곳에서 북쪽과 남쪽 그리고 동쪽과 서쪽을 바라보라 (15) 보이는 땅을 내가 너와 네 자손에게 주리니 영원히 이르리라 (16) 내가 네 자손이 땅의 티끌 같게 하리니 사람이 땅의 티끌을 능히 셀 수 있을진대 네 자손도 세리라 (17) 너는 일어나 그 땅을 종과 횡으로 두루 다녀 보라 내가 그것을 네게 주리라."(창 13:14-17). 하나님께서 아브라함과 동행하시며 축복하시는 것입니다. 아브라함이 성령 안에서 홀로서니 하나님께서 아브라함의 인생을 사신 것입니다.

성경적인 홀로서기는 아브라함과 같이 믿음이 있어야 합니다. 그래야 보이지 않는 하나님께서 주인으로 계시면서 인생을 살아주시는 것입니다. 성경적인 홀로서기는 세상에서 말하는 홀로서기와 전적으로 다릅니다. 예수님 안에서 홀로 서며 살아가는 것입니다. 자신의 힘과 지혜와 능력으로 홀로 서며 사는 것이 아니고 예수님을 자신의 주인으로 모시고 홀로 서며 예수님의 인생을 사는 것을 말하는 것입니다. 그러므로 세상 사람들의 눈에는 예수님이 보이지 않으므로 자신 혼자 홀로 서며 사는 것으로 오해할 수가 있습니다. 그러나 영의 눈이 열린 성도의 눈과 마음에는 예수님과 함께 홀로 서며 사는 것이 보이는 것입니다. 옛날 어른들이 지적한 것처럼, 인생 삶이란 끝없이 길을 재촉하는 마부와 같은 모양입니다. 출발점에서 종점까지, 탄생에서 죽음까지 우리의 등에 짐을 잔뜩 지고는 쉴 새 없이 채찍질하며 길을 걷게 합니다. 때로는 같은 길을 가는 인연을 만나 어깨동무를 하기도 하고 즐길 때도 있습니다. 하지만 인생의 끝까지 함께 길을 갈 수 있는 사람은 거의 없거나 극소수에 불과합니다. 그래서 사람은 혼자 걷는 법을 배워야만 합니다. 아니 어렸을 때부터 몸에 익숙해져야 합니다.

물론 삶의 여정에는 크고 작은 잔치가 하나씩 하나씩 이어지지만 화려한 불꽃과 아름다운 무대, 활기찬 음악과 춤은 잔치가 끝나면 끝나지 않습니까? "인생은 어차피 혼자서 걸어야 하는 길이며 누구나 어둠속에서 고독한 길을 걸어야 함을 인정하고 받아들여야 한다." 이를 알고 인생을 살아가는 사람이 성공합니다. 그러기 때문에 예수를 믿는 성도들은 어려서부터 예수님 안에서 홀로서는 방법을 터득하고 예수님을 주인으로 모시고 예수님과 함께 살아가야 합니다. 혼자 세상을 살아가더라도 성령님께서 주인으로 동행하시기 때문입니다.

인생은 개인적 차원과 관계적 차원이 있습니다. 이 두 가지를 구분하고 다룰 줄 알아야 건강하고 성숙하게 살 수 있습니다. 신앙생활도 마찬가지입니다. 이 두 가지를 깨달아야 누군가 도움을 받는 섬김의 신앙을 누릴 수 있습니다. 인생과 신앙에서 이 두 가지 차원을 무작위로 섞어 혼동하면, 그는 늘 막다른 골목에 들어선 차량처럼, 길이 없어진 느낌을 받습니다.

첫째로 인생은 개인적 차원이 존재하는데 그것은, 홀로서기를 뜻합니다. 인생은 홀로서기의 부단한 연습입니다. 사람이 태어나 1년 되면 걸어가는 연습을 합니다. 부모가 도와주지만, 모름지기 인간은 홀로 서야 합니다. 십대 후반에도 홀로서기 연습을 합니다. 사춘기입니다. 이십대 후반에도 홀로서기 연습을 합니다. 부모를 떠나 내 가정을 이루는 일입니다. 너무 어려운 홀로서기! 이렇게 인생은 독립적인 차원이 있는 것입니다.

이렇듯 인생은 자기 길을 가는 맛이 있습니다. 하나님 앞에서, 그분과 나와 개인적 차원의 대화와 교제가 있습니다. 하나님 앞에 단독으로 선 인생입니다. 누가 도와줄 수 없고, 누가 대신해줄 수 없는 영역이 인생에 있는 법입니다. 이것을 견뎌내지 못하면 의존적 인생을 삽니다. 그는 늘 누군가를 의존하며 삽니다. 늘 누군가가 그를 도와줘야 합니다. 그것이 안 되면 상처를 받습니다. 의존적인 인생은 마치 철없이 떼쓰는 어린아이의 미숙함을 보입니다. 의존적인 인생은 옆 사람의 짐입니다.

**2. 홀로서기에 성공한 사람이란.** 예수님 안에서 홀로서기가 된 사람은 항상 하나님께서 함께 주인으로 동행 하시며 살아간다는 믿음이 있기 때문에 인생의 난관에 부딪쳐도 당황하지 않습니다. 마치 홍해가에 선 이스라엘 사람들과 모세와 같은 처지

가 되는 것입니다. 홍해 가에 선 이스라엘 사람들은 "그들이 또 모세에게 이르되 애굽에 매장지가 없어서 당신이 우리를 이끌어 내어 이 광야에서 죽게 하느냐 어찌하여 당신이 우리를 애굽에서 이끌어 내어 우리에게 이같이 하느냐 (12) 우리가 애굽에서 당신에게 이른 말이 이것이 아니냐 이르기를 우리를 내버려 두라 우리가 애굽 사람을 섬길 것이라 하지 아니하더냐 애굽 사람을 섬기는 것이 광야에서 죽는 것보다 낫겠노라."(출 14:11-12). 이스라엘 사람들은 하나님과 함께 홀로서는 훈련이 되어 있지 않기 때문에 애굽 군대를 보니 자신들의 힘으로 어찌할 수 없음으로 애굽 사람의 종 되는 것을 생각하고 죽을 생각부터 합니다.

그러나 하나님 안에서 홀로서며 인생을 살아온 모세는 다릅니다. "모세가 백성에게 이르되 너희는 두려워하지 말고 가만히 서서 여호와께서 오늘 너희를 위하여 행하시는 구원을 보라 너희가 오늘 본 애굽 사람을 영원히 다시 보지 아니하리라 (14) 여호와께서 너희를 위하여 싸우시리니 너희는 가만히 있을지니라 (15) 여호와께서 모세에게 이르시되 너는 어찌하여 내게 부르짖느냐 이스라엘 자손에게 명령하여 앞으로 나아가게 하고 (16) 지팡이를 들고 손을 바다 위로 내밀어 그것이 갈라지게 하라 이스라엘 자손이 바다 가운데서 마른 땅으로 행하리라." (출 14:13-16). 하나님께서 모세와 함께하시면서 이스라엘 사람들을 살리시고 애굽의 군대를 진멸하십니다. "모세가 바다 위로 손을 내밀매 여호와께서 큰 동풍이 밤새도록 바닷물을 물러가게 하시니 물이 갈라져 바다가 마른 땅이 된지라 (22) 이스라엘 자손이 바다 가운데를 육지로 걸어가고 물은 그들의 좌우에 벽이 되니 (23) 애굽 사람들과 바로의 말들, 병거들과 그 마병들이 다 그들의 뒤를 추격하여 바다 가운데로 들어오는지라 (24) 새벽에 여호와께서 불과 구름 기둥 가운데서 애굽 군대를 보시고 애굽 군대를 어지럽게 하시며 (25) 그들의 병거 바퀴를 벗겨서 달리기가 어렵게 하시니 애굽 사람들이 이르되 이스라엘 앞에서 우리가 도망하자 여호와가 그들을 위하여 싸워 애굽 사람들을 치는도다 (26) 여호와께서 모세에게 이르시되 네 손을 바다 위로 내밀어 물이 애굽 사람들과 그들의 병거들과 마병들 위에 다시 흐르게 하라 하시니 (27) 모세가 곧 손을 바다 위로 내밀매 새벽이 되어 바다의 힘이 회복된지라 애굽 사람들이 물을 거슬러 도망하나 여호와께서 애굽 사람들을 바다 가운데 엎으시니"(출 14:21-27). 성경적인 홀로서기란 모세와 같은 인생을 살아가는 것입니다. 하나님께서는 주인으로 동행하신다는 것을 믿는 사람을 통하여 살아계심을 증명하시는 것입니다. 모세를 하나님께서 광야에서 홀로서도록 하십니다.

둘째로 인생은 관계적 차원이 존재하는데 그것은 공동체로 살기를 뜻합니다. 이것은 역설적입니다. 역설적[逆說的]이라는 것은 어떤 내용이 겉으로는 모순되고 부조리하게 보이지만, 그 속에 진실을 담고 있는 것을 말합니다. 성령의 인도하에 체험해야 깨달을 수가 있다는 것입니다. 성경말씀은 역설적이지만 깨달으면 진리라는 것을 인정하게 되는 것입니다.

인간은 홀로서기를 하면서 동시에 공동체살기를 합니다. 공동체는 상호의존적인 특성이 있습니다. 그래서 인생은 독불장군으로 사는 사람이 가장 위험합니다. 내가 그의 필요를 채워 우리가 하나 되는 것입니다. 내 방식 내 생각만 강요할 수 없습니다. 이것이 공동체의 사랑입니다.

이렇듯 인생은 함께 가는 맛이 있습니다. 혼자 가면서 함께 가는 것, 이것이 인생의 묘미입니다. 결혼하면 둘이 하나 됩니다. 하지만, 각각 독립적인 개인이 되지 못하면, 둘이 공동체를 만들기가 어렵습니다. 부부가 각각 독립적인 개인이 되지 못하면 상대에게 의존적이 됩니다. 어느 한 상대에게 의존적이 되면 부부의 관계가 원만하지 못하게 됩니다. 각각 자기 영역에 독립적이 될 때 부부생활이 원만해질 수가 있습니다. 자기만의 영역, 자기만의 공간이 있되, 상대의 그것을 인정하고 더불어 함께하는 것이 공동체입니다. 이것에 실패한 사람은 냉소적 개인주의로 삽니다. 그래 아무도 필요 없어, 인생은 어차피 혼자야! 이것은 미숙하고 이기적 인생의 탄식입니다. 그는 인생을 실패합니다. 홀로서기에도, 공동체살기에도 실패합니다.

우리는 이 세상에 살면서 광야의 길과 같은 고난, 어려운 문제, 고통스러운 사건들을 많이 만나게 됩니다. 하나님이 나를 사랑한다면 왜 나에게 이런 고통을 주십니까? 내 인생이 너무나 힘들고 어렵습니다. 하나님께 간절히 호소하며, 때로는 원망하기도 합니다. 하나님은 각자에게 고난대학을 졸업하게 하십니다. 고난대학은 하나님이 누구신지를 알아가게 하는 훈련과정이며, 하나님이 자신의 주인으로 동행하신 다는 것을 깨닫는 과정이며, 광야에서도 하나님 안에서 홀로서기하며 하나님의 뜻을 이루어 드리는 훈련이며, 나의 믿음을 정금같이 빛나게 하며, 세상 것에 오염된 찌꺼기를 제거하는 거룩한 작업입니다. 고난대학은 하나님께서 자신을 축복하는 훈련입니다.

**3.고난대학을 통과해야 홀로설 수 있다.** 고난대학은 우리가 반드시 통과해야 할 과정입니다. 이 과정을 겪지 아니하고 천국에 들어갈 수는 없습니다. 여기서 중요한 것은 고난대학에서 F학점을 받으면 다시 이수해야 합니다. 고난의 기간이 길어지며, 더 힘든 인생의 과정을 통과해야 합니다. 이스라엘 백성들이 가데스 바네아에서 1년 6월 만에 시험을 보았는데 안타깝게도 그들은 시험문제를 풀지 못하고 F학점을 받았습니다. 왜 F학점을 받았습니까? 하나님께서 주인으로 함께 하신다는 것을 깨닫지 못했기 때문입니다. 모든 일을 하나님께서 하신다는 것을 모르고 모든 것을 자신들의 힘으로 능력으로 지혜로 해야 한다는 의식 때문에 F학점을 받았습니다. 더군다나 F학점을 받은 것에 대한 원인을 찾아내고 회개하기는커녕 하나님과 모세를 원망하고 불평함으로 그들은 40년 동안 무거운 광야훈련을 받았고, 광야에서 전부 죽음을 당하였습니다. 그들은 심각한 고난의 과정을 겪으면서 믿음의 사람으로 다시 태어나게 되었습니다.

성경에 등장하는 믿음의 영웅들의 특징이 무엇입니까? 모두 광야의 연단을 통과하였다는 것입니다. 요셉은 노예와 감옥이라는 광야를 하나님 안에서 홀로서기 하며 통과했습니다. 다니엘은 풀무불과 사자굴의 위협을 하나님 안에서 홀로서기 하며 통과했습니다. 여호수아는 오랜 기다림의 광야를 하나님 안에서 홀로서기 하며 통과했습니다. 다윗은 가까운 사람들에게 배반을 당하며, 고통의 광야의 길을 하나님 안에서 홀로서기 하며 통과했습니다. 광야는 지나기에는 힘든 곳이지만, 인생의 유혹과 시험에 대한 백신 역할을 감당합니다. 사울과 다윗의 차이점은 무엇입니까? 둘 다 시작할 때의 배경은 비슷합니다. 둘 다 겸손했고, 둘 다 출중한 외모가 있었고, 둘 다 리더십 감각이 있는 사람이었습니다. 그러나 사울은 무너졌고, 다윗은 세워졌습니다. 다윗에게는 광야에서 하나님 안에서 홀로서기 하는 훈련이 있었고, 사울에게는 하나님 안에서 홀로서기 하는 광야가 없었기 때문입니다. 자기 위주로 살았기 때문입니다.

광야의 연단이 없는 인생은 약합니다. 주인 된 하나님을 모르기 때문입니다. 광야를 통과하지 못한 사람은 넘어졌다가 일어서는 힘이 없습니다. 광야가 없으면, 광야의 시간 이상으로 그의 삶에서 대가를 치루게 됩니다. 그러나 하나님 안에서 홀로서기 하며 광야의 길을 통과한 사람은 영적인 힘이 있음으로 다시 칠전팔기로 일어납니다. 힘들고 어려운 고난 속에서도 감사하며, 기뻐할 수 있는 마음의 여유가 있습니다. 사도 바울도 고난이 주는 유익을 이렇게 말씀하고 있습니다. "생각하건대 현재의 고난은 장차 우리에게 나타날 영광과 비교할 수 없도다"(롬8:18). 야고보 사도는 고난이 주는 유익을 이렇게 설명하고 있습니다. "내 형제들아 너희가 여러 가지 시험을 당하거든 온전히 기쁘게 여기라 이는 너희 믿음의 시련이 인내를 만들어 내는 줄 너희가 앎이라"(약1:2-3). 고난 그 자체는 고통과 흔적을 남기지만 결단코 우리에게 손해를 주는 것이 아니라 영광의 면류관이 될 것입니다. "고생 끝에 낙이 온다"는 말이 있듯이 고난 그 자체를 하나님의 섭리로 받아들일 수 있기를 바랍니다. 성도는 광야의 고난 속에서 믿음이 커지는 것입니다.

모세는 모압 평지에서 이스라엘 백성들에게 권면하기를 "여호와께서 이 사십년 동안에 광야 길을 걷게 하신 것을 기억하라"고 말하고 있습니다. 여기서 "기억하라"는 히브리어로 "웨 자카르타"라는 단어인데 "되새긴다. 과거를 돌이켜 본다"는 의미를 가지고 있으며, "기억하라"는 것은 광야의 길을 걷게 하신 그 이유와 목적을 분명하게 알라는 것입니다. 모세는 왜 광야의 길을 걸어가게 하신 것을 기억하라고 했을까요? 매우 중요하기 때문입니다. 이스라엘 백성들이 기억해야 할 것은 광야 길을 걷게 하신 "그 사실을 기억하라"는 말을 강조하고 있습니다. "그가 광야에서 너를 이끄신 그 모든 길을 너는 기억하라"는 말입니다. 하나님께서는 이스라엘 백성들을 단지 광야에서 걷게 하신 것 뿐만 아니라 친히 이스라엘 백성을 광야로 데리고 다니시면서 그들을 훈련시켰습니다. 광야에서도 하나님께서 동행하시며 죽지 않도록 돌보셨다는 것을 깨닫도록 그 모든 과정들을, 그 사실들을 기억하라는 것입니다.

하나님께서 이스라엘 백성들을 출애굽하게 하시고, 가나안 땅을 선물을 주신 이유가 있는데 그것은 하나님의 말씀대로 순종하며, 하나님 안에서 홀로서기 하며, 그를 경외하게 하기 위함입니다. 하나님께서 이스라엘에게 복을 주시고, 임마누엘의 복을 받은 후에 제사장 나라가 되며, 하나님의 이름과 영광을 만방에 높이기 위함입니다. 이스라엘 백성들이 광야 40년의 과정을 통하여 어느 정도로 낮아졌습니까? 모든 세상 사람들은 다 검다고 말하는 상황에서도 하나님이 희다라고 말하면 이스라엘 백성들은 아멘! 아멘!으로 받아들였습니다. 하나님이 팥으로 매주를 쑨다고 하여도 이스라엘 백성들은 믿었고 그의 말씀대로 100% 순종하였습니다. 한마디로 하나님의 형상으로 바꾸어진 것입니다. 하나님은 살아계시며 항상 주인으로 동행하신다는 것을 깨달은 것입니다. 어디를 가나 하나님께서 함께하신다는 믿음으로 하나님 안에서 홀로서기 하도록 하신 것입니다.

즉 이스라엘 백성들은 40년의 광야생활을 통하여 자신의 경험, 이성, 자기주장을 다 내려놓고 오직 어린아이의 마음처럼 되어 진 것입니다. 하나님께서 주인이 되었다는 것입니다. 만사를 하나님께서 하신다는 것을 깨달은 것입니다. 그렇게 되니 어디를 가나 하나님 안에서 홀로서기 하도록 하신 것입니다. 이제는 어떤 상황에서도 여호와 하나님만을 찬송하며, 경외하는 참된 믿음의 사람이 된 것입니다. 이것이 바로 힘들고 어렵지만 광야의 길을 걷게 하신 하나님의 계획입니다. 이스라엘 백성들은 40년의 광야의 길을 통하여 하나님의 말씀대로 순종하며, 따라가며, 하나님만을 경외할 수 있는 믿음의 용사가 된 것입니다. 즉 광야의 40년 훈련과정을 통하여 신8:1절의 말씀대로 사는 비결을 단순히 지식으로만 아는 것이 아니라 실천함으로 배우는 것입니다. 그 결과 이제는 하나님의 작품이 만들어졌고, 믿음으로 사는 하나님의 사람이 된 것입니다.

현대 그리스도인들이 왜 하나님만을 전적으로 믿지 못하고, 믿음으로 살지 못합니까? 첫째로 하나님이 누구신지를, 그의 능력이 얼마나 크고 대단한지를 깊이 깨닫지를 못하였기 때문입니다. 둘째로 내 마음과 생각이 너무도 높아졌고, 자기중심적으로 살아가려는 욕망이 가득차 있기 때문입니다. 가나안 문화, 수평문화의 영향을 너무 크게 받았고, 그 영향권 아래 살아가고 있기 때문입니다. 내 마음속에 엉겅퀴와 가시덤불로 덮여있고, 세상의 오물과 쓰레기들이 가득차 있기 때문에 하나님의 말씀을 잘 받아들이지 못하는 것입니다. 셋째로 우리는 카멜레온처럼 이 세상의 흐름과 분위기에 따라 살아가는데 익숙해져 있기 때문입니다. 하나님의 말씀보다는 세상의 논리와 방법이 더 타당성이 있게 보이고, 눈에 보이지 않는 하나님보다 눈에 보이는 바알신과 아세라 신이 더 강한 것처럼 느껴지기 때문에 하나님만을 온전히 경외하는 것보다 양다리 거치는 신앙생활을 하고 있는 것입니다. 넷째로 이 시대는 고난과 환란, 배고픔과 고통이 없는 평안한 환경과 문화 속에 살아가고 있기 때문에 하나님에 대한 필요성을 크게 느끼지 못하고 있습니다.

그래서 우리는 영적으로 헝그리 정신을 다시 찾아야 합니다. 심령이 가난한 자가 되어야 합니다. 하나님 안에서 홀로서기하는 자가 되어야 하는 것입니다. 오늘날 우리가 왜 하나님의 명령을 지키고, 그의 길로 따라가지 못합니까? 자기 생각이나 지식이나 경험을 내려놓지 않기 때문입니다. 즉 자신의 마음이 아직도 높은데 있고, 내 힘으로, 내 지식으로 얼마든지 살아갈 수 있다는 생각이 지배하기 때문에 하나님의 말씀대로 성령님의 인도대로 전적으로 순종하지 못하는 것입니다.

하나님께서는 고난을 주신 목적은 이스라엘 백성들로 하여금 능히 자신의 뜻을 이루고 여호와께서 주시는 복을 감당케 하기 위함입니다. 어려운 환경 속에서 여호와의 기적을 목도하게 하여서 참 하나님에 대한 믿음을 키워 주고, 어떠한 순간에도 복종할 수 있는 하나님의 사람이 되게 하셨습니다. "마침내 복을 주시려고" 그들에게 광야의 길을 걸어가게 하신 것입니다. 신명기 8장 16절에 보면 "네 조상들도 알지 못하던 만나를 광야에서 네게 먹이셨나니 이는 다 너를 낮추시며, 너를 시험하사 마침내 네게 복을 주려 하심이었느니라" 하나님은 우리에게 풍성한 복을 주시고 누리기를 원하시는 분이십니다.

우리가 하나님의 복을 받아 누릴 수 있는 그릇만 된다면 하나님은 지금도 복을 주십니다. 그런데 우리가 하나님이 원하시는 그릇이 안 되었을 때 하나님은 훈련과 연단을 통해 하나님의 뜻에 합당한 그릇으로 만들고 복을 주시는 것입니다. 따라서 하나님께서 이스라엘 백성들로 하여금 광야 생활을 하게 하신 것도 가나안 땅을 정복하고 능히 그것을 누릴 수 있는 백성으로 키우기 위해서입니다. 하나님께서 우리에게 하나님 안에서 홀로서서 하나님의 능력으로 살아가게 하기 위해서 인도하십니다.

# 3장 왜 예수님 안에서 홀로서야 할까요?

(신 8:2-10)"네 하나님 여호와께서 이 사십 년 동안에 네게 광야 길을 걷게 하신 것을 기억하라 이는 너를 낮추시며 너를 시험하사 네 마음이 어떠한지 그 명령을 지키는지 지키지 않는지 알려 하심이라 (3) 너를 낮추시며 너를 주리게 하시며 또 너도 알지 못하며 네 조상들도 알지 못하던 만나를 네게 먹이신 것은 사람이 떡으로만 사는 것이 아니요 여호와의 입에서 나오는 모든 말씀으로 사는 줄을 네가 알게 하려 하심이니라 (4) 이 사십 년 동안에 네 의복이 해어지지 아니하였고 네 발이 부르트지 아니하였느니라 (5) 너는 사람이 그 아들을 징계함 같이 네 하나님 여호와께서 너를 징계하시는 줄 마음에 생각하고 (6) 네 하나님 여호와의 명령을 지켜 그의 길을 따라가며 그를 경외할지니라 (7) 네 하나님 여호와께서 너를 아름다운 땅에 이르게 하시나니 그 곳은 골짜기든지 산지든지 시내와 분천과 샘이 흐르고 (8) 밀과 보리의 소산지요 포도와 무화과와 석류와 감람나무와 꿀의 소산지라 (9) 네가 먹을 것에 모자람이 없고 네게 아무 부족함이 없는 땅이며 그 땅의 돌은 철이요 산에서는 동을 캘 것이라 (10) 네가 먹어서 배부르고 네 하나님 여호와께서 옥토를 네게 주셨음으로 말미암아 그를 찬송하리라."

"**홀로서기 예수님과 동행하며**"라고 하니까, 좀 이해가 어려운 분들도 있으실 것입니다. 홀로서기를 문자적으로 이해하면 혼자 살아가는 것으로 이해할 수가 있습니다. 남녀가 결혼도 하지 않고 혼자살고, 학교도 가지 않고 혼자살고, 직장생활도 하지 않고 혼자살고, 세상에 나가지 않고 집에서 홀로지내며, 혹은 산속에서 자연인으로 살아가는 것으로 이해할 수도 있습니다. 그러나 홀로서기를 역설적으로 이해해야 합니다. 홀로서기란 세상에서 사람들과 같이 살아가면서 각자 홀로서는 것을 말합니다. 결혼한 부부가 각각 홀로서기가 바르게 되어야 결혼생활과 가정이 정상적으로 이루어질 수가 있습니다. 건강도 마찬가지입니다. 남편이 부인 건강을 어찌할 수가 없습니다. 부인이 남편건강 어찌할 수가 없습니다. 자신의 건강은 자신이 챙겨야 합니다. 가정에서도 구성원들이 각자 홀로서기가 되어야 가정이 원만하게 될 것입니다. 직장에서도 개인이 홀로서기가 제대로 되어야 직장이 원활하게 돌아갈 수가 있는 것입니다. 교회에서도 성도 한 사람 한 사람이 성령으로 홀로서기가 되어야 교회가 정상적으로 유지될 수가 있을 것입니다. 담임목사가 성도들의 신앙을 어찌 할 수가 없습니다. 성도들 각자가 성령 안에서 자신의 신앙을 책임지고 홀로 서며 자라야합니다.

지금 코로나19 시대에 국민 한 사람 한 사람이 개인방역을 철저하게 해야, 대한민국의 코로나19 방역이 성공할 수가 있고, 코로나19를 빨리 종식시킬 수가 있는 것입니다. 어느 단체이든지 홀로서기가 안 되는 사람이 있다면 그 단체는 정상적으로 서갈 수가 없는 것입니다. 짐만 되기 때문입니다. 홀로서기가 중요한 것입니다. 예수님을 믿는 성도들의 모든 것이 성령 안에서 홀로설 수 있을 때 하나님의 영광에 이를 수 있기 때문입니다. 성령 안에서 홀로서야 하나님의 축복 속에서 살아갈 수가 있기 때문입니다. 홀로 설 때 하나님의 동행하심을 깨닫기 때문입니다. 이스라엘 백성들은 애굽에서 나온 후 홍해를 기적적으로 건너는 축복을 경험합니다. 그런데 곧바로 가나안 땅으로 들어가지 못하고 먼저 40년 동안 광야 길을 걷게 됩니다. 광야 길은 누구도 가기를 원치 않는 거칠고 힘든 길입니다.

그런데 하나님께서는 광야 길을 40년 동안 걸어가게 하셨습니다. 왜 하나님께서는 이스라엘 백성들로 하여금 곧바로 애굽에서 가나안 땅으로 들어가게 하시지 않고 광야 길을 걸어가게 하신 것입니까? 물론 우리가 잘 아는 대로 이스라엘백성이 광야 길을 40년 동안이나 걸어가게 된 이유는 저들이 하나님께 불순종했기 때문입니다. 불순종이란 동행하시는 하나님을 믿지 못하고 하나님의 존재를 인정하지 않았기 때문입니다. 보이는 카리스마 있는 사람과 우상을 의지하고, 또 자기 자신들의 힘과 지혜로 살아가려는 인본주의가 꽉 차있었기 때문입니다.

이스라엘 사람들이 가나안을 정찰하고 돌아온 12명의 정탐꾼의 보고를 들었을 때 저들은 하나님 없이 불신앙의 보고를 하였던 10명의 정탐꾼의 말을 들었습니다. 그로 인해 저들은 40일간 정탐한 날수대로 하루를 1년으로 계산하여 40년 동안 광야 생활을 하게 된 것입니다. 그런데 하나님께서 이스라엘 백성들이 광야 길을 걷게 하신 데는 또 다른 이유가 있었습니다. 그것은 함께 동행하시는 하나님을 믿게 하기 위함입니다. 우리들은 인생을 살면서 뜻하지 않는 여러 가지 고난을 만납니다. 때때로 인생 속에서 광야와 같은 힘든 생활을 경험하면서 살아가면서 힘겹게 지낼 때가 있습니다. 알아야 될 것은 우리가 광야 길을 걸어가면서 힘들어하는 이유는 환경이 어려워서가 아닙니다. 정말 우리가 힘들어하는 이유는 나에게 어려운 환경을 허락하신 하나님의 뜻을 확실하게 모른 채 살아가고 있기 때문에 어려운 것입니다. 하나님의 동행하심을 모르고 살기 때문입니다. 살아계신 하나님의 주인 되심을 모르고 자기 힘으로 살아가려고 하기 때문입니다. 우리가 주어진 인생 속에서 광야 길을 걷게 하신 이유를 알게 되면 어려운 환경이 주어진다 할지라도 잘 견딜 수 있습니다. 우리로 광야 길을 걷게 하신 목적을 알게 되면 하나님께 감사하면서 나아갈 수 있습니다. 하나님께서 우리로 하여금 광야 길을 걷게 하신 데는 분명한 이유가 있습니다. 왜 우리로 하여금 힘들고 어려운 광야 길을 걸어가게 합니까?

**1. 홀로서지 못하면 인생을 방황한다.** 예수님 안에서 홀로서지 못하면 인생을 방황하다가 마치기 때문입니다. 하나님은 이스라엘 백성을 낮추기 위해서 광야의 길을 40년 동안 걷게 하셨다고 말씀하고 있습니다(신8:3). 낮춘다는 것은 자기 힘으로 살아갈 수가 없다는 것을 깨닫게 하는 것입니다. 이스라엘 사람들로 하여금 보이는 사람의 카리스마나 우상이나 자기 힘

으로 살아갈 수가 없다는 것을 깨닫게 하기 위하여 광야의 길을 걷게 하신 것입니다. 카리스마 있는 사람도 믿을 것이 못되고, 우상도 믿을 것이 못되고, 자기 힘으로 살아갈 수가 없다는 것을 뼛속 깊이 깨달아야 하나님을 찾기 때문입니다. 하나님을 찾고 찾아야 만나주시고 주인이신 하나님 없이 하시도 살아갈 수가 없다는 것을 깨달아야 주인으로 모시며 하나님 안에서 홀로 서며 살아갈 수가 있기 때문입니다. "너를 낮추시며 너로 주리게 하시며 또 너도 알지 못하며…"(3절). 아니 이스라엘 백성이 얼마나 교만하고 마음이 높아져 있었으면 하나님께서는 그들을 낮추어야만 했던 것입니까? 이스라엘 백성들은 애굽에서 430년 동안 종노릇했던 노예들이 아니었습니까? 저들은 배운 것도 없고 가진 것도 없는 자들이었습니다. 그러므로 우리가 생각할 때는 하나님이 다른 민족은 몰라도 노예 생활을 하면서 낮아질 대로 낮아져 있는 이스라엘 백성들은 더 낮출 필요가 없다고 여겨집니다. 그런데 하나님께서는 이스라엘 백성들을 무려 40년 동안이나 시험하시고 연단하시고 광야 길을 걸어가게 함으로 저들을 낮추시고 또 낮추셨습니다.

왜 40년 동안이나 저들을 낮추신 것입니까? 하나님께서 이스라엘 백성들을 낮추기 위해 저들을 광야에서 40년 동안 훈련하신 이유는 이스라엘 백성들은 기회만 주어지면 하나님께 불순종하고 애굽으로 다시 돌아가겠다고 말하면서 보이지 않지만 살아계신 하나님을 대항했고 높아져 있었습니다. 그래서 하나님은 이스라엘 백성들을 40년 동안 황량한 광야 사막 길을 걷게 하시면서 저들을 낮추셨던 것입니다. 낮추셨다는 것은 스스로 아무것도 할 수 없다는 것을 깨닫게 하신 것입니다.

하나님을 찾고 찾으면 만나주시고 하나님께서 주인으로 함께 하시며 난관을 극복하심을 깨닫도록 광야의 길을 허락하시는 것입니다. 하나님께서는 우리들에게도 동일하게 광야 길을 걷게 하실 때가 있습니다. 그 이유는 하나님께서 우리의 주인되심을 깨닫도록 하기 위해서 입니다. 많은 그리스도인들이 하나님 없이도 살 수 있는 것처럼 생각하면서 살아갑니다. 교회에 다니는 사람들도 가만히 살펴보면 하나님을 주인으로 인정하지 않은 채 자기 중심적으로 살아가고 있습니다. 그래서 하나님은 우리를 낮추시기 위해서 광야의 생활을 허락하신다는 것입니다. 우리는 광야 길을 걸어갈 때 낙심하거나 원망하지 말기 바랍니다. 우리로 하여금 광야 길을 걸어가게 할 때는 이유가 있기 때문입니다.

하나님께서 광야 길을 걸어가게 하는 이유는 우리로 하여금 하나님만을 의지하는 법을 배우면서 살도록 하기 위해서입니다. 광야 어디에서도 하나님께서 주인으로 함께 하신다는 것을 깨닫게 하기 위함입니다. 우리 모두는 힘들고 어려운 광야 길을 걸어가게 하신 것이 하나님의 계획과 섭리라는 것을 깨달아야 합니다. 그래야만 광야 생활 속에서 낙심하지 않게 됩니다. 그래야만 광야 생활이 우리에게 의미가 있습니다.

우리 가운데 지금 메마른 광야를 지나고 있는 분이 있습니까? 그렇다면 광야를 지날 때 하나님으로부터 받아야 하는 교훈을 다 받으면서 내 것으로 만들며 지나가게 해 달라고 기도하기 바랍니다. 하나님께서는 성경에 나오는 의인들 모두 광야를 걷게 하셨습니다. 예수님을 믿고 성령으로 세례를 받고 성령의 인도를 받는 성도들도 광야를 걷게 하십니다. 광야를 걷게 하시는 것은 살아계신 하나님께서 함께 동행하시면서 문제를 해결하고 역사하고 계신다는 것을 깨닫게 하기 위함입니다.

사실 40년이란 광야의 길은 하나님이 허락하신 길이지만, 실제적으로는 이스라엘 백성들이 자초한 교만의 결과이기도 한 것입니다. 하나님의 약속을 믿지 못한 불순종의 결과라는 것입니다. 척박하고 메마르고 먹을 것이 없으며 낮에는 덥고 밤에는 추울 뿐만 아니라 많은 독사와 전갈에 노출된 광야의 길을 통과하기 위해서는 우리는 전적으로 하나님의 말씀에 순종해야 합니다. 순종하기 위해서는 자신을 낮추어야 합니다.

내가 내힘으로 무엇인가 할 수 있다는 자만심을 버려야 하는 것입니다. 3절에 "너를 낮추시며 너를 주리게 하시는" 이유는 "사람이 떡으로만 사는 것이 아니요 여호와의 입에서 나오는 모든 말씀으로 사는 줄을 네가 알게 하려 하심이라" 말씀하고 있습니다. 철저히 자신을 낮추며 하나님께만 집중하게 하는 것이 광야학교의 또 다른 커리큘럼이라는 것입니다. 내가 할 수 있는 것이 없음을 인정하고 오직 하늘을 바라보며 살아가는 훈련인 것입니다. 하나님께서 눈에 보이지 않지만 동행하시며 심지어 호수에 물도 하나님께서 달게 해야 먹을 수 있다는 것을 깨달아 알게 하십니다. 광야 생활을 할 때 우리는 하나님께서 교만하여 높아져 있는 나를 낮추시고 겸손하게 만드는 작업을 하고 계시다는 사실을 깨달아야 합니다. 오직 내 인생의 주인이 하나님이라는 것을 인정하며, 광야에서도 살아계신 하나님께서 동행하며 문제들을 해결하고 계신다는 것을 체험하는 기간입니다. 광야생활에서 하나님 없이 한시도 살아갈 수가 없다는 것을 뼛속깊이 깨닫는 것입니다. 습관이 되는 것입니다. 그래야 광야 생활이 의미가 있게 됩니다. 그리할 때 우리는 광야 생활 속에서 하나님을 주인으로 모시고 동행하며 살아가야 한다는 것을 깨닫고 하나님의 성전으로 살아가게 됩니다.

**2. 홀로서지 못하면 치유도 안 된다.** 하나님께서 이스라엘 백성들이 광야 길을 걷게 하심으로 어떤 축복들을 경험하게 만드셨는지 아십니까? 3절을 읽어보겠습니다. "너를 낮추시며 너를 주리게 하시며 또 너도 알지 못하며 네 조상들도 알지 못하던 만나를 네게 먹이신 것은 사람이 떡으로만 사는 것이 아니요 여호와의 입에서 나오는 모든 말씀으로 사는 줄을 네가 알게 하려 하심이니라"(신8:3절)고 하셨습니다. 하나님은 광야 길을 걸어갔던 40년 동안 매일 하늘에서 만나를 내려 주셨습니다. 이스라엘 백성들이 광야 길을 가면서도 한 번도 굶주려 죽지 않게 양식을 늘 공급해 주셨습니다. 이스라엘 백성들은 광야 길을 걸어가지 않았다면 경험할 수 없었던 일을 경험하게 된 것입니다. 하나님의 말씀 대로 되는 것을 깨달은 것입니다.

그리고 신명기 8장 4절을 읽어보면 이스라엘 백성들을 40년 동안 광야 길을 걸어가면서도 의복이 해어지지 않았고 신발이 해어지지 않았습니다. "이 사십 년 동안에 네 의복이 해어지지 아니하였고 네 발이 부르트지 아니하였느니라"(신8:4절). 4년이 아니라 40년 동안 광야에서 지내면서도 의복이나 신발로 인하여 걱정하지 않고 지내게 하신 것이야말로 기적입니다.

하나님은 40년 동안 광야 길을 걸어갔던 이스라엘 백성들에게 무엇을 먹을까, 무엇을 입을까 걱정하지 않아도 되도록 모든 필요를 친히 다 공급해 주셨습니다. 그리고 험한 광야 길을 갈 때 발이 부릍지 않게 해 주셨습니다. 우리가 광야 길을 걷게 될 때 힘들기는 합니다. 그렇지만 우리에게 큰 유익과 축복이 있습니다. 첫째는 우리가 깨어지고 낮아지고 빚어지는 축복입니다. 둘째는 힘든 광야 길을 갈 때에도 하나님께서 동행하시며 도와주시는 축복을 시시로 경험하게 되는 축복입니다. 광야에서 하늘의 만나를 내려 먹여 주십니다. 의복과 신발이 닳지 않게 만들어 주십니다. 발이 부르트지 않게 해 주십니다. 우리가 광야 생활을 할 때에도 하나님은 우리의 기본적인 의식주와 생활의 모든 필요를 채워주시는 기적을 도리어 체험하게 되었다고 감사하며 간증하는 우리가 되시기를 주님의 이름으로 축원합니다.

필자는 치유를 전문으로 23년 이상 사역을 해왔습니다. 개별 치유 하면서 체험한 바로는 성령 안에서 홀로서기가 되지 않으면 치유가 불가능했습니다. 필자에게는 마음의 상처와 육체적인 질병과 영적인 질병으로 고통을 당하면서 살다가 치유 받고자 필자를 찾아옵니다. 환자 중에는 스스로 찾아와 치유를 받으려고 하는 성도들이 있습니다. 이분들에게 필자가 질문하는 것이 있습니다. 예수님을 믿으십니까? 그러면 '예' 하고 대답을 합니다. 다시 묻습니다. 예수님을 믿을 때 어떻게 되었습니까? 그러면 예수님을 믿게 된 사연이나 간증을 하는 분들이 있습니다. 그러면 필바가 바르게 알려줍니다. 성도님은 예수님을 믿을 때 십자가에 달려 돌아가신 예수님과 함께 죽었습니다. 인정하십니까? 이를 인정하지 않으면 치유가 안 됩니다. 그런데 예수님 달린 십자가에서 죽기만 한 것이 아니라, 사망권세를 깨뜨리시고 부활하신 예수님과 함께 부활하신 것입니다. 지금은 부활하신 예수님의 인생을 사시는 것입니다. 성도님은 부활하신 예수님이 주인이시기 때문에 하늘나라가 된 것입니다. 그런데 지금 예수님께서 어디에 계십니까? 질문합니다. 그러면 내안에 계시지요. 맞습니다. 성도님 안에 주인으로 계십니다. 성도님 안에 주인으로 계시니 하늘나라 하나님 성전이 된 것입니다. 이를 인정하시고 하늘나라 성전에서 나오는 성령의 권능으로 성도님이 치유가 되는 것입니다. 성령의 권능으로 성도님이 치유가 되는 이유는 하늘나라에 성도님의 영적-정신적-육체적 질병이 살아갈 수가 없으니 떠나갑니다. 상처와 스트레스 뒤의 마귀의 나라가 떠나가니 치유가 되는 것입니다. 이렇게 설명을 하고 치유를 시작합니다. 주여! 하면서 스스로 기도하게 하여 자신 안에 예수님이 주인 되게 하는 것입니다. 자신 안에 예수님이 주인 되어 예수님 안에서 홀로 설 때 질병은 완전하게 치유되는 것입니다.

그런데 문제는 나이가 30살이 넘어도 부모 손에 이끌려서 치유를 받으러 오는 분들입니다. 이분들은 부모와 끈이 연결되어 있기 때문에 자꾸 부모를 의식하고 부모를 의지합니다. 예수님과 함께 예수님 안에서 홀로서기가 되지 않습니다. 기독교 신앙은 하나님과 1:1관계입니다. 성도들이 당하는 영적-정신적-육체적 질병도 성령하나님 안에서 홀로서기가 된 성도들만 치유가 됩니다. 이유는 주인 되신 성령하나님께서 영적-정신적-육체적 질병을 치유하여 하늘나라가 되게 하시기 때문입니다. 빨리 부모를 의지하는 연결고리를 단절하고 성령하나님 안에서 홀로 서도록 해야 치유가 되기 시작을 합니다. 물론 초등학생 정도는 부모의 손에 이끌리어 성령하나님을 찾아와 치유를 받으려고 해야 하겠지요. 그러니 중학생이후 부터는 성령하나님 안에서 1:1 홀로서기가 될 때 치유가 시작되는 것입니다.

치유라는 것은 능력 있다는 목사가 하는 것이 아니요, 은사가 있다는 성도가 치유하는 것이 아닙니다. 예수를 믿고 성령으로 거듭날 때 오신 성령하나님께서 하시는 것입니다. 그렇기 때문에 자신 안의 주인이신 성령하나님 안에서 홀로서기가 될 때 치유가 되는 것입니다. 부모와 혈연의 관계를 단절해야 성령하나님과 영적인 관계가 열려서 치유가 되는 것입니다.

그래서 아기가 어머니 뱃속에서 나오면 제일 먼저 하는 일이 탯줄을 자르는 것입니다. 이제 자기 스스로 홀로 서며 인생을 살아가야 한다는 의미입니다. 그런데도 부모의 안일한 생각과 자녀의 의존적인 습관으로 인하여 탯줄을 달고 사는 사람이 있습니다. 이 사람은 빨리 부모님과 연결된 탯줄을 끊어야 합니다. 그래야 인생을 성령하나님 안에서 홀로 서며 하나님의 은혜를 직접 받으면서 살아갈 수가 있는 것입니다.

이스라엘 사람들이 광야의 길을 걸은 것은 보이는 사람이나 자기들이 만든 우상을 숭배했기 때문입니다. 이것이 제일 큰 문제이었다고 생각합니다. 모세가 시내산에 십계명을 받으러 올라갔을 때 금송아지를 만들었습니다. 툭하면 산당을 만들어 숭배했습니다. 하나님은 보이지 않지만 살아계신 것을 믿고 순종하고 주인으로 모시는 성도와 동행하시며 홀로 서게 하십니다.

이스라엘을 왜 70년 바벨론 포로로 끌려가게 하셨습니까? 우상을 숭배했기 때문입니다. 남 유다가 망하기 직전 활동했던 예레미야 선지자는 그들의 죄를 지적하면서, 우상숭배에 대하여 여러 차례 경고하였습니다(렘 1:16-17, 5:19, 13:10, 25:6-7, 44:5-6 등). "무리가 나를 버리고 **다른 신들에게 분향하며 자기 손으로 만든 것들에 절하였은즉** 내가 나의 심판을 그들에게 선고하여 그들의 모든 죄악을 징계하리라 (17) 그러므로 너는 네 허리를 동이고 일어나 내가 네게 명령한 바를 다 그들에게 말하라 그들 때문에 두려워하지 말라 네가 그들 앞에서 두려움을 당하지 않게 하리라."(렘 1:16-17). 당시 유다 백성들은 우상숭배에 골몰하여, 그 **섬긴 우상의 수가 그들이 거한 성읍의 수와 같을 정도였다고** 합니다(렘 2:28, 11:13). 이는 하나님께서 영이시라 보이지 않으니 보이는 우상을 만들어 숭배한 것입니다. 하나님은 이를 고통을 통해서 깨닫기를 원하십니다.

**3. 홀로서지 못하면 하나님의 복을 받지 못한다.** "네 하나님 여호와께서 너를 아름다운 땅에 이르게 하시나니 그 곳은 골짜기든지 산지든지 시내와 분천과 샘이 흐르고 밀과 보리의 소산지요 포도와 무화과와 석류와 감람나무와 꿀의 소산지라 네가 먹을 것에 모자람이 없고 네게 아무 부족함이 없는 땅이며 그 땅의 돌은 철이요 산에서는 동을 캘 것이라 네가 먹어서 배부르고 네 하나님 여호와께서 옥토를 네게 주셨음으로 말미암아 그를 찬송하리라"(신8:7-10)

하나님께서는 이스라엘 백성들로 하여금 험한 광야 길을 40년 동안 걸어가게 하셨습니다. 그것은 이스라엘 백성들이 지난 날 경험했던 과거의 생활이었습니다(신8:1-6절). 그런데 7-10절에서는 이스라엘 백성이 앞으로 경험하게 될 축복된 미래의 일들에 대해 말씀해 주시고 있습니다. 과거에 40년 동안 광야 길을 걸어가면서 깨어지고 연단 받는 경험을 한 이스라엘 백성들에게 이제 앞으로는 젖과 꿀이 흐르는 가나안 땅을 밟게 될 것을 말씀하고 있습니다. 하나님께서 이스라엘 백성들로 하여금 광야의 길을 걷게 하신 이유는 광야 생활 속에서 연단을 받고 보이지 않지만 살아계신 하나님만을 경외하고 의지하는 믿음을 갖게 하기 위해서입니다.

그리고 믿음을 갖고 하나님을 경외하는 자들이 된 후에 이제는 하나님께서 진짜로 주시기 원하는 축복의 땅 가나안을 얻어 누리게 하십니다. 하나님은 가나안의 축복을 누리게 하기 위해서 저들을 광야에서 먼저 연단하신 것입니다.

하나님께서 우리들에게 궁극적으로 주시기 원하시는 것은 광야의 생활이 아니라 가나안의 축복된 생활입니다. 그러나 가나안의 축복을 축복으로 받아 누리게 하기 위해서는 먼저 우리가 연단 받고 변하고 바뀌어야만 하는 것입니다. 이스라엘 백성들이 가나안 땅에 들어갔을 때 많은 것을 누리게 되었습니다. 그 모든 것은 다 하나님께서 주신 것이었습니다. 자기 힘으로 수고해서 얻은 것이 아니었습니다(신8:7-10절).

이스라엘 백성들이 앞으로 들어갈 가나안 땅에서 하나님께서 주신 축복을 누리게 하기 위하여 먼저 광야에서 자신이 낮아지고 하나님을 주인으로 모시고 말씀에 의지하는 삶을 살아야만 했습니다. 우리들도 하나님께서 우리의 앞에 허락해 놓으신 큰 복을 받아 누리기에 앞서 먼저 광야 길을 걸어가면서 깨어지고 낮아짐으로 하나님만 의지하는 믿음을 가져야 합니다.

우리들은 지난날들 속에서 여러 과정을 거치면서 하나님의 연단을 받으며 지내오지 않았나 생각해 봅니다. 그러나 그때에도 우리는 하나님께서 모든 것들을 충분하게 다 공급하시며 채워주시는 축복을 경험했습니다. 이제 하나님께서는 우리에게 앞으로 광야 생활을 끝내고 새로운 가나안 땅에서의 축복된 생활을 살아가라고 말씀하실 것입니다. 하나님의 축복을 받으면서 살기 원하십니까? 그렇다면 먼저 광야 길을 잘 걸어가기 바랍니다. 불평하면서 가지 맙시다. 원망하면서 낙심하면서 가지 말기 바랍니다. 비록 우리가 지금 광야 길을 걸어갈지라도 하나님께서는 그 광야 길속에서도 만나를 내려 주심을 감사하면서 걸어갑시다. 비록 새 옷은 아니지만 해어지지 않는 옷을 입고 광야생활을 부족함 없이 살게 하심을 감사하면서 걸어갑시다. 발이 부릍지 않게 해 주신 하나님께 감사하면서 그 기적을 잊지 말고 간증하면서 나아갑시다. 그럴 때 마침내 하나님께서 우리가 광야 생활을 다 마치고 우리의 앞에 허락하신 축복된 가나안 땅에서 살게 하실 것입니다.

그러기 위해서 먼저 광야 길을 걸어갈 때 교만하지 말고 겸손히 자신을 낮추시는 하나님의 손길을 경험하면서 살아가야 합니다. 광야 길을 제대로 잘 통과함으로 하나님께서 주신 축복들을 낱낱이 간증할 수 있는 삶을 살아가야 합니다.

하나님께서 우리에게 허락해 주시는 가나안 땅의 모든 축복을 받아 누리면서 살기 위해 광야 길을 걸어가면서 자신이 없어지고 깨어지고 겸비해 지기를 원하십니다. 살아계시면서 주인으로 동행하시는 하나님만 의지하면서 사는 자가 되게 해 달라고 나와서 기도하기 바랍니다. 광야 길을 걷게 하시는 것은 살아계신 하나님께서 주인으로 동행하고 계신 것을 체험하게 하기 위해서 입니다. 광야 같은 세상을 살면서 부딪치는 모든 일은 주인이신 하나님께서 하십니다. 하나님께서 믿음을 보시고 기적을 행하시는 것입니다. 우리가 할 일은 하나님께서 하셨다. 보이지 않지만 살아계신 하나님께서 나를 통해서 하셨다. 하면서 하나님께 영광을 돌리는 일입니다. 예수를 믿고 성령으로 거듭난 성도는 누구나 할 것 없이 예수님 안에서 홀로 서며 살면서 살아계신 하나님을 증명해야 합니다.

# 4장 홀로서기는 습관이 중요하다.

(렘 22:21)"네가 평안할 때에 내가 네게 말하였으나 네 말이 나는 듣지 아니하리라 하였나니 네가 어려서부터 내 목소리를 청종하지 아니함이 네 습관이라."

예수님 안에서 홀로서기는 준비가 아니라고 했습니다. 홀로서기는 습관이 되어야 합니다. 습관은 굉장히 중요합니다. 하나님을 의지하고 맡기는 습관이 중요합니다. 의지한다는 것을 말씀대로 순종을 말하고 맡긴다는 것은 하나님께서 하실 때까지 기다린다는 것입니다. "습관은 제2의 천성이다.", "요람에서 생긴 버릇 무덤까지 간다."라는 격언이 있습니다. 습관은 성격을 형성하며 성격은 그 사람의 인생을 결정합니다. 누구나 나름대로의 습관이 있습니다. 나쁜 습관이 있고 좋은 습관이 있습니다. 습관에 따라서 삶의 질과 인격과 신앙과 운명이 달라집니다.

거짓말하고, 게으르고 싸움을 잘 하는 습관을 가졌다면 분명 손가락질 받고 인정도 받지 못하며 가난하거나 망하게 될 것입니다. 그러나 성령하나님 안에서 홀로서기하고, 부지런하고, 봉사하고, 용서하고, 화목하고, 다른 사람을 섬기고 대접하는 습관을 가졌다면 분명 부유하고 행복한 인생을 누릴 것입니다.

하나님께서 보시는 유다의 문제는 습관의 문제라고 지적하고 있습니다. 지금은 심판을 선포하면서 돌아오라고 말씀하시지만, 처음부터 그렇게 하신 것은 아닙니다. 오히려 평안할 때 하나님께서는 계속해서 말씀하셨던 것입니다. 그런데 유다는 "나는 듣지 아니하리라"라고 거절하였던 것입니다. 이런 모습은 어려서 부터 하나님의 목소리를 청종하지 않는 것이 습관이 되어버렸기 때문입니다. 유다는 자신들이 하나님의 백성이라는 자부심만으로 자신들은 심판을 받지 않을 것이라고 생각하였습니다. 그들은 하나님의 성전이 여기 있기 때문에 하나님께서 지켜주실 것이라는 잘못된 믿음을 가지고 있었던 것입니다. 그래서 하나님께서는 렘22:24절에 고니야가 나의 오른손의 인장반지라 할지라도 심판하겠다고 말씀하시는 것입니다. 고니야라는 말은 여호야긴의 별명입니다. 여호야긴이라는 이름은 여호와께서 성취하신다는 뜻이지만, 고니야라는 이름은 여호와는 견고케 하신다는 뜻입니다. 이름에서 볼 수 있듯이 그들은 잘못된 믿음으로 평안하다 평안하다 나는 괜찮다고 생각하는 것입니다. 렘22:29절의 "땅이여 땅이여 땅이여 여호와의 말을 들을지니라라"는 외침에 대해 결코 외면하지 말아야 합니다. 우리는 하나님의 말씀을 얼마나 가까이하는지 돌아보면 좋겠습니다. 아무리 말해도 말씀을 가까이하지 않는 삶은 결국 하나님을 믿는 믿음으로부터 멀어지게 만들고 결국은 심판으로 말미암아 깨닫도록 하시는 날이 오게 되는 것입니다.

**1. 홀로서기는 어려서부터 습관이 되어야 한다.** 세 살 버릇이 여든까지 간다'는 속담이 있습니다. 생활습관에만 해당되는 말이 아닙니다. 이 말은 신앙생활에서도 그대로 적용됩니다. 그래

서 어려서부터 좋은 신앙의 습관을 키워야 합니다. 예로부터 유대인들은 자녀에게 신앙교육을 철저히 시키는 걸로 유명합니다. 어려서부터 율법을 가르칩니다. 어머니가 갓난아기를 재울 때도 성경을 읽어줍니다. 그래서 아이들은 무의식적으로 하나님의 말씀을 마음에 새기게 됩니다. 회당과 가정에서 성경을 가르치는 데서 끝나지 않습니다. 학교에서도 성경을 가르칩니다. 이렇게 말씀으로 무장시켜 키운 자녀들은 세상 학문도 뛰어나, 세계 최고의 지성을 가진 민족이 되었습니다. 노벨상을 받는 사람들 중에 유대인들이 많은 것도 이 때문입니다. 하나님께서 지혜를 주시기 때문입니다. 미국인의 2%밖에 안 되는 유대인이 미국 전체의 정치와 경제를 좌우합니다.

좋은 신앙의 습관은 어려서부터 길러주어야 합니다. 바른 신앙교육을 통해 훌륭한 신앙인으로 자랄 수 있습니다. 하나님은 "마땅히 행할 길을 아이에게 가르치라. 그리하면 늙어도 그것을 떠나지 아니하리라(잠 22:6)"고 부모들에게 권고하십니다. 또한, "오늘 내가 네게 명하는 이 말씀을, 너는 마음에 새기고, 네 자녀에게 부지런히 가르치며, 집에 앉았을 때에든지 길을 갈 때에든지 누워있을 때에든지 일어날 때에든지 이 말씀을 강론(신 6: 6-7)"하라고 신앙교육의 중요성을 거듭 강조하십니다.

본문에 등장하는 여호야김은, 믿음을 잘 지켜 행한 요시야 왕의 아들이지만, 그 자신은 어려서부터 신앙의 습관을 갖지 못한 결과로 불행한 인생을 살았습니다. 어려서부터 하나님 말씀을 듣지 않았던 여호야김 왕에게, 하나님께서 예레미야를 통해 말씀하셨습니다. "네가 평안할 때에 내가 네게 말하였으나, 네 말이 나는 듣지 아니하리라 하였나니, **네가 어려서부터 내 목소리를 청종하지 아니함이 네 습관이라**(렘 22:21)." 잘못된 신앙 습관으로 그는 하나님보다 사람이 만든 보이는 우상을 더 사랑했습니다. 율법을 어겼습니다. 하나님이 미워하는 일을 하고 하나님 앞에 범죄하였습니다. 그로 인해 결국 여호야김과 유다백성은 하나님의 심판을 받게 되었습니다. 바벨론 군대에 의해 죽임을 당한 그의 시체가 예루살렘 성 밖에 방치되는 수모를 겪게 되었습니다. 우리 가정은 언제나 신앙으로 양육하고 훈련하는 가정, 신앙의 좋은 습관이 길러지는 가정, 아름답고 행복한 가정으로 가꾸어나갈 수 있기를 바랍니다.

필자는 우리 가정의 장남으로 태어났습니다. 그런데 아버지가 17살에 돌아가셨습니다. 아버지 나이로 49세이었습니다. 그때부터 저는 가정의 가장이었습니다. 물론 어머니가 계셨지만 가장으로 가정을 이끌어갈 수 있는 능력은 부족하셨습니다. 왜냐하면 아버지가 공직생활하면서 월급 받아다가 어머니에게 드리면 그것으로 생활을 쭉 해 오셨기 때문에 밖에 나가서 돈을 벌어서 자녀들을 먹여 살릴 수 있는 여력이 없으셨습니다. 오죽했으면 필자가 군대에 있을 때 상관들의 부인들이 저에게 어떤 여성을 배우자로 생각하고 있느냐고 물어볼 때에 서슴없이 필자가 먼저 세상을 떠났을 때 자녀들을 양육하고 가정을 이끌어

갈수 있는 배우자를 원한다고 했겠습니까?

필자의 어머니를 원망하는 것이 아니고 어려서부터 홀로서기가 되어있지 못했다는 것을 말하려고 하는 것입니다. 필자의 어머니도 어려서부터 홀로서는 훈련이 되어 있었으면 남편이 젊은 나이에 세상을 떠났다고 해도 당황하지 않고 자식들을 양육할 수가 있었을 것입니다. 이렇게 되니 어린 저에게 모든 짐이 지워진 것입니다. 17살부터 소년 가장이 되어 가정을 책임을 져야 했습니다. 자연스럽게 홀로서는 훈련을 받은 것입니다.

잠깐 우리 가정의 상황을 말씀을 드리겠습니다. 아버지가 공직에 계시다가 몸에 병이 생겨서 공직을 그만 두었습니다. 그런데 우리 아버지는 우리 어머니와 비슷하여 독립적이지 못하고 의존적인 분이었습니다. 필자가 그 당시 아버지의 상황이었으면 도시에다가 자리를 잡았을 것입니다. 그러면 도시에서 살아남기 위하여 무엇이든지 닥치는 대로 하면서 홀로서기가 되었을 것입니다. 집을 지었는데 산골인 처갓집 옆에다가 지은 것입니다. 그때 말로 신작로 길만 건너면 외가입니다. 그 때 아버님이 말씀하시는 것은 친가의 할아버지와 할머니가 모두 세상을 떠나셨기 때문에 장인 장모님을 부모님과 같이 생각하고 의지하며 살겠다고 그렇게 하셨다는 것입니다.

그런데 그것이 그렇게 됩니까? 가까이 있다가 보니까, 의견충돌이 일어나고 어린 처남들에게 험한 말을 들으며 바보 취급을 받기 일쑤이고, 장모(외할머니)에게 귀에다가 담을 수 없는

욕을 먹어가면서 살았습니다. 정말 어린 저의 가슴에 대못을 박는 언행들을 서슴지 않고 했습니다. 필자는 고향 산골을 가지 않은 지가 20년이 넘은 것 같습니다. 가기가 싫습니다. 아버지가 처가에서 천대받은 이유는 공직 생활할 때는 돈도 가져다가 드리고 잘하셨다는 것입니다. 그때는 우리 사위~ 우리 사위~했다는 것입니다. 그런데 병들어 공직생활을 마치니까, 물질적으로 쪼들려서 밥을 굶는 날이 먹는 날보다 많았습니다.

그렇게 어려워 힘이 없으니까, 처남들이 아버지를 무시한 것입니다. 산골이기 때문에 산비탈에 농사를 짓고, 지게를 지고 산에 올라가 나무를 해가지고 팔아서 양식을 사다가 먹어야 살기 때문입니다. 필자가 어린 마음에 다짐하고 다짐한 것은 나는 우리 아버지같이 무능한 아버지가 되지 말아야겠다는 것입니다. "자식들을 낳아놓고 생계도 책임을 지지 못하는 아버지는 되지 말아야 겠다." 좌우명을 가지고 지금까지 성령 안에서 하나님의 말씀대로 홀로 서며 치열하게 인생을 살았습니다. 필자는 어려서부터 지게를 지고 산토끼하고 발을 맞추며 산에 올라가 나무를 해서 지고 내려와 난방을 하고 팔아서 식구들의 생계를 이어갔습니다. 지금 생각하면 그 때 그 시절이 있었기 때문에 지금의 제가 있게 되었다고 깨달아 집니다. 결정적으로 두메산골 어린 시절 자라던 고향을 떠나야 하는 일이 생겼습니다. 그것은 군대에 입대하여 월남을 가는 것이었습니다. 월남가면 돈을 벌수가 있다는 것을 외삼촌들에게 들었습니다. 군대에 가야 살수가 있다는 생각이 마음에서 떠나지 않았기 때문입니다. 그 당시 한창 월남에 파병하던 당시라서 월남에 가서 돈 벌어 가지고 남들같이 한 번 살아보겠다고 18살 되던 해 10월에 지원하려고 병무청에 들어가려고 했더니 다리가 떨려서 들어갈 수가 없었습니다. 그래서 다음해 19살 때에 지원입대를 했습니다. 그 당시 군대에 가면 밥을 거르지 않고 먹을 수 있다고 해서 월남에 가서 돈 벌고 빨리 군대생활 끝내고 돌아와서 홀어머니를 호강시켜 드린다고 하고 어머니를 설득하여 군에 입대했습니다. 그런데 군대에 가서 얼마 있지 않아서 베트남에서 철수해 버렸습니다. 그렇게 가고 싶었던 베트남을 가지 못했습니다.

제가 지금 그때를 회상하며 글을 쓰려고 하니 서러운 눈물이 앞을 가려 워드를 치지를 못하겠습니다. 지금 생각해보면 제가 지금 목사가 된 것도 하나님이 군대라는 강한 집단으로 저를 내몰아서라도 고향과 친척과 아버지 집을 떠나게 했던 것 같습니다. "나의 하나님이시요 나의 피할 바위시요 나의 방패시요 나의 구원의 뿔이시요 나의 높은 망대시요 나의 피난처시요 나의 구원자시라 **나를 흉악에서 구원하셨도다**"(삼하22:3).

어린 소년이 논산 2훈련소에 들어갔습니다. 전주에서 저보다 나이가 3-4살 때 많은 형들과 함께 훈련소 내무반에 들어갔습니다. 그런데 시간이 저녁 6시가 조금 넘었습니다. 들어가니 저녁밥을 주지 않는 것입니다. 그러면서 내무반에 편성되어 들어갔는데 내무반장이라고 하는 병사가 배고픈 사람 손을 들라고 해서 저하고 두 명인지 세 명 정도가 손을 들었습니다. 그러자 침상에서 내려오라고 하더니 여기가 너희 집 안방인줄 아느냐고 하면서 주먹질을 하고 발로 차는 것입니다. 저는 군대에 가면 배가 부르지는 못해도 밥을 먹을 수 있다고 해서 어린 나이에 군대에 자원입대하여 훈련소까지 왔는데 배고픈 사람 손을 들으라고 해놓고서 때리는 것은 또한 무슨 대접인가 자우지간 저보다 신장이 작은 정말 한주먹 감도 되지 않은 일등병에게 정말 실컷 두들겨 맞았습니다. 군대 첫날 신고식을 대단하게 치른 것입니다. 훈련은 남자들만 있으니까 견딜 만한데 밥 먹는 시간이 부족했습니다. 어떤 때는 그 아까운 밥을 다 먹지를 못하고 버려야만 했습니다. 그때 저의 체력은 어려서 제대로 먹지를 못하여 갈비대가 앙상하고 광대뼈는 나오고 말이 아니었습니다. 그래도 산토끼하고 발을 맞추며 산을 타고 살아서 체력은 뒤떨어지지 않았습니다. 외삼촌에게 태권도를 배워서 한 주먹할 수가 있었습니다. 군에 가서 하루 세끼를 먹으니까 살이 오르고 눈빛도 달라지고 했습니다. 그때 생각나는 것은 대학을 졸업하고 군에 들어온 형들이 있었는데 나이가 저보다 4-6살씩 많은 형들이 저보고 군에 들어와 눈이 매섭고 많이 강건해졌다고 칭찬도 해주었습니다. 어느 날인가 훈련을 마치고 내무반에 들어오니까 취사장에 일을 할 것이 있다고 차출이 왔습니다.

그래서 제가 나이가 가장 적었기 때문에 우리 내무반에서 저와 네 명이 취사장에 가서 청소를 했습니다. 취사장에 가니까 취사병들이 배고프시지요, 여기 오늘 배식하고 남은 것이라고 하면서 꽁치 통조림 조린 것을 내놓으면서 마음껏 먹고 청소하다가 가시라고 하여 정말 세상에 태어나서 처음 꽁치 통조림을 배가 터지라고 먹었습니다. 그런데 원래 꽁치 통조림은 짜지 않습니까? 짜니까 적당히 먹어야 되는데 태어나서 그때까지 저는 꽁치 통조림을 먹어본 경험이 없었습니다. 그래 배가 터지도록 먹었습니다. 내무반에 돌아와 잠을 자려고 하니 물이 자꾸 먹혀서 내무반에 준비한 물을 다 먹고 화장실에 가서 청소하기 위해서 받아둔 물을 얼마나 많이 먹었는지 모릅니다.

그래도 그때는 배탈이 나지 않았습니다. 자우지간 군대 생활이 즐거웠습니다. 매달 적지만 봉급주지 3끼 밥 주지 잠재워주지 정말 좋았습니다. 훈련받으면서 어떤 때는 곡괭이 자루로, 어떤 때는 야전삽으로 열댓 대씩 맞는 것도 겁나지 않고 정말 살 것 같았습니다. 그렇게 고생을 하는데 저의 어머니는 한 번도 면회를 오시지를 못했습니다. 왜요, 너무 동생들하고 살아가기가 힘이 드셔서 오실 수가 없었던 것입니다. 그래도 저는 좋았습니다. 밥 주고 월급주고 잠 재워주니까요? 그때가 여름이라 웃옷을 많이 벗고 사진을 찍었는데 처음에는 갈비대가 뚝뚝 나왔는데 어느 정도 지나니까, 갈비대가 보이지 않고 얼굴도 귀공자로 변해 같습니다. 그래서 지금 생각하면 군대는 나의 피난처요, 하나님이 예비한 천국이요, 축복의 행로이었습니다. "시험을 참는 자는 복이 있도다. 이것에 옳다 인정하심을 받은 후에 주께서 자기를 사랑하는 자들에게 약속하신 생명의 면류관을 얻을 것임이니라"(약1:12). 군대는 필자가 저의 안에 있는 잠재능력을 깨닫고 홀로 서게 하는 좋은 곳이었습니다.

**2. 홀로서기는 거저 되지 않는다.** 필자가 교회를 개척하여 교회를 부흥시키려고 열심히 전도하고 병원에 다니면서 환자들에게 안수 기도 하여 치유하고, 아무리 열심을 내어도 교회가 성장되지 않고 이제 교회는 남고 퇴직금으로 마련한 아파트가 날아가기 시작했습니다. 필자가 기도하기를 교회는 날아가도 되는데 아파트 22.5평은 날아가지 않게 해달라고 기도했기 때문입니다. 교회를 운영하다가 보니 매달 적자라 슬슬 카드 빼다가 쓴 것이 많아진 것입니다. 그래 아파트를 전세로 임대하고 교회 안으로 이사를 왔습니다. 겨울이면 -2도가 됩니다. 4년을 살았습니다. 영락없이 교회 안에서 이대로 살다가 죽는 것 같았습니다. 정말 사는 것이 말이 아니었습니다. 다 큰 딸들을 그 황무지도 같고 유흥가라 향락이 판을 치는 곳에서 산다는 것이 정말 어려웠습니다.

그 때는 이미 퇴직금으로 받은 재산도 다 날아가고 도저히 제 힘으로는 그곳에서 빠져나오지 못할 지경에 처해 있었습니다. 우리 아이들이 지금 무어라고 하느냐 그때 교회 뒤에서 빠져나와 서울에서 사는 것은 하나님의 기적이라고 합니다. 하나님께서 하시지 않았으면 그 환경을 벗어날 수가 없었기 때문입니다.

그래서 날마다 날마다 애절하게 하나님에게 사정하며 기도했습니다. 하나님 저 좀 사용하여 주시고, 사택을 준비해서 빨리 이곳 교회 안에서 이사 가게 해주셔서 주택가나 아파트에서 살아가게 해주세요. 정말 가장 체면이 말이 아닙니다. 하고 기도하던 어느날 그 때가 아마 2001년 7월정도 되는 것 같습니다.

한 밤에 꿈을 꾸는데 천사들이 도열을 하며 박수를 받으면서 우리식구가 나가는 것이었습니다. 그곳을 설명하면 승강기를 내려서 양쪽으로 통로가 나있는데 우리는 차가 다니는 곳이 아닌 사람이 통행하는 쪽을 이용하였습니다. 그런데 그곳 양쪽에 작은 제 허리정도 되는 작은 신장의 천사들이 통로 좌우편에 도열하여 박수를 치는데 제가 제일 앞에서고, 그 다음은 사모가 서고, 그 뒤에 큰딸 은혜가 서고, 그 다음에 작은딸 은영이가 천사들의 박수를 받으면서 나오는 것이었습니다. 그 꿈을 꾸고 저는 한 며칠 있으면 교회를 나와서 밖으로 이사를 갈 것으로 생각했는데, 그 세월이 2년이나 걸렸습니다. 그러나 저는 아무리 현상이 어렵고 막막해도 꼭 승리하여 나간다는 확신을 가지고 기도하며 지냈습니다. 필자가 이 꿈을 꾸고 난 다음에 아 ~ 하나님께서 나를 이곳에서 승리하고 나가게 해주신다는 감동이 오는 것입니다. 꿈 이야기를 사모에게 말 하지 않았습니다. 왜냐하면 우리 사모는 보수적인 합동 측에서 신앙생활을 한 사람이기 때문에 꿈 이야기 하면 이상한 목사 취급을 받을 소지가 많았기 때문입니다. 하나님께 주야로 기도를 했습니다. 2년이 지난 후 하나님이 축복을 하셔서 그 꿈과 같이 승리하여 아파트

32평을 월세로 얻어서 나왔습니다. 이사를 한후에 아이들이 기뻐하고 필자가 너무 기뻐서 살아오면서 제일로 편안하게 잠을 잘 수 있었던 곳입니다. 정말 잊지 못합니다. 꿈에 하나님께서 천사들을 통하여 보여주고 꿈대로 믿으니 이루어주신 것입니다.

하나님께 기도하는 중에 다른 한 꿈을 꾸었는데 우리 교회에 목사님, 전도사님, 사모님들이 많이 모여 있는 곳에서 필자가 설교를 하는 것입니다. 그래서 하나님께 물었습니다. 어찌 교회에 성도들은 모이지 않고 목회자들만 모여 있습니까? 하루 저녁을 기도하니 하나님께서 목회자가 모이는 치유집회를 하라는 감동을 주시는 것입니다. 아~ 그래 치유집회를 하면 나오는 헌금으로 교회를 자립하며 운영할 수가 있겠다는 감동이 왔습니다. 교회를 계속할 수가 있다는 것입니다.

그래서 국민일보에 조그마하게 광고를 하고 성령치유 집회를 하기 시작을 했습니다. 그랬더니 그 조그마한 광고를 보고 50명이나 되는 인원이 집회에 참석을 한 것입니다. 하나님께서 함께 하신 다는 것을 보증하여 주신 것입니다. 치유집회를 2년 정도 계속하다가 보니까, 제정의 자립을 하고 여력이 생겨서 4년 동안 살던 교회 뒤에서 나와서 이사를 하게 된 것입니다. 이는 필자가 성령 안에서 홀로서기가 습관이 되었기 때문에 교회를 개척하여 23년 이상 할 수가 있었다고 생각합니다. 그래서 저는 이제 항상 긍정입니다. "식당도 맛있다고 소문이 나면 어디든지 손님들이 모인다. 교회도 마찬가지이다. 하나님이 저에게 주신 음성을 듣고 음성에 순종하면 하나님이 앞길을 열어

주신다." 정말 세상에 믿을 사람이 아무도 없었습니다. 성경에 "여호와께서 이와 같이 말씀하시니라 무릇 사람을 믿으며 육신으로 그의 힘을 삼고 마음이 여호와에게서 떠난 그 사람은 저주를 받을 것이라."(렘 17:5). 군에 있을 때는 도와 달라고 전화도 잘하고 찾아도 잘 오던 사람들이 아무도 찾아오지를 않았습니다. 개척교회는 다 망한다고 도와 달라고 할까봐…. 그러나 하나님은 절대로 떠나지 않으시고 저와 함께 하셨습니다. 필자가 괴로워 힘들어 할 때 찬양으로 위로하여 주시고, 앞길을 물을 때 음성으로 들려주시고, 어려워 고통당할 때 꿈으로 앞일을 보여주시며, 희망을 가지고 기도하게 하시고, 환자의 환부에 손을 올려 기도할 때 치유하여 주시고, 인간들은 다 멀리해도 하나님은 항상 저를 멀리하지 않으시고 저와 함께 하셨습니다. 할렐루야! 주님이 승리하게 하셨습니다.

**3. 홀로서려고 하는 자와 함께 하신다.** 홀로서기는 거저 되지 않습니다. 앞 장에서도 설명했지만 이스라엘을 광야를 걷게 한 것이 몇 달이 아니지 않습니까? 시간이 걸리고 체험해야 하기 때문입니다. 2000년도 11월로 기억이 납니다. 제가 하도 힘이 드러서 새벽에 사모 외에 아무도 오지 않은 새벽기도 시간에 하나님에게 기도를 드렸습니다. 하나님 어떻게 해야 합니까? 어떻게 해야 합니까? 하고 물어보니까, 소리가 들리는 음성으로 앞으로는 영성이다. 21세기에는 영성이다. 영성! 영성! 영성! 그래서 영성이라 영성은 내가 신대원 다닐 때 조직신학 교수님이

이단이라고 했습니다. 그때 가정 사역을 하시는 교수님이 치유에 관한 책을 나누어 주셨는데 다 돌려주라고 해서 돌려 준 생각이 났습니다. 성령은 장래 일을 알게 하십니다(요16:13).

여기서 한 가지 알고 지나갑니다. 우리가 성령하나님 안에서 홀로 서며 영적으로 깊이 들어가지 못하게 하는 것이 3가지가 있습니다. 첫째로 태아에서 현재까지의 마음의 상처를 치유 받아야 합니다. 마음의 상처는 성령 안에서 홀로 서며 영적인 사람으로 변화하는데 많은 장애요인이 됩니다. 이스라엘 민족이 가나안 정찰을 가서 열지파가 잘못보고 하나님의 진노를 산 것도 상처 때문인 것입니다. 과거 애굽에서 받았던 상처로 인하여 현실을 볼 때 하나님의 입장에서 본 것이 아니고 자신이 느끼는 감정으로 보고 본대로 전하여 이스라엘 사람들을 대노하게 하여 광야에서 40년간 유리하다가 죽는 신세가 된 것입니다. 이와 같이 과거 상처로 인하여 하나님이 알려주시는 감동을 정확하게 듣지 못하고 자기위주로 해석한다든지 육으로 판단하여 하나님의 뜻과는 정반대로 갈 수가 있습니다. 성령 안에서 홀로 서려면 반드시 과거 상처를 치유해야합니다.

둘째로 개인자아가 부수어지고 치유되어야합니다. 자아란 지금까지 배우고 터득한 내용을 말합니다. 학교에서 공부한 내용, 또 세상을 살아가면서 터득한 내용, 교회 생활을 하면서 배우고 터득한 내용이 자기 의와 자기의 틀이 만들어져 자기가 생각하는 틀에 맞지 않으면 마음을 열지 않게 때문에 성령이 역사할 수가 없습니다. 이 자아가 깨어지지 않으면 하나님의 음성을 들을 수 없기 때문에 치유 받아야 합니다. 치유를 그렇게 어렵게 생각하지 말아야 합니다. 성령 안에서 기도하면 성령께서 치유하십니다. 하나님은 우리에게 지식까지 새로워지라고 하시는 것입니다. "새 사람을 입었으니 이는 자기를 창조하신 자의 형상을 좇아 지식에까지 새롭게 하심을 받는 자니라"(골3:10)

셋째로 혈육으로부터 내려오는 영적인 문제를 치유해야 합니다. 이는 나도 모르게 나에게 흘러들어와 나의 영적 생활을 방해합니다. 하나님의 깊은 교재의 관계로 나가지를 못하게 하고 이것이 올무가 되어 하나님의 음성을 들으려고 하면 세대에 지속적으로 역사하던 악한 마귀가 방해를 하거나 거짓 음성을 들려주기 때문에 성령 안에서 홀로서기 하지 못하게 함으로 성령의 능력으로 치유를 받아야 합니다. 그래서 하나님이 이 세 가지를 부수어 드리기 위하여 연단하고 단련하시는 것입니다.

그래서 그때 영성은 이단이라고 한 교수님의 말씀이 저의 머리에 남아 자아가 된 것입니다. 그러나 나는 내가 직접 알아보겠다하고 인터넷을 들어가 영성이라고 쳤더니 한 영성원이 나왔습니다. 그래서 자료들을 하루 종일 읽어 보니 내 수준으로는 이단성을 발견할 수가 없었습니다. 그래서 성령의 인도로 거기 가서 영적인 말씀을 들으면서 홀로설 수 있도록 인도받은 것입니다. 그래서 성령 안에서 홀로서면서 서울 방배동까지 와서 23여년 목회하며 지금 글을 쓰고 있습니다. 하나님은 예수님을 믿는 성도 모두가 성령하나님 안에서 홀로서기를 원하십니다.

# 5장 예수님 안에서 홀로서는 사람이 행복하다.

(빌 4:4-5)"주 안에서 항상 기뻐하라 내가 다시 말하 노니 기뻐하라. (5) 너희 관용을 모든 사람에게 알게 하 라 주께서 가까우시니라."

예수님을 믿는 성도의 행복은 예수 안에서 홀로서기하며 살 아갈 때라고 생각합니다. 왜 행복하느냐 예수님이 내 인생을 살아주시니 행복한 것입니다. 예수 안에서 홀로서기하며 살아 갈 때 영-혼-육 전인적인 만족을 누릴 수가 있기 때문입니다. 국어사전에 행복에 대하여 이렇게 설명합니다. "삶에서 기쁨 과 만족감을 느껴 흐뭇하다." 사람들은 흔히 행복이 무엇인지 묻고, 찾고 싶어 합니다. 그것은 마치 공기처럼 보이지도 않 고, 잡히지도 않기 때문입니다. 행복은 시간의 흐름을 전혀 의 식하지 못하고, 표현하기 힘들기 때문입니다. 필자가 깨달은 진정한 행복은 예수님 안에서 홀로서기 하며 영-혼-육체의 전 인적인 평안과 만족을 누리면서 자기가 하고 싶은 일을 영원 한 천국 갈 때까지 하는 것이 행복이라고 생각합니다.

진정한 행복은 예수 안에서 홀로서기하며 영적인 만족에 있 습니다. 사람이 영적인 존재이기 때문입니다. 그래서 성령 안에 서 홀로서는 성도가 행복한 것입니다. 모든 것이 영이신 하나님 으로부터 시작을 해야 된다는 의미입니다. 사람의 영혼은 하나 님께로 말미암았으므로 하나님께 속하여 영혼이 만족해야 모든 것이 만족한 것입니다. 진정한 행복은 영적인 만족에서 오는 것입니다. 물질적으로 환경적으로 풍요로운 성도들이 이 교회 저 교회로 방황하는 것은 마음에 만족, 영적인 만족을 찾지 못하기 때문입니다. 한마디로 예수님과 동행하며 홀로서지 못했기 때문입니다. 성령의 인도를 받지 못하기 때문입니다. 성령 안에서 홀로선 성도는 성령께서 삶의 주인이시기 때문에 성령님이 마음과 생각과 환경을 주장하시고 인도하시는 것입니다.

교회예배당에 들어와 말씀을 듣고 예배드리며 기도하여 성령으로 충만하면 아무 이유 없이 기쁨이 내 온 마음을 사로잡고, 모든 근심이 사라지며, 세상이 전혀 두렵지 않은 평화가 자신의 온 영혼을 지배하는 경험을 해본 적이 있을 것입니다. 비록 영구적인 것은 아닐지라도 그 시간만큼 내 영혼은 만족감으로 채워진 것입니다. 영혼이 만족스러우면 근심이 사라지고 평화가 찾아옵니다. 영혼에 기쁨이 넘치면 내게 닥치는 어떠한 아픔과 고통도 이겨낼 수 있는 힘이 생깁니다. 숨을 쉬면서 살아가는 하루하루가 행복합니다.

영(마음)이 불만족스러울수록 육의 욕구는 강해집니다. 그래서 밖에서 만족을 찾으려고 합니다. 사람이나 환경에서 만족을 누리려고 하기 때문에 불행한 삶을 살아가게 됩니다. 반대로 영(마음)이 만족스러울수록 육의 욕구는 감소합니다. 행복한 생활을 하게 되는 것입니다. 물질, 권력, 명예와 같은 인간의 욕망은 영(마음)의 불만족에서 비롯되는 것입니다. 예수님이 육신의 몸으로 이 땅에 오셨을 때 항구적 성령 충만 상태에 계셨습니다.

아니 예수님 자신이 바로 성령님이셨습니다. 말 한 마디면 당장이라도 천하권력을 손에 쥘 수 있었음에도 예수님이 마귀의 유혹을 단 번에 뿌리칠 수 있었던 것 역시 성령에 이끌리셨기 때문입니다(눅 4:5-8). 성령 안에서 홀로 섰기 때문입니다.

물질, 권력, 명예, 행복과 같은 육의 만족은 실제로 내가 쟁취하는 분량이 아닌, 내가 얼마나 영적으로 만족하느냐에 따라 좌우됩니다. 즉 영(마음)의 만족이 육의 만족을 가져오는 것입니다. 육망은 그 어떤 것으로도 채워질 수 있는 성질의 것이 아닙니다. 성령으로 충만해질 때에야 비로소 욕망은 사라지고, 만족이 욕망을 대치하게 되는 것입니다. 성령으로 충만해질 때 영의 자유 함으로 삶에서 행복을 누리는 것입니다. 진정한 행복은 말씀과 성령으로 충만하여 영적으로 만족을 누려야 가능한 것입니다. 영적인 만족은 성령 안에서 홀로설 때 성령이 주십니다.

영적인 만족을 누리려면 먼저 예수를 주인으로 영접해야 합니다. 그리고 성령으로 세례를 받아야 합니다. 성령 충만 받으면서 무의식과 잠재의식에 쌓인 상처와 자아와 혈통의 문제를 성령으로 찾아서 해결해야 합니다. 이제 영과 진리로 예배를 드리면서 성령으로 깊은 기도를 하면 됩니다. 그러면 삶에 만족인 물질, 권력, 명예, 행복을 누릴 수가 있습니다.

성경은 믿는 자의 행복을 위한 책입니다. 하나님은 우리를 행복하게 해주기 위해서 축복을 내려주시는 분입니다. 행복(아쉬레)은 인간이 어떻게 하면 잘 지낼 수 있을까? 편안할 수 있을까?란 뜻입니다. 축복(바라크)은 하나님이 내려주시는 본질적인 복을 뜻합니다. 하나님의 뜻은 모든 자녀들이 예수님 안에서 기쁘고 행복하게 지내는 것입니다. "주 안에서 항상 기뻐하라 내가 다시 말하노니 기뻐하라"(빌4:4). 하나님은 그의 자녀들에게 행복과 복을 주시고자 안달하시는 분입니다. 하나님은 행복과 복을 받은 성도들을 통하여 세상에 하나님의 나라를 건설하시기 때문입니다. 행복은 모든 조건을 갖춘 것처럼 보이는 사람이 의외로 행복하지 못한 경우가 많습니다. 자신이 행복한 길은 모르고, 남들 기준으로 행복해 보이는 길을 찾고 있기 때문입니다. 그러나 행복은 보이지 않는 마음에 있습니다. 기원전 몇 십 세기부터 인류의 문명이 끊임없이 행복의 조건으로 추구해온 것은 '소유'입니다. 그러나 많은 것을 소유하고도 불행한 사람들 많다는 것입니다. 절대로 이상한 것이 아닙니다. 인간은 원래 그런 것이기 때문입니다. '자기가 소유한 것에 대해서는 더 이상 그리워하지 않는 본성'이 인간에게 있습니다. 예를 든다면 돈이나 집, 사랑, 명예, 어떤 목표든 달성하고 나면 그 행복감은 일시적이고, 금세 또 다른 그리움의 대상이 생깁니다. 인간의 본성이 만족하지 못하며 행복하지 않습니다.

중국의 진시황제는 천하를 제패하고 모든 것을 소유했습니다. 그 이유는 '불안' 때문이었다고 합니다. 누군가 적이나 대상이 있으면 제거하고, 제거하고…. 그 불안을 완전히 없앨 수 있었을까요? 최종적인 불안은 '죽음'이었습니다. '죽음의 최종성' 앞에서는 모두가 공평한 것입니다. 나중엔 '불사(不死)'의 광기를 부리면서 불로초를 구해 오라고 합니다. 그러나 그도 죽었습니다. 그럼 우리는 어떻게 해야 행복할 수 있을까요? 예수 그리스도를 따름으로써만 우리는 본질적인 행복에 들어갈 수 있습니다. "아니, 그리스도 예수는 영이신데, 100% 사람인 동시에 100% 영이신데 우리 인간이 어떻게 하나님을 따라갈 수 있을까요?" 그분도 사람이었으므로 우리와 같은 한계를 가지고 계셨습니다. 예수님이 사형선고 받을 재판도, 결과가 확실한 억울한 재판이었지만 결국 수용하셨습니다. 십자가 형벌을 거두어 달라고 기도하셨지만 하나님은 거두어들이지 않으셨습니다. 예수님은 결국 하나님의 뜻대로 순종하셨습니다. 행복은 하나님의 뜻대로 순종하여 영적인 만족을 누릴 때 가능한 것입니다. 행복이신 성령하나님께서 주인으로 계시기 때문입니다.

**1. 내면을 치유해야 행복하여 홀로 선다.** 무의식에 자신도 모르게 쌓여있는 상처는 만 가지 문제의 원인입니다. 무의식에 쌓여있는 상처는 아무것도 아닌 사람들의 말에 상처를 잘 받고 낙심을 잘 합니다. 무의식에 쌓여있는 상처는 카리스마 있는 사람에게 의존적이 되어 성령님 안에서 홀로서기에 대적이 됩니다. 무의식에 쌓여있는 상처는 사람들의 말에 좌지우지 휘둘리며 살게 됩니다. 무의식에 쌓여있는 상처는 자신의 생각이나 의지나 주관을 가지고 살아가지 못하고 사람들의 말에 우왕좌왕하며 갈피를 잡지 못하고 사기꾼에게 사기당하며 살아가게 됩니다. 무의식에 쌓여있는 상처는 세상 신과 우상을 숭배하게 합니다. 무의식에 쌓여있는 상처는 자신 안에 상처가 있다는 것을

본인이 인정해야 치유되기 시작하며, 반드시 마음 안에서 성령의 역사가 일어나야 치유되기 시작합니다. 성령으로 세례를 받아야 그때부터 내면의 상처가 치유되기 시작하는 것입니다.

세상에서 말하기를 내면세계란 겉으로 드러나지 아니하고 보이지 않는 마음속의 감정이나 심리라고 합니다. 물론 이 말도 맞는 말입니다. 그런데 필자가 깨닫고 보니까, 내면세계를 마음속에 숨은 감정이나 심리라고 단정하기는 너무 세상적입니다.

복음적으로 표현하면 내면세계란 자신의 생사화복을 주장하는 영-혼-육의 상태라는 것입니다. 보이지 않는 영-혼-육체가 성령의 지배 속에 들어가 복음을 마음으로 받아들이면 내면이 강해져서 인생에 풍성한 열매를 맺으면서 하나님의 살아계심과 영광을 나타내며 살아갈 수가 있습니다. 반대로 예수님을 믿는다고 하더라도 보이지 않는 영-혼-육체가 정비되고 정화되지 못하여 마음에 쌓인 상처가 있어서 세상(마귀)의 지배 속에 들어가 있으면 하나님을 욕되게 하는 악한 열매를 맺으면서 살아갈 수가 있다는 것입니다. 무의식의 상처는 성령 안에서 홀로서는 성도가 되기도 하고 사람들에게 휘둘리는 의존적인 사람이 되기도 합니다.

그래서 무의식을 진리의 말씀과 성령으로 정비하고 정화하는 일은 자신을 위해서도, 주변 사람들을 위해서도, 하나님을 위해서도 너무나 중요한 일이라는 것입니다. 잠재의식이 정비되고 정화되지 않으면 마음이 세상으로 채워있어서 생명이고 진리인 복음을 마음이 받아들이지 못하기 때문에 항상 갈급한 심령이 되어 세상 것으로 만족을 찾으려고 하는 것입니다.

우리가 예수를 믿고 성령으로 거듭나 받아들이는 복음이란 무엇입니까? 예수의 죽음과 부활에서 일어난 우리를 위한 하나님의 구원 사건, 하나님이 예수를 죽은 자들 가운데서 부활시켜 확인한 그 구원의 사건이 진정한 "복음"이라고 한 것입니다. 그것만이 진정으로 복된 소식이라는 것입니다. 복된 소식이지만 생소하기만 합니다. 그렇기 때문에 복음은 마음이 열리지 않으면 받아들일 수가 없는 것입니다. 마음으로 예수 죽음 내 죽음, 예수 부활 내 부활로 받아 드리는 것입니다.

그러면 구원을 완성하는 것입니다. 그리스도의 복음에는 참 자유 함이 있습니다. 예수 그리스도의 고난과 부활하심을 내 고난과 부활하심으로 받아드리기만 하면 되기 때문입니다. 할렐루야! 우리가 할 것은 믿음으로 받아 드리는 것입니다. 예수 죽음 내 죽음, 예수 부활 내 부활로 마음으로 받아들여야 합니다. 그러면 복음으로 참 자유 함을 누리는 것입니다. 그래서 복음은 기쁜 소식이라고 하는 것입니다.

이와 같이 우리가 믿는 복음은 내적인 복음입니다. 복음을 세상을 향해 외치지만 세상이란 들판과 하늘과 도시가 아니라, 사람들의 마음입니다. 마음이 세상입니다. 세상이 세상이 아니라 마음이 세상이라는 것입니다. 아무리 세상에 복음을 외치지만 마음으로 받아들이지 않으면 공허한 외침에 불과한 것입니다.

복음을 믿음으로 받아들이려는 마음이 되어야 합니다. 마음이 옥토가 되어야 합니다. 마음은 영을 담는 그릇이라고 합니다. "너희 자신을 종으로 내주어 누구에게 순종하든지 그 순종함을 받는 자의 종이 되는 줄을 너희가 알지 못하느냐 혹은 죄의 종으로 사망에 이르고 혹은 순종의 종으로 의에 이르느니라"(롬 6:16). 마음속에 무슨 영이 주인 노릇을 하는가에 따라서 생사화복이 달라지는 것입니다. 그런데 마음을 주장하는 것이 내면세계입니다. 내면세계가 성령으로 정비되고 정화되지 않으면 마음으로 복음을 받아들일 수가 없는 것입니다. 마음의 상태가 참으로 중요합니다. 내면세계를 정비하고 정화하는 것은 마음을 옥토로 만들어 복음을 100% 진리로 믿고 받아들이기 위함입니다. 성령으로 기도하면 성령께서 마음이 옥토가 되도록 역사하십니다. 성령으로 성령 안에서 기도해야 합니다.

마음이 무엇입니까? 사도 바울은 두 가지 원리를 제시하고 있습니다. 롬12:2절에 "너희는 이 세대를 본받지 말고 오직 마음을 새롭게 함으로 변화를 받아 하나님의 선하시고 기뻐하시고 온전하신 뜻이 무엇인지 분별하도록 하라"

첫째는 '하지 말라'입니다. 둘째는 '하라'입니다. 성경에 나오는 모든 율법도 이 두 가지입니다. '하지 말라'는 것은 무엇입니까? '이 세대를 본받지 말라'는 것입니다. 이 세대는 보이는 세상, 지나가는 세상, 잠깐 살다가는 세상을 의미합니다. 세상은 변합니다. 시대에 따라 가치관도 달라집니다. 그런데 우리는 세상을 따라갑니다. 세상을 따라가는 것이 자연스럽습니다. 아니 세상을 따라가지 않으면 많은 손해를 본다고 생각합니다.

그래서 유행을 따라가고 세상이 좋아하는 대로 합니다. 그러나 성경은 '세상을 본받지 말라'고 명령하는 것입니다. 이것이 첫 번째 원리입니다. 두 번째 원리는 첫 번째보다 적극적인 것입니다. '오직 마음을 새롭게 함으로 변화를 받으라'는 것입니다. 변화를 받게 되면 무슨 일이 일어납니까? 하나님의 기뻐하시고 선하시고 온전하신 뜻이 무엇인지 알게 됩니다. 주인의 뜻을 알아야 하인이 일할 수 있습니다.

주인의 뜻도 모른 채 하인이 제 마음대로 일을 하면 그것은 주인을 위한 것이 아닙니다. 일은 열심히 했는데 주인과는 상관이 없게 되는 것입니다. 마찬가지입니다. 우리가 하나님을 위하여 희생하고 봉사를 했는데 하나님의 뜻도 모른 채 내 마음대로 열심히 일을 했다면 그것은 하나님과는 상관이 없는 것입니다. 하나님을 기쁘시게 한 것이 아니라는 말입니다.

내가 좋은 것을 하는 게 아니라, 하나님께서 기뻐하시는 것을 정확하게 알아서 그대로 해야 합니다. 더도 덜도 아닙니다. 하나님께서 원하시는 만큼 행하면 하나님께서 기뻐하십니다. 이것이 그리스도인의 삶입니다.

우리의 마음이 밝으면 밖이 아무리 어둡고 캄캄해도 그건 물리적 캄캄함일 뿐이지 내면의 캄캄함이 되지 않는 것입니다. 반면 밖이 아무리 밝아도 우리의 내면이 캄캄하면 밝음이 환해도 내게 아무런 의미가 없습니다. 그러니까 사람은 누구나 내면세계를 사는 것이지 외부세계를 사는 것이 아니라는 말입니다.

쉽게 말하면 마음이 지옥이면 현실도 지옥입니다. 마음이 천국이면 교도소에 갇혀있어도 자신을 묶어둘 수 없습니다. 마음이 문제입니다. 마음이 중요합니다. 하나님이 요구하시는 것은 마음입니다. 삶 속에서 터득한 하나님을 실은 마음의 고백을 원하시는 것입니다

하나님의 뜻 대로 살아보려고 애를 쓰지만 실패하여, 상한 마음으로 부르는 회개의 심령을 원하시는 것입니다. 감히 하나님의 은혜를 받을 수 없는 죄인인데 분에 넘치는 은혜를 받고 감사와 감격으로 드리는 마음의 찬양을 원하시는 것입니다. 찬송을 부르면서도 아무런 감동도 은혜도 없다면, 그는 하나님이 받으실 만한 삶이 마음이 없었다는 증거입니다. 마음이 중요합니다. 성령 안에서 기도하면 마음이 옥토가 됩니다.

마음을 정비하고 정화해야 하나님의 은혜 속에서 살아갈 수가 있는 것입니다. 내면세계를 말씀과 성령으로 정비하고 정화하는 것이야 말로 마음을 새롭게 하여 하나님의 기뻐하시는 뜻이 무엇인지 분별할 수 있는 삶입니다. 마음을 새롭게 하여 하나님께서 기뻐하시는 뜻이 무엇인지 분별할 수 있는 삶을 위하여 이렇게 해야 합니다. 내면세계에 대한 정비 정화는 방대한 분량이라 이 책에서 모두 다루지 못하므로 **"마음상처 투시와 완전치유"**을 읽어보시기를 바랍니다.

**2.홀로서서 당당하게 사는 사람이 되자.** 하나님의 뜻은 예수님을 믿는 모든 성도들이 성령 안에서 홀로 서며 당당하게 세상을 이기며 살아가는 것입니다. 성경에 등장하는 믿음의 영웅들의 특징이 무엇입니까? 모두 홀로서서 당당하게 사는 사람이

되게 하기 위하여 광야의 연단을 통과하였다는 것입니다. 요셉은 노예와 감옥이라는 광야를 하나님 안에서 홀로서기 하며 통과했습니다. 다니엘은 풀무불과 사자 굴의 위협을 하나님 안에서 홀로서기 하며 통과했습니다. 여호수아는 오랜 기다림의 광야를 하나님 안에서 홀로서기 하며 통과했습니다. 다윗은 가까운 사람들에게 배반을 당하며, 고통의 광야의 길을 하나님 안에서 홀로서기 하며 통과했습니다. 광야는 지나기에는 힘든 곳이지만, 인생의 유혹과 시험에 대한 백신 역할을 감당합니다.

어느 목회자 사모님의 홀로서기 사례입니다. 목사님과 목회를 잘 해오시다가 갑자기 목사님이 교통사고로 천국에 가셨습니다. 교회는 자그마한 건물을 구입하여 목사님 앞으로 등기가 되어 있었습니다. 자녀들은 모두 장성한 상태였습니다. 사모님이 목회를 하시면서 평소에 어린이집을 운영하는 것이 꿈이었다는 것입니다. 어린이집 원장을 할 수 있는 자격증을 획득했답니다. 목사님이 천국에 가시니까, 사모님은 슬퍼할 겨를도 없이 먼저 하신 일은 목사님의 흔적을 지우는 일이었다고 합니다. 자녀들이 하는 말로는 살아있는 사람은 어떻게 하든지 살아야 된다고 강조를 했답니다. 고인이 사용하시던 책이며 옷가지이며, 가제도구이며 모두 정리를 말끔하게 했다는 것입니다.

그런데 문제는 교회입니다. 교회가 노회에 등록이 되어있어서 노회에서 건물에서 교회를 계속할 수 있도록 하겠다는 것입니다. 사모님이 강력하게 그렇게 할 수가 없다고 거부를 했답니다. 노회에서 몇 번을 찾아와 무상임대를 해서 교회를 계속할 수 있도록 해달라고 설득을 해도 사모님의 완고하게 거절하여 결국 남아있는 성도 15여명과 회의를 거쳐서 각자 자기가 생각하는 교회로 가기로 하고 교회를 폐쇄했다는 것입니다.

사모님은 예수님 안에서 홀로서야 된다는 집념이 강하여 사람들의 말에 좌지우지 되지 않고, 사람들의 말에 휘둘리지 아니하고, 사람들의 말에 상처받지 아니하고, 오로지 말씀과 성령으로 마음을 채워서 성령의 인도받으며 자녀들과 함께 홀로서며 살아야 한다는 일념으로 사모님의 생각을 관철하신 것입니다.

그리하여 교회로 사용하던 건물을 어린이 집으로 개조하여 구청에 등록하고 사모님께서 원장으로 딸은 어린이집 교사로서 어린이집을 아주 잘 운영하면서 지낸다는 것입니다. 이 사모님은 젊은 나이에 남편 목사님이 갑자기 떠나 홀로 살아나갈 방법을 찾아서 홀로 서며 남은 인생을 평소에 하시고 싶은 일을 하시면서 노년을 보내고 계신다는 것입니다. 필자는 홀로서기는 준비하는 것이 아니고 평소에 홀로 서며 사는 것이라고 생각합니다. 홀로서기는 준비하는 것이 아니라는 것입니다.

이 사모님과 같이 평소에 홀로 서며 삶을 살아오니까, 남편목사님이 갑자기 교통사고로 천국에 가시더라도 당황하거나 흔들이거나 방황하면서 시간을 허비하고 마음의 상처를 받아 건강을 상하게 하는 일이 없고, 재산에 손해가 생기지 않고, 바로 자신이 자식들하고 세상을 살아갈 방도를 정하여 홀로 서며 남은 인생을 살아갈 수가 있는 것입니다. 홀로서기는 준비하는 것이 아니고 홀로 서며 사는 연습을 하면서 살아가는 것입니다.

**3.홀로서야 하나님과 함께 인생을 누린다.** 예수 그리스도를 구주로 모시면 어떠한 처지에 있든지 소박한 행복을 느낄 수 있는 것입니다. 나는 고향인 하나님을 찾았고, 길인 예수님을 모시고 잃어버린 내 자신을 찾았기 때문에 이제는 내가 어디서 와서, 왜 살며, 어디로 가는 것을 아는 평안을 마음속에 소유하게 된 것입니다. 이제 예수님을 자신의 전인격에 채워야 합니다.

스웨덴의 복음가수 레나 마리아는 두 팔과 한쪽 다리 절반이 없는 선천성 장애인입니다. 그러나 그녀는 예수 그리스도를 구주로 모시고 하나님을 주인으로 모시는 건강한 자아상을 가지고 있었습니다. 자기의 모습에서 하나님의 신묘막측(神妙莫測)한 창조의 뜻을 깨닫고 오히려 불구로 태어난 것조차도 감사하는 사람이 된 것입니다. 장애에 굴하지 않고 모험을 즐긴 결과 장애인 올림픽에서 수영 4관왕을 차지했습니다. 두 팔이 없고 한쪽 다리의 반이 없는 그가 수영에 4관왕을 차지한 것은 놀라운 일입니다. 세계적인 복음가수가 되었습니다.

지금 그녀는 자신을 사랑하는 신실한 청년과 결혼해서 아름다운 가정을 이루었습니다. 스스로를 저버리지 아니하고 좌절하고 낙심하지 아니하고 예수 그리스도를 모시고 성령하나님 안에서 홀로서서 기쁘고 행복하게 사니까 그의 삶속에 긍정적이고 적극적이고 창조적인 일들이 늘 생겨난 것입니다. 그러므로 그 불구의 몸으로 올림픽에 나가서 수영 4관왕도 되고 가수가 되어 대중들 앞에 부끄러움 없이 서서 찬송가 노래를 부르고 그러한 밝고 맑고 환한 인격에 감동한 젊은 청년이 프러포즈해서 결혼해서 행복한 인생을 살아가고 있는 것입니다.

　그러나 이와 반대로 20세기 최고의 여류작가로 불리는 프랑스와즈 사강은 유복한 가정에서 태어나 소르본 대학에 재학 중이던 18세 때「슬픔이여 안녕」이라는 소설을 발표한 천재 작가요, 인물도 아름다운 지성인이었습니다. 그러나 그는 항상 인생을 부정적으로 생각하고 낙심하고 탄식하며 하나님을 등지고 예수 그리스도를 구주로 영접하지 않았습니다. 그는 무신론자요, 자기를 의지하는 사람이었습니다. 그러나 두 차례의 이혼을 하고 도박에 빠지고 알코올 중독으로 폐인이 되고 약물 남용으로 비참하게 삶을 마감하고 만 것입니다. 그는 하나님과 예수님을 저버렸습니다. 명예도 가지고 돈도 가지고 미모도 가지고 있었지만 항상 불행하고 불만족한 것으로 꽉 들어차고 최후에는 패퇴한 인생을 살다가 처참하게 죽고만 것입니다. 진정한 삶의 의미와 목적과 행복은 오직 예수 그리스도 안에 있는 것입니다. 인간은 예수님 안에서 홀로 설 때 행복한 것입니다.

　그러므로 예수 그리스도 안에서 자신의 정체성을 찾은 사람만이 행복한 삶을 살아갈 수가 있는 것입니다. 오늘 나는 환경 때문에 불행하다고 생각하지 마십시오. 행복은 마음속에 있지 환경에 있지 않는 것입니다. 환경은 행복에 플러스 요건은 될 수 있어도 행복의 원인은 되지 못합니다. 환경이 아무리 어렵고 고통스러워도 행복은 내가 하나님을 아버지로 섬겨서 빈 가슴 속에 영원의 고향을 차지하고 인생의 길이신 예수님을 주인으로 모시고 예수님을 따라가며 그리스도 안에서 나의 새로운 삶의 신분을 발견하고 살 때 비로소 행복해지는 것입니다.

그리스도 예수 안에서 하나님을 주인으로 모시고 인생을 밝고 맑고 환하게 살며 긍정적이고 적극적이고 창조적으로 살 때 하나님도 복을 주시고 사람들도 그러한 사람을 존경하게 되는 것입니다. 마음이 천국이 되니까 환경이 세상이 천국이 되었다는 것입니다. 인간 세상에 살면서 아무리 환경이 좋고 천재적인 지혜와 총명을 가지고 있다고 할지라도 예수님을 모르고 마음이 지옥인 인생은 비참한 결과를 초래하고 말 것입니다.

결론적으로 행복한 인생을 살아가려면 예수님 안에서 홀로서기가 되어야 합니다. 행복해야 홀로서기가 되는 것이 아니고, 예수님 안에서 홀로서기가 되어야 인생이 행복한 것입니다. 행복은 예수님 안에서 자신이 하고 싶은 일을 죽을 때까지 하는 것이라고 했습니다. 분명하게 성도는 예수를 믿을 때 죽고 다시 사신 예수님으로 태어났습니다. 그렇기 때문에 자신이 하고 싶은 일은 예수님께서 자신을 통해서 세상에 하나님의 살아계심을 증명하면서 하시고 싶은 일입니다. 믿음이 확실해야 합니다. 자신이 사는 것이 아니고 예수님께서 자신을 통해서 사신다는 믿음이 없으면 예수님을 믿어도 인생은 방황할 수밖에 없습니다. 자신의 주인이 함께하시지 않는데 인생이 행복할 수가 없는 것입니다. 어찌하든지 예수님 안에서 홀로서야 험악한 세상의 세파를 잠재우면서 행복하게 살아갈 수가 있는 것입니다. 예수님 안에서 홀로서야 인생의 방향을 바로잡고 행복하게 살다가 영원한 천국에 들어갈 수 있습니다.

# 2부 하나님과 홀로서서 행복했던 의인들

## 6장 성령과 동행하며 홀로선 예수님

(요 1:14)"말씀이 육신이 되어 우리 가운데 거하시매 우리가 그(예수님)의 영광을 보니 아버지의 독생자의 영광이요 은혜와 진리가 충만하더라."

예수님은 2위 하나님이시지만 항상 성령 안에서 하나님과 대면하면서 홀로서는 삶을 사셨습니다. "나는 내 아버지에게서 본 것을 말하고 너희는 너희 아비에게서 들은 것을 행하느니라."(요 8:38). 왜냐하면 예수님께서 시종일관 성령의 인도를 받으셨기 때문입니다. 예수님께서 왜 성령의 인도를 받으셨을까요. 성령께서 인간의 원죄 문제를 바르게 깨달아 해결할 수가 있기 때문입니다. 예수님께서 성령의 인도를 받으신 것을 깨닫지 못하면 우리가 성령하나님으로부터 아무것도 받지 못할 수 있기 때문입니다. 예수님이 성령으로 잉태되어 하나님의 형상을 입고 사람의 몸으로 태어나셨습니다.

예수님은 육신의 아버지 없이 성령으로 말미암아 잉태되어 태어나신 분입니다. 하나님의 아들이기 때문에 하나님께서 성령으로 어머니 마리아의 태를 빌려서 예수님이 잉태되게 만들어주신 것입니다. 마태복음 1장 18절은 말씀합니다. "예수 그리스도의 나심은 이러하니라. 그의 어머니 마리아가 요셉과 약혼하고 동거하기 전에 성령으로 잉태된 것이 나타났더니" 마리아의 몸을 빌려 예수님이 성령으로 말미암아 잉태되어 태어났습니다. 그리고 공생애를 시작하실 때 세례요한에게 물로 세례를 받으셨는데, 세례 받으실 때 성령이 비둘기같이 임했습니다. 마태복음 3장 16절입니다. "예수께서 세례를 받으시고 곧 물에서 올라오실 새 하늘이 열리고 하나님의 성령이 비둘기 같이 내려 자기 위에 임하심을 보시더니" 성령이 임하신 다음 성령의 이끌림을 받고 광야로 가셔서 40일 동안 금식하며 기도하셨습니다. 누가복음 4장 1절은 설명합니다. "예수께서 성령의 충만함을 입어 요단강에서 돌아 오사, 광야에서 사십 일 동안 성령에게 이끌리시며" 성경은 말씀합니다. 성령의 이끌림으로 마귀의 3번의 시험을 말씀으로 이기셨습니다.

우리가 한평생 성령에 이끌림을 받아야 되는 것입니다. 내 생각은 늘 한계가 있고, 항상 자기중심적이고 완전하지 못하지만, 주님의 생각은 완전하고 가장 내게 필요하고 내가 꼭 하나님의 영광을 위해서 쓰임 받을 수 있도록 우리에게 주님이 은혜를 내려주시기 때문에 우리가 성령의 충만함을 받아야 됩니다.

예수님께서 십자가에 달리시기 전에 제자들을 모아놓고 예수님이 이 땅을 떠나신 후에 보내실 성령에 대해서 말씀해주셨습니다. 요한복음 14장 16절입니다. "내가 아버지께 구하겠으니 그가 또 다른 보혜사를 너희에게 주사 영원토록 너희와 함께 있게 하리니" 성경은 말씀합니다. 보혜사는 뭐냐? 옆에서 나를 도와주는 분, 나를 대변해주는 변호사와 같은 분, 바로 예수님이 제자들의 보혜사이셨는데, 예수님이 떠나시고 난 후에 나와 똑같은 보혜사를 보내줄 터인데, 그분이 바로 성령하나님이십니다. 할렐루야! 예수님 믿을 때, 그 성령하나님이 우리 마음 가운데 주인으로 오시는 것입니다. 주인으로 오셔서 영원한 천국에 갈 때까지 인도하시는 것입니다(엡4:30). 고린도전서 6장 19절은 설명합니다. "너희 몸은 너희가 하나님께로부터 받은바 너희 가운데 계신 성령의 전인 줄을 알지 못하느냐" "주여! 우리를 성령으로 충만케 하여 주셔서 하나님의 영광을 위해 살게 하여 주시옵소서." 예수님의 영이신 성령이 우리 마음 가운데 오셔서 하신 일이 무엇입니까? 요한복음 14장 26절에 예수님이 설명하십니다. "보혜사 곧 아버지께서 내 이름으로 보내실 성령 그가 너희에게 모든 것을 가르치고 내가 너희에게 말한 모든 것을 생각나게 하리라" 성령이 오셔서 말씀을 가르쳐주시고, 예수님을 생각나게 하신다고 말씀하셨습니다.

**1. 사람의 몸을 입고 세상에 오셨다.** 예수님께서 사람의 몸을 입고 세상에 오신 이유를 명확하게 성령으로 깨달아야 합니다. 예수님께서는 "내 아버지께서 이제까지 일하시니 나도 일한다"(요 5:17). 말씀하셨습니다. "그러므로 예수께서 그들에게 이르시되 내가 진실로 진실로 너희에게 이르노니 아들이

아버지께서 하시는 일을 보지 않고는 아무 것도 스스로 할 수 없나니 아버지께서 행하시는 그것을 아들도 그와 같이 행하느니라"(요 5:19). 하나님께서 하신 일을 예수님께서 사람의 몸을 입고 친히 모든 사람들이 눈으로 보고 믿도록 하기 위하여 사람의 몸을 입고 오신 것입니다. 이 땅에 오신 예수님께서 몰두하신 일이 무엇인지 올바르게 알고 깨달아야 합니다. 누가복음 19:10 "인자의 온 것은 잃어버린 자를 찾아 구원하려 함이니라" 마태복음 9:13 "…내가 의인을 부르러 온 것이 아니요 죄인을 부르러 왔노라 하시니라" 죄인이란 에덴동산에서 죄를 짓고 하나님을 떠난자들과 하나님을 모르는 자들입니다.

예수님께서 이 땅에 사람 되어 오신 이유는 "하나님을 잃어버린 자를, 하나님을 모르는 자를 찾아 구원하기 위해서" 라고 친히 말씀하셨습니다. 죄인을 부르러 왔다고 하신 말씀을 보아 누가복음 19장에서 가리키는 '잃어버린 자'들은 에덴동산에서 죄를 짓고 세상으로 쫓겨 내려온 죄를 범한 영혼(아담의 후손)들을 의미한다는 사실을 알 수 있습니다. 하나님 앞에 죄를 지어 영안이 닫혀서 하나님을 보지 못하여 하나님을 잃어버린 자들에게 사람의 몸으로 오셔서 직접보고 믿게 하여 구원하시기 위해서 사람의 몸을 입고 오신 것입니다.

하나님께서는 하늘나라에서 죄로 인해 잃어버린바 된 자녀들을 구원하시려 이 땅까지 오셨습니다. 보고 믿고 구원을 받으라고 직접 사람으로 태어나신 것입니다. 사람으로 태어나 사람과 똑 같이 자라야 완악한 세상 사람들이 믿기 때문입니다. 그래서 예수님은 "다른 제자들이 그에게 이르되 우리가 주를 보았노라 하니 도마가 이르되 내가 그의 손의 못 자국을 보며 내 손가락을 그 못 자국에 넣으며 내 손을 그 옆구리에 넣어 보지 않고는 믿지 아니하겠노라 하니라"(요 20:25). 그때 예수님은 "예수께서 이르시되 너는 나를 본 고로 믿느냐 보지 못하고 믿는 자들은 복 되도다 하시니라"(요 20:29). 하신 것입니다.

예수님은 거듭 말씀하십니다. "내가 너희에게 이르노니 이와 같이 죄인 하나가 회개하면 하늘에서는 회개할 것 없는 의인 아흔아홉을 인하여 기뻐하는 것보다 더하리라"(눅15:7). 그렇다면 잃어버린 자를 찾아 구원하시기 위해 예수님께서 이 땅에 오셔서 전해주신 생명의 소식은 무엇일까요? 하나님의 살아계심을 증명하는 일과 유월절입니다. "제자들이 예수의 시키신 대로 하여 유월절을 예비하였더라"(마26:19). "저희가 먹을 때에 예수께서 떡을 가지사 축복하시고 떼어 제자들을 주시며 가라사대 받아먹으라. 이것이 내 몸이니라 하시고 또 잔을 가지사 사례하시고 저희에게 주시며 가라사대 너희가 다 이것을 마시라 이것은 죄 사함을 얻게 하려고 많은 사람을 위하여 흘리는바 나의 피 곧 언약의 피니라"(마26:26-28).

"예수께서 이르시되 내가 진실로 진실로 너희에게 이르노니 인자의 살을 먹지 아니하고 인자의 피를 마시지 아니하면 너희 속에 생명이 없느니라. 내 살을 먹고 내 피를 마시는 자는 영생을 가졌고 마지막 날에 내가 그를 다시 살리리니"(요6:53-54).

예수님께서는 사람의 모습으로 이 땅에 오시어 영생을 얻고 죄사함을 받을 수 있는 유월절을 허락해주셨습니다. 유월절이란 사망에서 생명으로 옮기는 사건을 말하는 것입니다. 하나님을 망각하고 잃어버린 죄인들에게 다시 영원한 생명을 허락해주시고 지은 죄를 사해주시기 위해 하늘의 영광을 버리시고 사람의 모습으로 이 땅에 오셨습니다. 우리 영혼의 구원을 위해 아직도 쉼 없이 일하시는 하나님의 사랑을 깨달았다면 우리들 또한 하나님께서 기뻐하시는 한 영혼을 회개시키고 구원하는 일에 동참해야 하겠습니다.

**2. 성령님 안에서 홀로 서며 사셨다.** 예수님은 성령님과 동행하며 놀라운 권능의 역사를 나타내셨습니다. 하나님께서 살아계시며 어떤 분이라는 것을 알게 하기 위하여 권능을 행하신 것입니다. 직접 눈으로 보고 믿게 하기 위해서 기적을 행하신 것입니다. 우리가 이 세상을 살아가는 동안에 나약해서 그저 아무 것도 아닌 것인데 상처 받고, 주저앉고, 절망하고 살아선 안 됩니다. 예수 믿는 우리들은 주님 안에서 강하고 담대해야 하는 것입니다. 악한 원수 마귀와 싸워 승리해야 하는 것입니다. 세상에 나와 죄와 싸워 승리하고, 문제와 싸워 승리하고, 모든 어려움과 싸워 승리하는 주님의 귀한 자녀들이 되어야 할 것입니다. 사도행전 10장 38절에 설명합니다. "하나님이 나

사렛 예수에게 성령과 능력을 기름 붓듯 하셨으매" 성령이 임하면 능력이 나타나는 것입니다. 권능이 임하는 것입니다. "주여! 우리가 성령 받고 권능 받아서 살아계신 하나님을 증명하며 주님께서 기뻐하시는 일을 하게 하여 주시옵소서.", "우리가 가는 곳마다 흑암의 권세가 물러가고 절망이 떠나가고 주님의 기쁨과 평안이, 위로와 사랑이 넘쳐나게 하여주시옵소서."

예수님이 가시는 곳마다 놀라운 역사가 나타났습니다. 가나의 혼인잔치에서 포도주가 떨어져 절망에 처한 막 결혼한 부부와 가정을 위해서 물을 포도주로 바꾸어 주심으로 말미암아 온 가족, 참석한 모든 사람에게 큰 기쁨을 주셨습니다. 그렇습니다. 예수님이 가시면 그 어디든 간에 절망이 변하여 희망이 되고, 슬픔이 변하여 기쁨이 되고, 문제가 변하여 응답과 축복으로 다가오는 것입니다.

제자들과 함께 배를 타고 갈릴리 호수를 건너가실 때, 큰 풍랑이 일었습니다. 제자들은 어부가 대부분이니까 자기 힘으로 그 풍랑을 거슬러 호수를 건너가고자 했지만 풍랑은 더욱 심해졌습니다. 그때서야 예수님을 깨웁니다. "예수님! 예수님! 우리가 죽게 된 것을 돌아보지 않습니까?" 마가복음 4장 39절입니다. "예수께서 깨어 바람을 꾸짖으시며 바다더러 이르시되 잠잠하라! 고요하라! 하시니 바람이 그치고 아주 잔잔하여지더라" 진짜로 문제는 어디 있느냐. 내 마음 속에 풍랑이 있습니다. 내 마음 속에 풍랑이 마음에 막, 한번 걱정하면 그냥 걱정에, 걱정에, 걱정을 하는 사람이 있어요. 마음에 걱정의 풍랑이 일어가지고 벌써 자기 마음이 다 무너져버렸어요. 풍랑이 문제가 아니고 마음이 문제입니다. 예수 믿고 성령 받은 다음 외쳐야 됩니다. 예수님의 이름으로 명령한다. "마음의 풍랑아 잠잠하라. 염려 근심 걱정의 풍랑아 잠잠하라. 문제의 풍랑아 잠잠하라." 명령해야 되요. 그러면 마음이 평안해지는 것입니다.

나의 마음속이 늘 평안해. 그 평안함이 다가와야지. 그 마음속에 막 염려, 근심, 걱정의 큰 풍랑이 일어나서. 입을 열며 "아휴, 이거 살아 뭐하나, 차라리 죽는 게 낫지." 이렇게 언행심사를 하면 풍랑은 점점 강해지는 것입니다. 성령의 임재가운데 예수의 이름으로 명령해야 됩니다. "가정의 풍랑아 잠잠할 지어다." "내 자녀에게 임한 풍랑아, 잠잠할 지어다" 직장과 사업에 문제가 있을 때 외쳐야 됩니다. "사업의 풍랑아, 잠잠할 지어다. 잠잠하라." 그때에 은혜가 임합니다. 기적이 임합니다. 축복이 임하는 것입니다.

성령으로 세례 받고 자신 안에서 나오는 성령의 불로 충만 받아 성령의 능력을 받아야 됩니다. 성령의 능력이 없이 무기력하게 살지 마십시오. 말 한 마디만으로도 막 무너지고 낙심하고, 누가 뭐라 하면 사실 확인도 해보지 않고 상처받고, 그러지 마시고. "주여! 주님이 나와 함께하심을 믿습니다." "풍문의 풍랑아 잠잠할 지어다. 모든 문제는 잠잠하게 될 지어다."

**3. 성령의 인도로 하나님의 일을 하셨다.** 성령의 인도를 받은 예수님은 선한 일을 행하시며 모든 병자를 고치셨습니다. 선한 일이란 살아계신 하나님을 믿고 받아들이면 지옥이 하늘나라 천국이 된 다는 것을 실제로 보여 주시기 위해서 죽은 자를 살리고, 귀신을 쫓아내시고, 나병환자를 치유하시고, 시각 장애인을 보게 하시고, 병들 자를 고치신 것입니다. 하나님을 믿으면 이렇게 된다. 지옥이 하늘나라 천국이 된다는 것을 증명하기 위해서 능력을 행하신 것입니다. "…병을 고치는 주의 능력이 예수와 함께 하더라"(눅 5:17). 우리가 은혜 받고 나서 선한 일을 해야만 합니다. 예수님 믿기 전에는 악한 일을 행한 적도 있을 것입니다. 때때로 거짓말도 했을 것이고, 막 혈기 부려가지고 사람들에 상처도 줬을 것이고, 내 유익을 위해서 남을 짓밟고 올라서기도 하고, 그런 일이 있었을 것입니다. 이제는 그렇게 하면 안 됩니다. 이제는 선한 일을 행하고 사람을 치유하는 사역을 해야 됩니다. 사람을 살리는 일을 해야 합니다.

사도행전 10장 38절은 이와 같이 이어 말씀하십니다. "그가 두루 다니시며 선한 일을 행하시고 마귀에게 눌린 모든 사람을 고치셨으니 이는 하나님이 함께 하셨음이라" 예수님은 가시는 곳마다 병자를 고쳤습니다. 선한 일(사람을 살리는 일)을 행하셨습니다. 마태복음 4장 23절과 24절은 설명합니다. "예수께서 온 갈릴리에 두루 다니사, 그들의 회당에서 가르치시며 천국 복음을 전파하시며 백성 중의 모든 병과 모든 약한 것을 고치시니 그의 소문이 온 수리아에 퍼진지라 사람들이 모든 앓는 자 곧 각종 병에 걸려서 고통당하는 자, 귀신 들린 자, 간질하는 자, 중풍병자들을 데려오니 그들을 고치시더라"

그들을 고치시고, 고치시고, 그들을 고치시더라. 예수님은 세상 사람들이 돌아보지 않는 버림받은 사람들, 가장 불쌍한 사람들을 돌보셨어요. 막달라 마리아는 일곱 귀신이 들렸었습니다. 그러니까 우리가 미친 여자라고 하면 사람 취급을 안 하잖아요. 그 당시 막달라 마리아는 일곱 귀신이 들려가지고 머리는 산발하고, 미쳤으니까 뭐 어떻게 살았겠습니까? 정신없이 살았을 터인데…. 사람들이 침 뱉고 돌을 던지고, 사람 취급을 하지 않았는데 예수님이 그녀의 병을 고쳐주셨습니다.

누가복음 8장 2절, 3절입니다. "또한 악귀를 쫓아내심과 병 고침을 받은 어떤 여자들 곧 일곱 귀신이 나간 자 막달라인이라 하는 마리아와 헤롯의 청지기 구사의 아내 요안나와 수산나와 다른 여러 여자가 함께 하여 자기들의 소유로 그들을 섬기더라." 막달라 마리아는 평생 동안 예수님을 위해 그 사랑에 감격하여 목숨 바쳐 헌신하며 주님을 섬겼습니다. 이렇게 주님을 주인으로 모시는 귀하가 되기를 주님의 이름으로 축원합니다.

그 귀한 섬김으로 말미암아 부활한 다음 제일 처음 예수님을 만난 사람이 바로 이 막달라 마리아입니다. 세상 사람들에게 버림받고 멸시당하고 짓밟힌 인생을 살았지만, 예수님께는 가장 사랑받고 존귀하게 여김을 받아서 부활하신 예수님을 제일 처음 만나는 영광을 누리게 된 것입니다.

사마리아의 여인이 있습니다. 이 잘난 여인이 예수님을 만나기 전에 결혼을 다섯 번이나 하고, 그러고 나서 여섯 번째에는 결혼도 하지 않고 남자하고 살았어요. 결혼을 한 번도 힘든데, 두 번, 세 번, 네 번, 다섯 번. 남자를 다섯을 갈아치우고, 여섯 번째는 '아, 이제 결혼 귀찮다. 그냥 살자.' 그러나 그 마음속에 공허함, 절망, 그 무엇으로 채울 수 없는 마음속에 안타까움이 있었습니다. 예수님이 오셔서 말씀하셨습니다.

요한복음 4장 14절입니다. "내가 주는 물을 마시는 자는 영원히 목마르지 아니하리니 내가 주는 물은 그 속에서 영생하도록 솟아나는 샘물이 되리라" 세상의 물은 마시고 나면 또 목이 말라서 또 마셔야 되고, 또 마셔야 되고, 또 마셔야 되지만, 주님이 주시는 영생의 물은 한 번 마시면 영원히 목마르지 않습니다. 주님의 은혜가 임합니다. 주님의 사랑이 임합니다. 기쁨이 임합니다. 치료가 임합니다. 용서가 임하는 것입니다. 그리고 예수님 안에서 홀로서서 모든 문제를 해결함 받는 귀하가 되시기를 주님의 이름으로 축원합니다.

**4.성령 안에서 저주의 십자가를 지셨다.** 그리스도는 죄가 없으신 완전한 분으로써 하나님에게 자신을 희생의 제물로 드리셨습니다. 인간들의 죄를 해결하시기 위하여 대신 죽으신 것입니다. "죄의 삯은 사망이요 하나님의 은사는 그리스도 예수 우

리 주 안에 있는 영생이니라"(롬 6:23). 성령은 그리스도가 복종하실 수 있도록 도우셨습니다. "사람의 모양으로 나타나셨으매 자기를 낮추시고 죽기까지 복종하셨으니 곧 십자가에 죽으심이라."(빌2:8). 성령의 인도와 도우심으로 그리스도는 십자가의 죽음에 복종하시게 되었던 것입니다. 그리스도는 인간으로써 고난을 당하셨습니다. "가라사대 아바 아버지여 아버지께는 모든 것이 가능하오니 이 잔을 내게서 옮기시옵소서 그러나 나의 원대로 마옵시고 아버지의 원대로 하옵소서 하시고."(막14:36). 그는 기꺼이 하나님의 뜻을 따라 행하셨으며 심지어 그것은 십자가상에서의 고난을 의미합니다.

예수님은 성경의 약속대로 부활하셨습니다. 성령으로 죽은 가운데에서 부활하여 영적인 능력으로 하나님의 아들로 인정을 받습니다. "성결의 영으로는 죽은 가운데서 부활하여 능력으로 하나님의 아들로 인정되셨으니 곧 우리 주 예수 그리스도시니라"(롬1:4). 믿는 자는 성령으로 새 생명 얻습니다. "그러므로 이제 그리스도 예수 안에 있는 자에게는 결코 정죄함이 없나니"(롬8:1). 그의 성령이 역시 우리의 영을 살리실 것입니다. 믿는 자는 영적인 사죄를 받습니다. 아담이 지은 원조의 사함을 받습니다. 성경은 우리들에게 첫 사람 아담은 자연적인 인간의 몸을 주었으나 그리스도는 그가 생명을 주시는 영이었기에 그 이상의 것이었다고 말씀하십니다.

승천하시기 전에 예수님의 지상명령(마 28:16-20)입니다.

예수님께서 마지막으로 하신 최고 최대의 지상(至上)명령은 "모든 사람에게 복음을 전하라"는 말씀입니다. 복음을 전하기 위하여 예수님과 같은 능력을 주시는 것입니다. 복음을 전하기 위하여 능력을 받는 것입니다. 능력을 받는 목적을 바르게 해야 합니다. 예수님이 하신 일을 하기 위하여 능력을 받는 것입니다. 자신을 과시하려고 능력을 받으려고 하는 것이 아니고 하나님의 살아계심을 나타내려고 받는 것입니다. 한마디로 말씀드리면 "전도해서 예수님의 제자를 삼으라"는 말씀입니다.

사람의 영혼 하나가 온 우주를 주고도 바꿀 수 없을 정도로 귀한데 이러한 사람의 영혼은 예수 그리스도를 모셔 드려야 영원한 생명을 얻을 수 있기 때문입니다. 마태복음 16:26에 "사람이 만일 온 천하를 얻고도 제 목숨을 잃으면 무엇이 유익하리요"라고 했습니다. 한 사람의 영혼이 온 천하보다 더 귀중하므로 그 한 사람 한 사람을 예수 믿고 구원받게 한다는 것은 무엇보다 더 귀중한 일인 것입니다. "죄의 삯은 사망이다"라고 했습니다. 반드시 심판은 있습니다. 안 믿어도 하는 수 없습니다. 그런데 이 죄의 문제가 해결되고 영생을 얻어 하늘나라에 올라가려면 예수 그리스도를 주로 믿어 죄 사함을 받아야 합니다. 예수님은 곧 생명입니다. "아들이 있는 자에게는 생명이 있고 하나님의 아들이 없는 자에게는 생명이 없느니라"고 요한일서 5:12에 말씀하셨습니다.

그런고로 요한복음 3:17-18에 말씀하시기를 "하나님이 그 아들을 세상에 보내신 것은 세상을 심판하려하심이 아니요 저로 말미암아 세상이 구원을 받게 하려 하심이라 저를 믿는 자는 심판을 받지 아니하는 것이요 믿지 아니하는 자는 하나님의 독생자의 이름을 믿지 아니함으로 벌써 심판을 받은 것이니라”고 하셨습니다. 온 천하보다 귀중한 이 영혼이 예수 그리스도를 믿음으로 구원받게 한다는 것이 얼마나 귀한 일인지 모릅니다. 마태복음 3:12에 “손에 키를 들고 자기의 타작마당을 정하게 하사 알곡은 모아 곳간에 들이고 쭉정이는 꺼지지 않는 불에 태우시리라”고 말씀하셨습니다. 우리의 영혼이 예수 그리스도를 마음속에 영접하느냐 안하느냐의 여하에 따라 영원한 천국에 올라가느냐 영원한 지옥에 떨어지느냐가 결정되는 것입니다. 히브리서 9:27에 보면 “한 번 죽는 것은 사람에게 정하신 것이요 그 후에는 심판이 있으리니…”라고 하셨습니다.

예수님께서 이 세상에 오셔서 십자가에 피 흘려 죽으시고 부활하신 것은 영원한 지옥의 고통을 면치 못할 인생들을 구원하시기 위함이었습니다. 예수님을 믿으면 영생이요, 믿지 않으면 영원히 멸망을 받기 때문에 우리는 이 복음을 열심히 전해야 합니다. 계시록 20:2에 보면 “또 내가 보니 죽은 자들이 무론대소하고 그 보좌 앞에 섰는데 책들이 펴 있고 또 다른 책이 펴졌으니 곧 생명책이라 죽은 자들이 자기 행위를 따라 기록된 대로 심판을 받으니”라고 하였습니다.

또 계시록 21:8에 보면 “그러나 두려워하는 자들과 믿지 아니하는 자들과 흉악한 자들과 살인자들과 행음 자들과 술객들과 우상 숭배자들과 모든 거짓말하는 자들은 불과 유황으로 타는 못에 참예하리니 이것이 둘째 사망이라"고 하셨습니다. 예수를 믿지 않고 구원받지 못한 상태로 죽으면 분명히 영원한 고통에 머물게 됩니다. 예수님을 믿지 않고 구원받지 못하면 얼마나 영원한 큰 고통이 기다리고 있는지 분명히 알아야 합니다. 그러기에 예수님께서는 마지막으로 분부하신 말씀이 온천하에 다니며 복음을 전하여 세례를 주고 그들로 복음을 지키게 하라고 하셨습니다. 최후의 심판은 분명히 있습니다. 그렇기에 주님께서 전도하라고 하신 것입니다.

우리는 예수님의 지상 명령이 얼마나 중요한 것인지 분명히 알고 깨달아야 합니다. 예수님의 지상 명령은 예수님의 능력으로 전도하는 것입니다. 우리는 직접 복음을 전하며 또한 기도와 물질로도 전도 사업에 최선을 다하는 성도가 되어야겠습니다. 아무쪼록 우리들은 주님의 지상 명령을 충성되게 수행하여 현세와 내세에 큰 축복을 받으시길 바랍니다.

결론적으로 예수님은 믿는 자들에게 본이 되시기 위해서 성령 안에서 홀로서시며 3년 반의 공생애 삶을 사셨습니다. 매사를 독단으로 하시지 않고 성령의 인도를 받으며 하나님의 뜻대로 순종하며 행하셨습니다. 십자가에서 죽으시기까지 하나님의 뜻에 순종하셨습니다. 우리도 성령 안에서 홀로서서 주님의 뜻을 이루기를 소원합니다.

# 7장 하나님과 동행하며 홀로선 의인

(창 12:1-4)"여호와께서 아브람에게 이르시되 너는 너의 고향과 친척과 아버지의 집을 떠나 내가 네게 보여 줄 땅으로 가라. 내가 너로 큰 민족을 이루고 네게 복을 주어 네 이름을 창대하게 하리니 너는 복이 될지라. 너를 축복하는 자에게는 내가 복을 내리고 너를 저주하는 자에게는 내가 저주하리니 땅의 모든 족속이 너로 말미암아 복을 얻을 것이라 하신지라. 이에 아브람이 여호와의 말씀을 따라갔고 롯도 그와 함께 갔으며 아브람이 하란을 떠날 때에 칠십오 세였더라"

하나님은 아브라함을 불러내어 성령의 인도를 받으면서 철저하게 홀로 서도록 훈련하셨습니다. 우리 예수를 믿는 자녀들이 세상에서 성공하려면 아브라함의 믿음의 행로를 본받아야 합니다. 아브라함과 같이 성령 안에서 홀로서는 영적인 수준이 되어야 하나님께서 인생을 성공하도록 역사하시기 때문입니다. 우리는 아브라함을 믿음의 조상이라고 말합니다. 육체의 조상은 아담과 하와였지만 영적인 조상인 아브라함이 우리의 조상이 되시는 것입니다. 그는 한없는 축복을 받은 사람이지만 그러나 그의 생활은 결코 평탄하지 않았습니다. 불같은 시험을 당해서 그는 복과 함께 믿음과 순종을 배웠던 것입니다. 인생의 시련을 만났을 때, 이성과 감각과 인본주의와 물질주의 장막에서 나와서 하나님을 바라보아야 됩니다. 그러면 하나님께서 새로운 꿈을 주시고, 망가진 인생의 행로에 손을 대셔서 멋진 걸작품으로 완성시켜 주시는 것입니다. 우리 자녀들은 이 세상에 걸작 품이 되도록 하나님이 내놓았지 걸작 품이 되지 않은 형편없는 그림으로 인생을 내놓지는 아니한 것입니다. 우리 자녀들이 아브라함의 복을 받으면서 세상을 살아가기 위하여 아브라함이 하나님과 동행하면서 무슨 일들을 체험 했나 말씀 속에서 교훈을 얻어야 합니다. 하나님은 절대로 하나님의 손에 훈련되지 않은 사람에게 복을 허락하지 않기 때문입니다.

**1. 옛 사람을 떠나와야 한다.** 아브라함이 하나님의 부르심을 받을 때까지 하나님은 이 세상에 당신이 구주의 영광을 나타내지 아니하셨습니다. 그러나 75세까지 자기 멋대로 산 아브라함을 하나님이 택하셨습니다. 하나님께서는 아브라함을 부르시되 "너는 너의 고향과 친척과 아버지의 집을 떠나 내가 네게 보여 줄 땅으로 가라"(창12:1-3)고 새 출발을 명령하신 것입니다. 아브라함은 하나님의 부르심을 받아 있는 둥지를 다 털어버리고 떠나서 내가 지시할 땅으로 가라고 했습니다. 우리가 하나님의 부르심을 받을 때는 하나님이 반드시 아브라함과 같은 순서를 주십니다. 떠날 때는 떠나라. 그리고 갈 데로 가라. 떠나고 가는 것이 분명해야 하나님 앞에 은혜와 축복을 받는 것입니다. 하나님께서는 아브라함에게 살고 있던 고향과 친척과 아버지의 집을 떠나 네가 가나안 땅으로 가라고 한 것입니다(창12:1-3).

하나님이 엄청난 축복을 주신 것입니다. 아브라함이 복이 되겠다고 하신 것입니다. 아브라함에게 축복을 하는 자는 축복을 주고 저주하는 자에게는 하나님이 저주하겠다고 하신 것입니다. 그런 약속을 주셨음에도 불구하고 하나님께서는 아브라함에게 시련과 고난도 허락하신 것입니다. 떠나온 땅에서 완전히 손을 털고 오도록 만드시고, 들어온 가나안 땅에 와서도 믿고 순종하는 사람이 되도록 하나님께서 지시하신 것입니다.

우리 자녀들도 마찬가지입니다. 하나님은 훈련되지 않는 사람에게 절대로 복을 허락하지 않습니다. 성령의 인도를 받으며 하나님의 혹독한 시험을 통과해야 합니다. 그러나 아무리 시험이 어려워도 하나님께서 동행하기 때문에 넉넉하게 이길 수가 있습니다. 시험은 육체로 살던 세상을 버리고 하나님의 말씀에 순종하는 삶으로 바꾸는 것입니다. 오로지 하나님만 바라보고 하나님의 음성을 듣고 순종하는 사람으로 만들어 가십니다. 자신이 하나님을 위하여 무엇을 하려고 하는 사람이 되면 시험은 길어집니다. 하나님은 사람의 도움을 받아서 세상을 치리하지 않습니다. 오로지 하나님께서 하라는 대로 순종하는 사람을 통해서 세상에 하나님의 나라를 만들어 가십니다. 그렇기 때문에 하나님은 우리자녀들을 하나님의 음성을 듣고 순종하는 사람으로 바꾸는 훈련을 하십니다. 하나님의 음성에 순종하게 하십니다.

**2. 혈육의 문제를 해결하게 하신다.** 떠나온 땅에서 아브라함은 많이 갖고 데리고 이고 지고 가나안 땅으로 온 것입니다. 하

나님이 네 고향과 친척과 아버지의 집을 떠나라고 했는데 떠나는 것이 힘듭니다. 더구나 75년 동안 살아온 고향산천을 떠난다는 것이 쉽지 않을 것입니다. 그렇기 때문에 하나님께 순종한다고 떠나는 왔지만 떠나올 때 친척들에게 와서 "날 따라와! 봇짐 싸! 하나님이 나에게 복 주신다고 했으니 따라와!" 그리고 종들도 "너희들 다 계속 내게 고용되어 있으니 따라와! 월급 줄 테니까! 다 따라와!" 종들도 데리고 재산도 그가 모아놓은 재산을 나눠주고 올 수가 없어 아까워서 전부 꾸러미를 만들어서 걸머지고 그는 고향산천을 떠났습니다.

아마 하늘에서는 하나님이 내려다보시고 있는데 천사장이 하나님께 와서 이런 말을 했을 것입니다. 하나님! 저 사람이 누굽니까? '아브라함이 나의 명령을 따라 고향과 친척이 있는 것을 떠나서 갈대아 땅으로 가는 길이다.' 안 그런 것 같은데요? 보니까 온갖 일가친척이 다 따라오고, 조카도 따라오고, 그다음에 소, 짐승들도 다 데리고, 종들도 다 데리고 일대 군단이 걸어가는데요? 그러자 아버지 하나님이 웃으시면서 '시련을 톡톡히 당해야 저것 다 떨어져 나갈 것이다. 두고 봐라!'

그런데 아브라함은 당장 떠나가면 축복이 마구 떨어질 줄 기대했습니다. 그리고 가나안에 왔는데 아니 이럴 수가 있습니까? 비가 안 와서 전부 땅이 바짝 말랐습니다. 초목, 곤충이 다 타죽고 의지할 곳이 없고 농사지을 곳이 없습니다. 그러니 아브라함을 따라온 친척들이 모두 불평을 말하고 종들도 야반도주하고 엉망진창이 되고 만 것입니다. 하나님이 복을 주신다고 해서 아브람을 따라서 나왔는데 복은 안 와도 화가 이렇게 다가오니 어떻게 합니까? 하나님 날 버렸습니까? 하나님께서 아무 대꾸가 없습니다. 직접 몸으로 채험하면 안다는 것입니다. 그 땅에 기근이 들었으므로 아브라함이 도저히 견디지 못하겠기에 살러 가야 되겠다. 하나님이 하라는 데로만 했다가는 큰일 나겠다. 그저 적당히 믿어야지 100% 믿었다가는 신세 망치겠다. 지금 이런 기근이 가나안에는 왔어도 애굽 땅에는 물이 풍부하고 농사도 잘되고 사람들이 많이 와서 사니 우리 애굽으로 살러 가자. 이제는 하나님이 가라고 말하지 않은 곳을 마음대로 갑니다.

그리고 자기 마음대로 꾀를 부리는 것입니다. 아브라함은 오랜 세월 동안 사라와 같이 살았으나 자식은 없었는데 아브라함은 자기가 보기에도 사라는 너무나 절세미인이었습니다. 아브라함은 그 긴 세월동안 살아오면서 인생에 별 재미는 없었으나 자기 부인 얼굴 쳐다보는 재미로 살았습니다. 절세미인이었다고 했습니다. 마음에 감탄할 정도로 예뻤습니다. 그렇기에 아브라함이 내려갈 때 그 아내에게 부탁을 한 것입니다. 여보! 당신하고 오래 살아서 당신이 굉장히 미인인 것을 내가 아는데 내가 미안해서 입으로는 그 말 못했지만, 오늘 시인한다. 틀림없이 내려가면 애굽 사람들은 당신의 아름다움을 보고 기절초풍을 할 것이다. 그리고 나를 잡아서 죽이는 것은 간단한 문제다. 나는 당신을 뺏기고 목숨도 잃을 것인데 나를 좀 살려주시오.

사래가 어떻게 살려줘요? 이제부터는 여보라고 말하지 말고 오빠라고 말하시오. 요사이 같으면 아무것도 아니지요. 요사이는 다 오빠 하니까 누가 진짜 오빠인지 가짜 오빠인지 모르는데 '나를 오빠라고 하면 나는 동생! 동생이라고 할 테니까' '그러다가 진짜 내가 동생인 줄 알고 장가오겠다고 하면 어떻게 합니까?' '그때는 그때 가서 보자.' '좌우간 나를 보고 오빠라고 해 달라고.' 그래서 애굽에 도착하니까 뭐 새로운 사람이 오면 원래 다들 호기심을 가지지만 이번에는 그야말로 절단강산입니다. 사람들마다 다 아브라함의 여동생을 구경한다고 떼를 지어서 모여오니 아브라함이 기가 막힙니다.

그런데 임금님이 그 소식을 들었습니다. 바로가 듣기로 가나안에서 한 가족이 왔는데 여자가 기가 막히게 아름다운 여자다. '빨리 데려오너라.' 그래서 아브라함이 자기 아내를 데리고 왕궁에 들어가니까 왕궁에 들어가자마자 부인이 아브라함을 보고 오빠 여기가 어디에요? 동생, 여기가 바로의 궁이란다. 바로에게 절을 하니까 너희관계는 어떻게 되냐? 그러니까 아브라함이 내 부모가 일찍 세상을 뜨시고 내가 이 여동생을 데리고 떠돌아다니며 나그네 같이 삽니다. 너의 진짜 여동생이냐? 내 여동생입니다.

네 여동생은 이렇게 예쁜데 너는 왜 호박 같나? 나는 호박 같아도 내 여동생은 틀림이 없습니다. 자네, 정말 이것이 네 오빠냐? 네! 내 오빠입니다. 그럼 잘되었다. 나하고 결혼하자. 그날로 당장 결혼해서 바로가 데리고 가 버리고 그 대가로써 소와 양과 짐승을 잔뜩 얻었습니다. 그런데 왕궁에 들어갈 때는 인간적인 생각으로 만들어 놓은 동생하고 들어갔다가 나올 때는 짐승을 데리고 대신 나왔어요. 가만히 있으니 기가 막힙니다.

그때 비로소 아브라함이 기도를 많이 했을 것입니다. 하나님 살려 주십시오. 이 길만이 내가 살 길이라고 생각하고 꾀를 내었는데 내 꾀가 통과되지 않습니다. 하나님이 바로의 궁전을 쳤습니다. 하나님께서 나타나셨습니다. 하나님이 화를 주니까 다 회개하고 도로 내주어서 그 아내를 데리고 애굽땅에서 있지도 못하게 빨리 떠나라. 그래서 가나안 땅으로 왔습니다. 오니까 가나안 땅에는 그동안 비가 많이 와서 곡식이 잘되고 풀도 푸르고 좋습니다. 그런데 또다시 인간적으로 사니까 시련이 다가왔습니다. 그 시련이 뭐냐면 조카하고 싸움이 벌어진 것입니다.

조카도 삼촌 따라다니다가 삼촌에게 조금씩 도움을 받아서 큰 목장을 가진 사람이 되었습니다. 많은 양 떼와 소 떼와 짐승 떼를 거느린 목장주가 되었는데 삼촌의 목장 목동들과 자기의 목장 목동들이 싸움이 붙어서 야단법석이 났습니다. 왜냐하면, 서로 좋은 초지를 얻기 위해서 삼촌이 가진 초지에 자기 짐승들이 와서 풀을 뜯어 먹이니 삼촌의 목장들이 쫓아내고 그래서 아재비와 싸움이 벌어지고 그곳에 있는 다른 이방 민족들도 손가락질하고 야단법석입니다.

하나님의 뜻을 거역하면 언제고 문제가 생겨나는 것입니다. 내 아비 집을 떠나라고 했는데 조카는 아버지 혈통에 이은 조카입니다. 조카를 떠나고 와야 되는데 조카를 데리고 왔기 때문에 그런 문제가 생긴 것입니다. 그래서 조카를 보고 '우리 헤어지자! 여기 타민족도 많은데 아재비와 조카가 싸워서 피투성이가 되고 소문이 자자하게 나는데 우리 헤어지자. 네가 동이라 하면 내가 서로가고, 네가 남이라 하면 내가 북으로 가겠다.' 아무리 일가친척 간이라도 물질 문제 가지고는 양보가 없습니다. 그렇게 하면 조카가 삼촌을 따라왔으니 '삼촌이 먼저 좋은 데를 택하십시오. 그러면 내가 다른 데를 택하겠습니다.' 그렇게 말하지 않았습니다. '얼씨구~ 내가 먼저 택하지 삼촌이 어떻게 되든지.' 그래서 소돔과 고모라가 있는 요단강 쪽을 바라보니 풀도 많고 물도 많고 좋았습니다.

롯이 보니까, 여호와의 동산 같고 애굽 땅과 같았습니다. 나는 풀도 많은 저 고모라성이 있는 동쪽을 택하고 갈 테니 그러면 삼촌만 여기 계세요. 그렇게 하라. 그리고 떠나버렸습니다. 이제는 조카가 떠나고 메마른 초지가 있는 한쪽에 앉아 있으니 하나님이 일어서라! 동서남북을 바라보라. 똑똑히 바라보라. 네 눈에 보이는 그 땅을 내가 네게 주리니 영원하리라. 가볼 필요 없이 바라봄의 법칙을 통해서 네가 바라볼 수 있는 그 땅을 내가 다 주겠다. 우리도 성경을 읽어서 하나님께서 주신 약속을 믿음으로 바라볼 수 있는 것을 다 바라보면 은혜로서 축복을 주실 것입니다(창13:7-12).

하나님은 이제 아브람에게 믿음으로 사는 법을 가르쳐 주었습니다. 갈대아 우르를 떠날 때 하나님의 말씀을 믿음으로 살았으면 괜찮을 것인데 그는 자기의 계획과 자기의 지혜를 따라 애굽으로도 내려갔고, 조카 롯에게 짐승들도 많이 나눠 주었고, 자기 인간의 수단과 방법으로 잘 살려고 했다가 실패를 많이 했습니다. 성경에는 주님께서 나의 의인은 믿음으로 말미암아 살리라고 했는데 오늘날 우리도 이 세상살이를 떠나서 하나님을 따라서 나왔으면 믿음으로 살아야 되는 것입니다.

믿음으로 사는 것이 쉽지 않기 때문에 훈련을 통해서 배우는 것입니다. 장막에서 늘 엎드려서 기도할 때도 땅만 보고 기도하면 소용이 없습니다. 꿈을 마음속에 품고 기도해야 하나님이 축복을 해주시는 것입니다. 이렇게 성경에 기록한 것은 우리 자녀들에게 이런 교훈을 깨달아 아브라함과 같이 불필요한 고생을 하지 않게 하기 위하여 기록한 것입니다. 하나님은 성령으로 인도하면서 아브라함과 같이 인간적인 모든 것을 끊어내게 하십니다.

**3. 자기중심에서 떠나오게 하신다.** 이성과 감각, 인본주의, 물질주의의 장막에서 나와야 되는 것입니다. 옛날 사람들은 천막을 치고 거주하며 살았습니다. 천막 밑에서 자꾸 기도만 하면 천막과 흙밖에 보이지 않습니다. 그러나 천막 밖으로 나와 하늘을 쳐다보면 수많은 별들이 보이는 것입니다. 하나님은 기도를 그렇게 하라는 것입니다. 세상의 부귀, 영화, 공명, 낭패, 실망만 생각하고 땅만 바라보고 기도하지 말고 천막 밖에 나와서 우리말로 다 한다면 이성이라는 천막, 감각이라는 천막, 인본주의라는 천막, 물질주의적인 천막에서 나와서 하늘을 바라보라. 수많은 별들이 있지 않느냐. 그 별들을 통해서 하나님이 아브람보고 네 자손이 저 별들처럼 많을 것을 생각하라. 마음에 꿈을 가지고 생각하고 바라보고 기도하라. 꿈을 가지고 무슨 꿈이냐.

별 하나가 내 한 자식이 된다는 것을 꿈을 꾸면 말로 다할 수 없는 많은 자식 아닙니까? 나는 저 많은 자손들의 아버지가 되고 할아버지가 되고 조상이 된다. 그것을 마음속에 그려라! 오늘 예수 믿는 사람들은 하나님의 나라를 바라보고 하나님의 약속의 말씀으로 마음에 그림을 그려야 되는 것입니다.

우리가 어떻게 하늘을 쳐다보고 별들을 헤아리라는 것입니까? 우리의 하늘은 성경이 우리 하늘인 것입니다. 창세기부터 계시록까지 성경을 바라보고 읽고 성경에 있는 하나님의 약속의 말씀을 별처럼 마음에 간직하라는 것입니다. 성경을 읽고 말씀의 별을 가슴에 품고 기도하면 기적이 일어나는 것입니다. 마음속에 오랫동안 간직하고 바라보고 기도하면 그 목표의 별은 이루어지는 것입니다. 목표를 마음속에 그림으로 그려놓고 꿈을 꾸면서 기도하지 아니하면 믿음이 생겨나지 않습니다. 믿음이라는 것은 참 힘이 있되 꿈이 있어야 믿음이 있는 것입니다. 왜냐하면, 제가 묻겠습니다. 무엇을 믿습니까? 몰라요. 그러면 믿음이 뭔지 모르지 않습니까? 무엇을 믿지요. 목적이 있어야 되지 않습니까? 몸이 아프니까 몸이 나으려고요. 그렇지요. 몸이 낫겠다고 꿈을 꾸면 그 꿈을 믿는 것입니다. 몸이 낫는 건강의 꿈을 꾸기 때문에 네 믿음대로 될 것이라고 할 것입니다.

이와 같이 아브라함에게 하나님께서 상속자를 준 것도 아브라함이 오랫동안 85세에 기도했으나 꿈이 없이 기도했습니다. 천막 아래서 불평을 해가면서 내 아내는 지금 75세가 되고 나는 85세인데 아들을 못 낳았으니 이제 아들을 낳을 수가 없습니다.

하나님이 아들을 안 주므로 나는 종을 키워서 아들로, 후사를 삼겠습니다. 불평을 말하고 하나님을 공갈하고 그렇게 했습니다. 그러니까 하나님께서 이 사람아, 꿈을 갖고 기도해야지. 꿈이 없는 기도를 어떻게 하느냐. 저녁까지 기다려라! 저녁이 되니까 천막에서 나와라! 꿈을 가지고 기도하기 위해서 하늘을 쳐다보라! 하늘을 쳐다보니까 뭐가 보이니? 별들이 보입니다.

헤아려 보아라! 아이고 헤아릴 수 없이 많은데요. 너의 자손이 저것처럼 많을 것이다. 아브람이 입을 딱 벌리고 별들을 바라보고 별들이 자기의 자손이 된 것 같은 느낌으로 가슴에 꽉 들어차니 하나님! 내가 믿습니다. 전에는 무엇을 믿을 줄 몰랐는데 저 별들이 내 자손인 것을 믿습니다. 하나님이 아브람 보고 만족한다. 잘했다. 그것이 너의 의로움이 된다.

그래서 그는 서나 앉으나 이제는 아들이 가슴속에 별들처럼 꽉차 있는 것을 바라보았습니다. 그 결과로 그 아내가 90이 되고, 아브라함의 나이가 100세가 되었을 때 아들을 낳으니 이름이 이삭인 것입니다. 그러므로 장막에서 나와서 하늘을 바라본 것이 그는 큰 계기가 되었습니다(창15:3-6).

바라봄과 믿음, 그 법칙을 통해서 역사가 일어난 것입니다. 꿈이 생길 때 믿음이 생깁니다. 무엇을 믿느냐. 꿈을 믿는 것입니다. 현재 있는 것 보고 믿지 못할 사람이 어디 있습니까? 꿈이란 것은 장차 생겨날 것을 지금 믿는 것을 말합니다. 뭘 믿느냐. 건강을 믿습니다. 그것이 바로 꿈을 믿는 것입니다. 무엇을 믿느냐. 사업이 일어날 것을 믿습니다. 그것이 꿈입니다. 그것이 믿음이고. 그러므로 꿈은 마음속에 현재 그림으로 그리고 그것을 바라보고 있으면 그것이 내 것이 되었다는 믿음이 생겨나는 것입니다. 믿음이 생겨나면 믿음을 입술로 고백하는 것입니다. 그것이 내 것이라고 고백을 하면 현실적으로 날이 가고 달이 가면 이루어지게 되는 것입니다.

로마서 14장 17절로 18절에 "기록된바 내가 너를 많은 민족의 조상으로 세웠다 하심과 같으니 그가 믿은 바 하나님은 죽은 자를 살리시며 없는 것을 있는 것으로 부르시는 이시니라 아브라함이 바랄 수 없는 중에 바라고 믿었으니 이는 네 후손이 이 같으리라 하신 말씀대로 많은 민족의 조상이 되게 하려 하심이라"말씀하십니다.

그러므로 하나님은 죽은 자를 살리시고 없는 것을 있는 것같이 부르시는 전지전능, 무소부재, 영광스러운 하나님이시기 때문에 하나님 앞에서 그가 없는 것을 있는 것같이 바라보고 믿고 입술로 고백하면 하나님이 책임지신다는 것입니다. 하나님이 그의 일이 이루어지도록 역사하시는 것입니다.


**4. 하나님의 시험을 통과해야 한다.** 하나님을 삶의 목표로 삼지 않고는 지위나 명예나 돈이나 이런 것이 생활의 목표가 될 수 없다는 것입니다. 그러므로 우리는 하나님 말씀을 읽고 듣고 성령님을 환영하고 모셔드리며 의지할 때 성령이 우리 마음속을 훈련시켜서 하나님을 제일주의로 만들어서 살게 해주시는 것입니다. 오늘날 우리가 인생을 살면서 한편에는 복을 주시면

서 다른 면에는 시험과 환난을 반드시 주십니다.

왜냐하면, 믿음을 가르쳐주고 사랑을 가르쳐 주는 데에는 시련이 필요한 것입니다. 학교 다닐 때 어린아이들이 공부하는데 공부 좋아하는 애들 보았습니까? 공부가 싫어요. 그래도 공부가 장차 그를 현명하게 만들고 더 놀라운 삶을 살게 만들어 주기 때문에 억지로라도 공부를 해야 되는 것입니다. 공부는 싫으나 해야 된다. 시험과 환난을 하나님이 못 지킬만한 것을 주지 않지만, 반드시 시련과 환난을 통해서 신앙이 자라고 사랑이 자라게 해서 이 세상을 훌륭하게 살도록 만들어 주는 것입니다. 하나님께서는 아브라함에게 고난을 준 것은 그를 통해서 하나님께 순종하는 것을 배우고 하나님을 사랑하는 것을 배운 것입니다.

그가 하나님에 대한 절대적인 사랑을 배운 것은 외아들 이삭을 모리아 산에서 제물로 바치라는 것입니다. 시험치고 그렇게 흉악한 시험이 어디 있습니까? 100살에 낳은 아들을 모리아 산에 데리고 가서 죽여서 각을 떠서 제물로 드려라. 시험치고는 굉장히 어려운 시험입니다. 답을 써야 돼요. 무슨 답을 씁니까? 하나님 좀 시험을 쉽게 만들어 주시옵소서. 그렇게 하든지 나는 못해요. 그렇게 하든지. 내가 시험을 성심껏 응답하겠습니다.

그렇게 하든지. 좌우간 시험을 쳐야 되는 것입니다. 그래서 점수를 매기는 것입니다. 아브라함은 엄청난 시험을 당했습니다. 축복을 많이 받은 이상, 그 축복을 잘 간수할 수 있는가 시험을 치르는 것입니다. 아브라함은 자기 아내 사라에게 이야기도 하지 않고, 자기 아들을 보고 '야! 하나님이 제사를 드리라고 하는데 모리아 산에 나와 같이 가자.' 한 사흘 걸릴 테니까 장작매고 칼 들고 불씨는 내가 가지고 가마! 사흘 길을 걸어서 모리아 산에 왔습니다. 그리고 그 아들을 데리고 장작을 걸머지고 불씨와 횃불을 들고서 모리아 산으로 올라가는데 "아버지! 장작은 내가 걸머지고 불도 손잡고 있는데 제사드릴 양은 어디에 있나이까?" 기가 막힌 질문 아닙니까? "얘야! 이것은 중요한 제사니까 제물은 하나님이 직접 준비한다고 하더라. 가자!" 그래서 가서 아들과 함께 제단을 쌓고 장작을 펴놓고, 그 다음에 이삭에게 네 손발 내놓아라. 왜요? 하나님이 너를 잡아서 제물로 드리라고 한다. 어찌할 도리가 없다. 아마 그 아들이 아버지를 쳐다보고 눈물을 뚝뚝 흘렸을 것입니다. 아버지! 나이가 많으셔서 머리가 좀 어떻게 된 것 아닙니까? "백살에 낳은 아들이라고 그렇게 자랑하고 사랑하더니 나를 잡아서 제물로 드린다니요." "그래도 너를 주신 이도 하나님이시오. 너를 도로 데리고 갈 이도 하나님이시니 나는 하나님을 위해서 너를 낳고 기른 대리인에 불과하다." 칼을 받아 잡고 그를 눕혀서 잡으려고 칼을 들었습니다.

그때 마지막 순간까지 가만히 있던 하나님께서 보좌에서 벌떡 일어났을 것입니다. "아브라함아! 아브라함아! 네 외독자 이삭에게 칼 대지 마라! 네가 네 외독자 이삭도 아끼지 아니하고 나에게 내놓았으니 내가 이제 안다. 네가 나를 사랑한 줄 안다." 사랑은 증거가 있어야 되는 것입니다. 이 세상에 부부라도 여보! 당신 사랑해. 나도 당신 사랑해! 쉽습니다. 왜 대가가 지불 안 되니까. 말로써 사랑한다고 누가 못해요? 그러나 사랑에는 대가가 지불됩니다. 대가가 있어야 되요. "내가 너를 사랑한다." 적은 대가가 있으면 적게 사랑하는구나. 많이 사랑하면 많은 대가를 지불하게 되는 것입니다.

**결론적으로** 하나님께서는 아브라함을 성령 안에서 홀로 서도록 인도하셨습니다. 첫째로 하나님께서는 아브라함을 부르십니다. "너는 너의 고향과 친척과 아버지의 집을 떠나 내가 네게 보여 줄 땅으로 가라"(창12:1-3)고 새 출발을 명령하신 것입니다. 둘째로 혈육을 모두 정리하게 하십니다. "아브람이 롯에게 이르되 우리는 한 친족이라 나나 너나 내 목자나 네 목자나 서로 다투게 하지 말자 (9) 네 앞에 온 땅이 있지 아니하냐 나를 떠나가라 네가 좌하면 나는 우하고 네가 우하면 나는 좌하리라" (창 13:8-9). 셋째로 자기중심에서 떠나오게 하셨습니다. "아브람이 또 이르되 주께서 내게 씨를 주지 아니하셨으니 내 집에서 길린 자가 내 상속자가 될 것이니이다 (4) 여호와의 말씀이 그에게 임하여 이르시되 그 사람이 네 상속자가 아니라 네 몸에서 날 자가 네 상속자가 되리라 하시고"(창15:3-4). 넷째로 성령 안에서 홀로설 수 있을지 시험을 하십니다. "여호와께서 이르시되 네 아들 네 사랑하는 독자 이삭을 데리고 모리아 땅으로 가서 내가 네게 일러 준 한 산 거기서 그를 번제로 드리라."(창 22:2). 하나님의 시험에 합격한 아브라함은 하나님 안에서 홀로 서서 하나님과 동행하며 복의 근원으로 살아가는 것입니다.

# 8장 하나님의 음성에 순종하며 홀로선 의인

(창 26:1-18)"아브라함 때에 첫 흉년이 들었더니 그 땅에 또 흉년이 들매 이삭이 그랄로 가서 블레셋 왕 아비멜렉에게 이르렀더니 (2) 여호와께서 이삭에게 나타나 이르시되 애굽으로 내려가지 말고 내가 네게 지시하는 땅에 거주하라 (3) 이 땅에 거류하면 내가 너와 함께 있어 네게 복을 주고 내가 이 모든 땅을 너와 네 자손에게 주리라 내가 네 아버지 아브라함에게 맹세한 것을 이루어 (4) 네 자손을 하늘의 별과 같이 번성하게 하며 이 모든 땅을 네 자손에게 주리니 네 자손으로 말미암아 천하 만민이 복을 받으리라 (5) 이는 아브라함이 내 말을 순종하고 내 명령과 내 계명과 내 율례와 내 법도를 지켰음이라 하시니라 (6) 이삭이 그랄에 거주하였더니 (7) 그 곳 사람들이 그의 아내에 대하여 물으매 그가 말하기를 그는 내 누이라 하였으니 리브가는 보기에 아리따우므로 그 곳 백성이 리브가로 말미암아 자기를 죽일까 하여 그는 내 아내라 하기를 두려워함이었더라 (8) 이삭이 거기 오래 거주하였더니 이삭이 그 아내 리브가를 껴안은 것을 블레셋 왕 아비멜렉이 창으로 내다본지라 (9) 이에 아비멜렉이 이삭을 불러 이르되 그가 분명히 네 아내거늘 어찌 네 누이라 하였느냐 이삭이 그에게 대답하되 내 생각에 그로 말미암아 내가 죽게 될까 두려워하였

음이로라 (10) 아비멜렉이 이르되 네가 어찌 우리에게
이렇게 행하였느냐 백성 중 하나가 네 아내와 동침할 뻔
하였도다 네가 죄를 우리에게 입혔으리라 (11) 아비멜
렉이 이에 모든 백성에게 명하여 이르되 이 사람이나 그
의 아내를 범하는 자는 죽이리라 하였더라 (12) 이삭이
그 땅에서 농사하여 그 해에 백 배나 얻었고 여호와께
서 복을 주시므로 (13) 그 사람이 창대하고 왕성하여 마
침내 거부가 되어 (14) 양과 소가 떼를 이루고 종이 심히
많으므로 블레셋 사람이 그를 시기하여 (15) 그 아버지
아브라함 때에 그 아버지의 종들이 판 모든 우물을 막고
흙으로 메웠더라 (16) 아비멜렉이 이삭에게 이르되 네
가 우리보다 크게 강성한즉 우리를 떠나라 (17) 이삭이
그 곳을 떠나 그랄 골짜기에 장막을 치고 거기 거류하며
(18) 그 아버지 아브라함 때에 팠던 우물들을 다시 팠으
니 이는 아브라함이 죽은 후에 블레셋 사람이 그 우물들
을 메웠음이라 이삭이 그 우물들의 이름을 그의 아버지
가 부르던 이름으로 불렀더라."

본문을 읽어본 소감이 어떻습니까? 하나님은 성령의 인도를
받으며 하나님의 말씀에 순종하는 사람을 축복하십니다. 하나
님께서 아브라함을 불러내서 하나님 안에서 홀로 서도록 하신
것은 하나님의 축복을 온전하게 받으면서 살아가도록 하시기
위함입니다. 우리를 불러내어 성령 안에서 홀로 서도록 훈련하

시는 것도 하나님의 축복을 온전하게 받으면서 세상을 살아가게 하기 위해서입니다. 우리는 이를 바르게 깨닫고 예수를 믿고 성령의 인도를 받으면서 세상을 살아갈 때 시험이 찾아오더라도 불평하지 말고 성령의 인도를 받으면서 홀로서는 훈련을 달게 받아야 합니다. "사람이 감당할 시험 밖에는 너희가 당한 것이 없나니 오직 하나님은 미쁘사 너희가 감당하지 못할 시험 당함을 허락하지 아니하시고 시험 당할 즈음에 또한 피할 길을 내사 너희로 능히 감당하게 하시느니라."(고전 10:13).

우리는 앞 7장에서 아브라함에 대한 하나님의 부르심에 대해 생각하며 은혜 받는 시간을 가졌습니다. 하나님께서 아브라함에게 고향과 친족과 아버지의 집을 떠나 하나님께서 지시하는 땅으로 가라고 하시면서 그와 그의 후손에게 더 나아가 천하 만민에게 복을 받게 하는 약속을 주셨을 때 아브라함은 하나님의 약속을 믿고 순종했습니다. 하나님께서는 아브라함을 고향과 친척과 아버지 집을 떠나 성령의 인도를 받으면서 홀로 서기 하도록 역사하십니다.

하나님은 철저하게 하나님만 바라보고 성령의 인도를 받으면서 홀로서는 것을 원하십니다. 오늘은 하나님께서 아브라함의 아들이삭에게 주신 명령과 약속을 또 이삭이 하나님께 순종하며 홀로서기 함으로 어떻게 복을 받는가를 보면서 은혜 받는 시간이 되기를 바랍니다.

**1. 이삭에게 원대한 복을 약속해 주셨다(창26:1-5).** 이삭에

게 위대한 복을 약속해 주신 하나님입니다. 우리는 인생의 길을 가는 동안 계속 시련에 부딪치게 됩니다. 사실 한 사람의 인생이란 그가 자신의 생애에서 당했던 시련들을 어떻게 대처했는가를 통해 그가 어떤 사람인가를 알 수 있습니다. 이삭의 인생에 대한 성경의 기록 방식이 그것을 보여줍니다. 성도는 이삭의 시련을 통해서 얻는 교훈을 자기의 인생길에 적용함으로 많은 것을 배울 수 있습니다.

본문 창26:1절에 "아브라함 때에 첫 흉년이 들었더니 그 땅에 또 흉년이 들매 이삭이 그랄로 가서 블레셋 왕 아비멜렉에게 이르렀더니," 척박한 팔레스틴 지역에는 이런 기근이 흔했습니다. 그 흉년은 아브라함 때도 있었습니다(창12장 이삭 때로 100년전). 지금 세상에는 코로나19로 인하여 기근을 당하고 있는데 이는 아브라함 시절에도 이삭 시절에도 있었습니다.

이삭은 흉년이 들자 약속의 땅을 버리고 싶은 유혹을 당했습니다. 그는 부유했습니다. 가나안의 가장 부유했던 족장 그의 아버지 아브라함의 재산을 대부분 상속받았던 사람입니다(창 25:5-6). 그런데 극심한 흉년으로 모든 것을 잃을 것 같아 하나님에 대한 신앙도 버리고 약속의 땅을 떠나 애굽으로 향했습니다. 그는 애굽으로 가는 도중 블레셋 왕 아비멜렉에게 도움을 구하고자 블레셋의 수도 그랄에 들렸습니다. 블레셋 왕도 처음에 이삭이 그랄에서 농사하고 자기와 거래하는 것이 유익하기에 그곳에 머무는 것을 허용했습니다. 이삭은 언제 애굽으로 갈지 모릅니다.

그런데 하나님께서 찾아와 그의 인생 여정에 개입하셨습니다. 하나님께서 이삭에게 나타나셔서 애굽으로 내려가지 말고 하나님께서 그에게 주마고 약속하신 가나안에서 살 것을 지시했습니다. 우리가 이를 깨달으려면 창세기 22장 1-13절까지 정독하면 이해가 될 수 있습니다. 창세기 22:6-13절에서 읽고 깨달은 바와 같이 이삭은 아버지 아브라함을 하나님께서 시험하실 때 이미 죽은 사람입니다. 아버지 아브라함은 축복을 많이 받은 이상, 그 축복을 잘 간수할 수 있는가 하나님께서 시험을 치르는 것입니다(창22:1-2). 하나님의 시험은 시험지에 글로 답을 적어서 내는 시험이 아니라, 광야에서 실제 행동을 시험하시는 것입니다. 아브라함은 "여호와께서 이르시되 네 아들 네 사랑하는 독자 이삭을 데리고 모리아 땅으로 가서 내가 네게 일러 준 한 산 거기서 그를 번제로 드리라."(창22:2)는 하명을 받고 자기 아내 사라에게 이야기도 하지 않고, 자기 아들을 보고 '야! 하나님이 제사를 드리라고 하는데 모리아 산에 나와 같이 가자.' 한 사흘 걸릴 테니까 장작 매고 칼 들고 불씨는 내가 가지고 가마! 사흘 길을 걸어서 모리아 산에 왔습니다.

그리고 그 아들을 데리고 장작을 걸머지고 불씨와 횃불을 들고서 모리아 산으로 올라가는데 "아버지, 장작은 내가 걸머지고 불도 손에 잡고 있는데 제사드릴 양은 어디에 있나이까?" 기가 막힌 질문 아닙니까? "얘야! 이것은 중요한 제사니까 제물은 하나님이 직접 준비한다고 하더라. 가자!" 그래서 가서 아들과 함께 제단을 쌓고 장작을 펴놓고, 그 다음에 이삭에게 네 손발 내놓아라. 왜요? 하나님이 너를 잡아서 제물로 드리라고 한다. 어찌할 도리가 없다. 아마 그 아들이 아버지를 쳐다보고 눈물을 뚝뚝 흘렸을 것입니다. 아니 지금 아이들 같으면 도망을 갔을 것입니다. 그는 도망가지 않고 아버지, 나이가 많으셔서 머리가 좀 어떻게 된 것 아닙니까? "백 살에 낳은 아들이라고 그렇게 자랑하고 사랑하더니 나를 잡아서 제물로 드린다니요." "그래도 너를 주신 이도 하나님이시오 너를 도로 데리고 갈 이도 하나님이시니 나는 하나님을 위해서 너를 낳고 기른 대리인에 불과하다." 칼을 받아 잡고 그를 눕혀서 칼을 들었습니다.

이 때 이삭은 죽은 것입니다. 죽었다가 다시 하나님께서 살리시고 하나님의 아들로 받으신 것입니다. "아브라함아! 아브라함아! 네 외독자 이삭에게 칼 대지 마라! 네가 네 외독자 이삭도 아끼지 아니하고 나에게 내놓았으니 내가 이제 안다. 네가 나를 사랑한 줄 안다." 그래서 이삭은 철저하게 성령하나님 안에서 하나님과 대면하며 홀로 서며 살아가는 것입니다.

본문 창26:2절에 "여호와께서 이삭에게 나타나 이르시되 애굽으로 내려가지 말고 내가 네게 지시하는 땅에 거주하라" 하십니다. 성경에 당시의 애굽은 이 세상의 상징이자 모형이었고 가나안은 약속의 땅으로 천국의 상징이자 모형이었습니다. 믿는 자는 약속된 하나님 나라를 버리고 이 세상이 주는 좋은 것들에 마음을 빼앗겨서는 안 됩니다. 세상의 소유와 재물을 얻고자 천국에 대한 소망을 포기해서는 안 됩니다(딤전6:9).

본문 창26:3-4절 "이 땅에 거류하면 내가 너와 함께 있어 네게 복을 주고 내가 이 모든 땅을 너와 네 자손에게 주리라 내가 네 아버지 아브라함에게 맹세한 것을 이루어, 네 자손을 하늘의 별과 같이 번성하게 하며 이 모든 땅을 네 자손에게 주리니 네 자손으로 말미암아 천하 만민이 복을 받으리라" 말씀하십니다.

하나님께서 그때 이삭에게 나타나 놀라운 약속을 해주셨습니다. 이삭이 약속의 땅에 소망을 두고 산다면 하나님께서 함께 해 주시고 그에게 땅과 자손들과 메시야의 복을 주시겠다는 것입니다.

이삭은 하나님께서 아브라함에게 약속하셨던 언약을 받게 되었던 것입니다. 하나님께서는 아브라함에게 여덟 번이나 약속들을 주셨던 것입니다(12:3,7, 13:14, 15:1, 17:1, 18:1, 21:22, 22:21). 하나님은 이삭에게 두 번 주셨습니다(25:2, 24). 그 약속에는 약속의 땅, 약속의 씨, 모든 민족에게 복이 될 메시아를 받을 것이라는 약속입니다. 이삭의 자손으로 오실 구세주를 통해 세상의 모든 민족들이 복을 받게 될 것이라는 약속입니다.

본문 창26:5절에 "이는 아브라함이 내 말을 순종하고 내 명령과 내 계명과 내 율례와 내 법도를 지켰음이라 하시니라" 하나님께서 이렇게 복을 주신 이유는 아브라함의 신실함과 순종에 따른 것이라고 하십니다. 이 위대한 약속들이 곧 아브라함이 하나님을 믿었고 순종했기 때문이라고 하십니다. 아브라함은 그가 따라야 할 계명을 글로 쓰여진 형태로 갖지는 못했습니다. 그러나 그는 하나님에 대한 내적인 증거, 즉 하나님과의 영적인 교제와 인도하심에 대한 체험 그리고 그분에 대한 지식을 가지고 있었습니다. 이는 성경 창세기 12장- 25장 말씀들을 정독해 보면 깨달아 알 수 있습니다.

아브라함은 기도의 특권과 하나님의 임재를 통해 매일 매일의 가르침과 인도를 받을 수 있었습니다. 아브라함은 철저하고 책임감 있게 하나님께 순종했습니다. 아브라함은 사랑하는 아들까지도 하나님께 주시라면 제물로 드릴 수 있는 순종의 사람이었습니다. 마태복음 22장 37-38절 "예수께서 이르시되 네 마음을 다하고 목숨을 다하고 뜻을 다하여 주 너의 하나님을 사랑하라 하셨으니, 이것이 크고 첫째 되는 계명이라" 했습니다.

이삭에게는 아버지 아브라함이 모범입니다. 그는 마음을 다해 하나님을 사랑했습니다. 오늘 주 예수 그리스도를 통해 더 큰 순종의 모범을 본 신자들은 더욱 살아계신 하나님 아버지께 순종함으로 영광 돌리시기를 바랍니다.

**2. 이삭은 온전하게 순종하지 못했다(창26:6-11).** 이삭은 하나님의 말씀과 위대한 약속을 받은 사람입니다. 그러나 온전치 않은 순종과 거짓과 이기적인 행동으로 어려움을 겪습니다. 그런데 사랑의 하나님께서는 그 연약한 자를 지켜주십니다.

본문 창26:6절에 "이삭이 그랄에 거주하였더니"라고 합니다. 여기서 우리는 이삭의 온전치 않은 순종을 보게 됩니다. 그는 하나님께 순종했으나 부분적으로 순종했습니다. 그는 애굽으로 내려가지 않았지만, 가나안으로 돌아가지도 않았습니다.

그는 가나안과 경계에 있고, 애굽으로 들어가는 곳에 있는 그랄에 머물렀습니다. 이것은 잘못된 결정입니다. 수많은 사람이 이와 같이 행동합니다.

역대하 25장 2절 "아마샤가 여호와께서 보시기에 정직하게 행하기는 하였으나 온전한 마음으로 행하지 아니하였더라" 말씀합니다. 요한일서 2장 15-16절에 "이 세상이나 세상에 있는 것들을 사랑하지 말라 누구든지 세상을 사랑하면 아버지의 사랑이 그 안에 있지 아니하니, 이는 세상에 있는 모든 것이 육신의 정욕과 안목의 정욕과 이생의 자랑이니 다 아버지께로부터 온 것이 아니요 세상으로부터 온 것이라"고 했습니다.

이삭은 하나님께 순종하고 있으나 그것은 부분적인 순종이었습니다. 하나님의 말씀에 온전하게 순종하지 않았습니다. 그것은 계속되는 그의 삶에서 나타납니다. 이삭은 아내를 누이라고 속이는 일과 계속되는 블레셋 안에서의 분쟁 사건에서 나타납니다. 그의 거짓과 이기적인 행동으로 위기를 만납니다.

본문 창26:7-8절 "그곳 사람들이 그의 아내에 대하여 물으매 그가 말하기를 그는 내 누이라 하였으니 리브가는 보기에 아리따움으로 그곳 백성이 리브가로 말미암아 자기를 죽일까 하여 그는 내 아내라 하기를 두려워함이었더라, 이삭이 거기 오래 거주하였더니 이삭이 그 아내 리브가를 껴안은 것을 블레셋 왕 아비멜렉이 창으로 내다본지라" 이삭의 죄는 비극적입니다.

이삭은 리브가를 자신의 아내가 아니라 누이라고 거짓말을 했습니다. 왜 그랬습니까? 그 당시 그 도시의 권력자가 자기를 죽이고 리브가를 데려갈 것을 두려워했기 때문입니다. 낯뜨거운 거짓말을 했습니다. 그는 극단적인 이기심에 빠져 있었습니다. 리브가에게 닥친 위험, 그가 당할지도 모르는 수치를 생각하지 않았습니다. 곧 세상과 타협하고 세상 사람들과 같이 거짓말을 한 것입니다.

레위기 19장 11절 "너희는 도둑질하지 말며 속이지 말며 서로 거짓말하지 말라"고 하십니다. 골로새서 3장 9절에 "너희가 서로 거짓말을 말라 옛사람과 그 행위를 벗어버리라"고 하십니다. 이삭의 죄는 얼마 후에 드러났습니다. 그 사건의 경위는 흥미롭습니다. 이삭의 집은 아비멜렉의 왕궁과 가까운 곳에 있었습니다. 그 일이 탄로 나던 날에 이삭은 리브가를 끌어안고 있었습니다. 아비멜렉은 왕궁 창가에서 밖을 내다보다 그들을 발견했습니다.

창26:9-10절 "이에 아비멜렉이 이삭을 불러 이르되 그가 분명히 네 아내거늘 어찌 네 누이라 하였느냐 이삭이 그에게 대답하되 내 생각에 그로 말미암아 내가 죽게 될까 두려워하였음이로다, 아비멜렉이 이르되 네가 어찌 우리에게 이렇게 행하였느냐 백성중 하나가 네 아내와 동침할 뻔하였도다 네가 죄를 우리에게 입혔으리라"

블레셋 왕 아비멜렉은 즉시 이삭을 불러 꾸짖었습니다. 그때에 이삭이 당한 수치와 당황스러움을 상상해 보십시오. 왕은 이삭에게 자신과 그의 백성을 위험에 처하게 만들었다고 힐책했습니다. 만일 그들 중 누가 리브가와 간음을 했다면 하나님께서 그들을 심판하셨을 것이라고 말합니다. 아비멜렉은 하나님을 두려워한 것입니다.

본문 창26:11절 "아비멜렉이 이에 모든 백성에게 명하여 이르되 이 사람이나 그의 아내를 범하는 자는 죽이리라 하였더라" 곧 블레셋 왕은 이삭 보호 대책을 세웁니다. 하나님의 선하신 섭리입니다. 하나님은 연약한 성도들도 지켜주시는 분입니다. 성령 안에서 홀로서면 위험한 시기에 보호를 받습니다.

**3.시련을 통해 성령 안에서 홀로서며 산다.** 믿는 자가 이 세상에서 하나님의 복을 받고 잘되는 일은 좋은 일입니다. 그러나 그로 인해 사람들의 시기와 공격을 받게 되는 일이 있습니다. 번성하는 가운데 그로 인해 시련을 겪게 됩니다. 그러나 결국은 하나님을 의지하고 시련들을 극복하게 합니다.

본문 창26:12-14절 "이삭이 그 땅에서 농사하여 그 해에 백배나 얻었고 여호와께서 복을 주시므로, 그 사람이 창대하고 왕성하여 마침내 거부가 되어, 양과 소가 떼를 이루고 종이 심히 많으므로 블레셋 사람이 그를 시기하여"라 합니다.

하나님께서 이삭에게 물질적인 복을 주셨습니다. 하나님께서는 이삭과 그의 후손들이 약속의 땅에서 번성하기를 원하셨기 때문에 이삭에게 복을 주셨습니다. 본문은 이삭이 여호와께서 그에게 복을 주심으로 얼마나 번성했는지 보여줍니다. 이삭은 유목민인 그의 아버지와 달리 농사에 심혈을 기울였습니다.

유목민이 땅을 개간하여 농사한다는 것은 힘든 일입니다. 그러므로 하나님께 은혜를 많이 구했을 것입니다. 하나님께서는 응답해 주셨습니다. 그 해에 백 배나 수확을 했습니다. 같은 조건에도 불구하고 블레셋 족속에 비교하여 훨씬 많은 수확을 한 것입니다.

이삭의 개인적인 부는 엄청나게 증가했습니다. 창26:13절 "거부되다" 그의 양과 소와 일군들은 계속 늘어났습니다(창26:14). 이삭이 엄청난 부를 가지게 되자 블레셋 사람들이 그를 시기하기 시작했습니다. 그리고 그들의 시기는 원한으로 바뀌었습니다. 그들은 이삭을 공격하고 상처를 입히기 시작했습니다. 이삭의 우물들을 막기 위해 침략자들을 보냈습니다. 왕은 그곳에서 이삭을 밀어냈습니다.

본문 창26:15-16절 "그 아버지 아브라함 때에 그 아버지의 종들이 판 모든 우물을 막고 흙으로 메웠더라, 아비멜렉이 이삭에게 이르되 네가 우리보다 크게 강성한즉 우리를 떠나라" 했습니다. 이삭은 그들의 요구를 존중해서 그곳을 곧 떠났습니다. 그러나 이삭은 아직 약속의 땅으로 들어가지 않았습니다. 그는 더 멀리 그랄 골짜기로 옮겨갔을 뿐입니다. 이삭은 하나님과 그분의 섭리하심에 대해 아직도 믿음이 부족했습니다.

본문 창26:17-18절 "이삭이 그곳을 떠나 그랄 골짜기에 장막을 치고 거기 거류하며, 그 아버지 아브라함 때에 팠던 우물들을 다시 팠으니 이는 아브라함이 죽은 후에 블레셋 사람이 그 우물들을 메웠음이라. 이삭이 그 우물들의 이름을 그의 아버지가 부르던 이름으로 불렀더라" 합니다.

이삭은 여전히 그랄에 머물며 더 많은 시련을 겪습니다. 그의 아버지가 전에 팠던 우물을 다시 파 아버지가 불렀던 이름으로 부릅니다. 그러나 많은 공격을 받게 됩니다. 하나님께서는 삶의 어려움과 시련을 통해 이삭을 약속의 땅 가나안으로 돌아가게 하십니다.

이삭의 일꾼들은 새 우물들을 팠습니다. 창26:19절"이삭의 종들이 골짜기를 파서 샘 근원을 얻었더니" 창26:20절 "그랄의 목자들이 이삭의 목자와 다투어 이르되 이 물은 우리의 것이라 하매 이삭이 그 다툼으로 말미암아 그 우물 이름을 에섹이라 하였더라" 고 합니다. '에섹'이란 '불공평하게 강탈당하는 것'을 말합니다.

창26:21절 "또 다른 우물을 팠더니 그들이 또 다툼으로 그 이름을 싯나라 하였으며" 여기'싯나'란 '적대감'이란 뜻으로 원수같이 기다리고 있다는 뜻의 "사탄"에서 유래한 말입니다. 이삭이 새로운 샘을 파면 더욱더 악한 도전을 받았다는 것입니다.

창26:22절 "이삭이 거기서 옮겨 다른 우물을 팠더니 그들이 다투지 아니 하였음으로 그 이름을 르호봇이라 하여 이르되 이제는 여호와께서 우리를 위하여 넓게 하셨으니 이 땅에서 우리가 번성하리로다 하였더라" 이삭은 블레셋 사람들이 더 이상 자기들의 영토라고 합법적으로 주장할 수 없는 곳으로 이전했던 것입니다.

창세기 26장 23-24절 "이삭이 거기서부터 브엘세바로 올라 갔더니, 그 밤에 여호와께서 그에게 나타나 이르시되 나는 네 아버지 아브라함의 하나님이니 두려워하지 말라 내 종 아브라함을 위하여 내가 너와 함께 있어 네게 복을 주어 네 자손이 번성하게 하리라 하신지라" 이삭은 하나님의 섭리하심으로 브엘세바로 올라가 평온을 찾게 됩니다. 그곳은 이삭에게 즐거운 추억들이 있는 곳입니다. 그곳은 아브라함이 블레셋과 언약을 맺고 제단을 쌓았던 곳입니다(창21:32-34). 그곳은 아브라함이 이삭을 모리아 산에서 희생제로 드린 후에 정착한 곳입니다(창 22:19). 즐거웠던 추억, 즉 삶의 기쁨과 하나님과 교제 등이 이삭을 브엘세바로 돌아가게 했던 것입니다.

그는 하나님께 온전한 순종을 하지 못했던 것과 약속의 땅을 떠나 살아왔던 것, 한 발을 이쪽에 한 발을 저쪽에 걸치고 살았던 삶을 깨달았습니다. 그는 자신이 그동안 세상에 너무도 많은 신뢰를 두고 하나님을 온전히 의지하지 못했음을 알고 있었습니다. 이제 하나님과 새로운 경험이 필요하다고 느꼈습니다.

그는 하나님께 내키지 않은 순종과 어중간한 태도를 회개하고 하나님만이 자기의 모든 두려움을 해결하실 수 있는 분임을 온몸으로 깨달아 알았습니다. 그래서 아브라함처럼 하나님만 찾고 살리라 결심한 것입니다.

창26:25절에 "이삭이 그곳에 제단을 쌓고 여호와의 이름을 부르며 거기서 장막을 쳤더니 이삭의 종들이 거기서도 우물을 팠더라" 주 예수 그리스도 안에 있는 신자들은 우리의 모든 인생사에서 여러 가지 환란과 시련이 있으나 여전히 예수 그리스도 안에서 우리를 사랑하시고 도우시고 보호하시는 주 하나님을 더욱 의지하고 믿음으로 승리하며 거룩하신 삼위일체 하나님께 영광 돌리며 사는 성도들이 되시기를 축복합니다.

하나님께서는 이삭을 성령으로 인도하시면서 철저하게 성령 하나님만 바라보고 순종하도록, 성령 안에서 홀로 서도록 하십니다. 우리 모두 이삭의 교훈을 마음에 새기고 성령 안에서 홀로서기 하며 하나님의 온전한 축복을 받으면서 세상에 하나님의 살아계심을 증명하시기를 바랍니다.

**결론입니다.** 이삭은 어머니 배속에 잉태될 때부터 하나님께서 개입을 하셨습니다. 하나님께서 이름까지 지어준 인물입니다(창17:19). 아브라함의 나이 백세에 태어났습니다. 청년으로 자라자 하나님께서 아브라함에게 이삭을 모리아 산에서 제물로 바치라고 하명을 하십니다(창22:2). 하명을 받고 순종하여 이삭은 죽었다가 다시 하나님의 은혜로 살아난 사람입니다(히11:17-19). 아브라함이 하나님께 제물로 바친 아들입니다. 이삭은 하나님의 음성을 듣고 반절만 순종하다가 여러 가지 고통을 당하다가 결국 온전한 순종을 하여 성령 안에서 홀로서기에 성공하여 하나님과 동행하면서 하나님과 함께 인생을 살아간 사람입니다. 우리도 이삭의 교훈을 거울 삼아 예수님과 동행하며 홀로서서 인생을 행복하고 건강하게 살면서 예수님의 영광을 드러내는 모두가 되시기를 바랍니다.

# 9장 하나님을 직접 만났어도 죽지 않은 의인

(창 32:23-25)"그들을 인도하여 시내를 건너가게 하며 그의 소유도 건너가게 하고 (24) 야곱은 홀로 남았더니 어떤 사람이 날이 새도록 야곱과 씨름하다가 (25) 자기가 야곱을 이기지 못함을 보고 그가 야곱의 허벅지 관절을 치매 야곱의 허벅지 관절이 그 사람과 씨름할 때에 어긋났더라."

하나님은 보이지 않는 하나님을 보이는 것과 같이 집중하며 믿고 따르며 순종하는 사람을 사랑하십니다. 그래서 하나님은 성령 안에서 홀로 서도록 하시는 것입니다. 하나님은 영이시기 때문입니다. 영이란 보이지 않지만 살아계신 하나님으로 믿고 순종하며 살아가기를 원하십니다. 하나님께 관심을 집중하고 하나님께서 공급하시는 것으로 만족을 누리면서 살아갈 수 있는 사람을 찾으십니다. 하나님은 보이는 현실을 쫓아가는 사람을 성령으로 훈련하여 보이지 않는 하나님을 믿고 순종하는 사람을 사랑하십니다. 야곱은 육신에 속한 자입니다. 보이는 것을 보고 따라가는 사람입니다. 그러나 야곱은 하나님이 누구신지 알았습니다. 하나님의 축복을 받으면서 살아가기를 소망했습니다. 하나님은 야곱을 선택하신 것입니다. 하나님께서 야곱을 허벅지관절을 부수어서 자기 힘과 지혜로 자기 꾀로 살지 못하고, 하나님의 말씀을 순종하면서 살아가는 이스라엘로 바꾸신 것입니다.

**1. 야곱은 인간적인 잔꾀로 살았다.** 에서는 장자가 하나님 앞에서 누리는 축복을 중하게 여기지 않았습니다. 특별히 아브라함과 이삭과 야곱의 그 후손들은 장자의 혈통이 굉장한 하나님의 약속과 축복을 가지고 왔습니다. 아브라함, 이삭, 야곱에게 주신 하나님의 약속을 이어받는 참으로 놀라운 자리인 것입니다. 그런데 태어날 때 에서가 먼저 태어나고 야곱이 뒤에 태어났는데 장자가 되었으므로 그가 놀라운 은총을 받을 수 있는 자리에 있는데도 불구하고 그는 그것을 무시해 버렸습니다.

하나님의 전통과 하나님이 세운 약속을 별로 귀중하게 생각하지 않았습니다. 현실이 중요했고 장차 받을 꿈을 무시해 버리고 만 것입니다. 현재 잘 먹고 잘 입고 잘 마시면 되었지 장차 복을 받아서 왕성하게 될 것 생각할 것 무엇이냐. 그렇게 생각한 것입니다.

에서는 뛰어난 날쌘 사냥꾼이었으며 장자의 명분을 가볍게 여겼습니다. 그리고 근시안적으로 현 세상의 소유물에서 인생의 의미를 찾고 그 이상의 것을 보지 못했습니다. 에서는 아브라함 이래 이어온 언약 가문의 순수한 혈통과 여호와 신앙을 버리고 우상 숭배하는 여자들을 아내로 맞이하므로 말미암아 부모님의 마음에 걱정을 끼치기도 한 것입니다. 에서가 사냥을 하고 오는데 배가 많이 고팠습니다. 그런데 야곱은 어머니 슬하에서 어머니 부엌에서 일하는데 늘 도와주고 있었기 때문에 팥죽을 끓이고 있었습니다. 그래서 에서가 와서 "야~ 그 팥죽 좀 줘." 그러니 야곱은 늘 장자가 못된 것이 한이 서려 있었습니다. "형~ 장자의 명분을 내게 팔면 팥죽 한 그릇 주마." 참 너무나 야속한 말이지요. 팥죽 한 그릇에 장자의 명분을 사려고 했습니다. 그래서 에서가 하는 말이 배고파 죽을 지경인데 까짓것 명분 가지고 뭐하느냐. "옛다. 장자 명분 너에게 주었다. 맹세한다. 팥죽 한 그릇 줘." 팥죽 한 그릇 받아먹고 장자의 명분을 팔아 먹어버렸습니다.

그때로부터 시작해서 그는 장자의 명분을 늘 잃어버리고 만 것입니다. 아버지가 세상을 뜨기 전에 장자에게 특별히 축복할 때도 에서가 축복을 받아야 할 터인데 에서가 축복을 받지 못하고 사냥하러 나간 틈에 야곱이 들어가서 장자의 명분의 축복을 다 받았던 것입니다. 에서는 지금 현실에만 악착하고 미래에 대한 꿈과 희망을 저버린 사람은 황무지인 것입니다. 우리 하나님으로부터 받은 찬란한 꿈이 우리에게는 있습니다. 우리의 꿈은 무엇이냐. 바로 갈보리 십자가 예수 그리스도인 것입니다.

하나님께서 아브라함을 네 고향 친척 아버지 집을 떠나 내가 네게 지시할 땅으로 가라고 한 것처럼 하나님께서는 우리를 고향 친척 아버지 집인 세상을 떠나 내가 지시할 땅으로 가라고 하시는데 하나님이 지시한 땅은 바로 예수 그리스도 갈보리 십자가 밑에 있는 것입니다. 우리는 십자가 밑에서 꿈을 얻으면 그 꿈이 현재는 내가 외롭고 괴롭지만 장차 위대한 축복으로 변화되는 것입니다. 십자가 보혈을 통해서 죄에 대한 용서도 거룩함도 치료도 아브라함의 축복도 영생복락도 예비 되어 있는 것입니다. 하나님이 자기를 사랑하는 자를 위해서 예비해 놓은 모든 것이 그리스도 예수 십자가 밑에 있는 것입니다. 그것을 우리가 들고 꿈꾸고 믿고 나가면 그 은총을 받게 되고 그 은총을 받은 사람은 영원히 축복을 받고 번창하게 되는 것입니다. 우리는 예수님 안에서 꿈이 있는 것을 잊어서는 안 되는 것입니다. 항상 앉으나 서나 예수님 안에서 내가 새사람이 된 것을 생각하고 마음에 부푼 꿈을 갖고 감사해야 되는 것입니다.

야곱은 장자의 축복을 중히 여기고 장자가 되는 꿈을 가슴에 품고 있었습니다. 야곱은 그렇기 때문에 형에게 팥죽 한 그릇이라도 팔아서 강제로 장자의 명분을 빼앗았습니다. 아주 야박한 일을 했지요. 그리고 아버지에게 마지막 상속의 축복도 자기가 형에게 갈 것을 자기가 빼앗은 것입니다. 하나님 앞에서 꿈이 없으면 축복도 잃어버린다는 것을 대표적으로 보여주는 것입니다. 성경에는 꿈이 없는 백성은 망한다고 말한 것입니다. 야곱은 치밀하게 장자의 명분을 얻을 계획을 세우고 꿈을 꾸고 믿었습니다. 그 결과 그는 장자의 명분을 얻고 이스라엘의 축복받은 혈통을 이어받게 된 것입니다. 그리고 야곱은 하나님을 삶의 근원으로 사는 신본주의 하나님중심의 삶이었습니다. 야곱은 하나님 축복을 받아야 이 세상에서 잘 살게 된다고 믿고 있었습니다.

그런데 에서는 뭘 하나님 축복 안 받아도 내가 열심히 일하고 노력하고 내 수단과 방법과 노력으로 잘 살 수 있다고 생각한 것입니다. 오늘 우리가 가만히 삶을 돌아보면 우리의 일어서고 앉는 곳에 무엇인지 모르게 하나님이 같이 계셔서 하나님이 축복을 내려 주시면 하는 일마다 평탄하게 잘되게 되는 것입니다.

하나님의 축복을 받지 않고 인간의 수단과 방법으로 일하려고 하다가 일이 자꾸 꼬여 들어가고 안 되면 나중에 고통스럽고 출혈을 하게 되는 것입니다. 하나님께서 같이 하시면 머리가 되고 꼬리 되지 않고 위에 있고 아래 내려가지 않고 남에게 꾸어줄지라도 꾸지 않게 되겠다고 말씀하고 있는 것입니다. 저가 나를 사랑한즉 내가 저를 건지리라. 저가 내 이름을 안즉 내가 저를 높여 주겠다고 말한 것입니다. 저가 내게 간구하리니 내가 응답하리라고 했었습니다.

야곱은 형의 장자의 명분을 빼앗으니까 형이 동생을 죽이려고 했었습니다. 그것을 어머니가 알고 야곱을 친정집으로 빼돌렸었습니다. "야곱아! 너 외가 집에 가 있어라. 형의 분노가 끝나면 내가 너를 부를 테니까 그때는 내게로 오라." 야곱은 어머니의 사랑을 받았었습니다. 왜냐하면 부엌에서 어머니 하는 일을 늘 도와주는 자상스러운 아들이었기 때문에 엄마는 야곱을 사랑하고 아버지는 에서를 사랑했습니다. 에서는 사냥을 해서 사냥한 고기를 아버지께 대접하므로 아버지가 에서를 좋아했던 것입니다. 그래서 어머니가 자기 오라버니에게 야곱을 부탁했는데 야곱이 하란으로 가다가 밤에 해가 지니까 들판에서 돌로 베개하고 잠을 자는데 꿈에 하나님이 나타나신 것입니다(창 28:11-16). 하나님께서 동행한다는 것을 알게 하신 것입니다.

에서는 악인의 꾀를 쫓아서 인본주의로 자기 생각으로 살고 야곱은 하나님을 섬기는 마음으로 산 것입니다. 야곱은 신실한 신자는 아니었지만 육신적인 신자였지만, 그러나 하나님을 받들어서 복을 받으려고 결정한 것이 바로 야곱의 신앙태도인 것입니다. 우리도 이 세상에 살면서 처음부터 신령한 사람은 되지 못하였으나, 그러나 하나님을 섬기면서 변화되기를 바라야 되는 것입니다. 믿었으나 자기 힘으로 살려는 것이 바로 야곱인 것입니다. 야곱은 에서와 달라서 하나님 중심으로 서고 하나님 축복을 받아 살려고 작정을 하고 하나님을 믿었으나 그러나 인간의 수단과 방법을 동원해서 인간적으로 믿었었습니다.

하나님께 기도해서 "하나님 아버지여 형에게 준 장자의 명분을 내게 주시옵소서" 하면 좋겠는데 팥죽 한 그릇으로 형을 꾀해 가지고서 장자의 명분을 도적질하는 그런 일을 하고 형이 사냥하러 갈 동안에 형에게 주는 축복을 자기가 받기 위해서 아버지 이삭이 눈이 어두우니 형의 옷을 입고 형 대신에 양털을 온 몸에 발라서 형이 털이 부슬부슬 하니까 양털을 몸에 발라가지고서 꾀를 내어서 아버지께 가니까 아버지가 옷을 냄새 맡아 보고 "목소리는 야곱의 목소리인데 냄새는 에서의 냄새구나. 어디 손 한번 내봐라." 손을 만지더니 "이상하다. 목소리는 야곱인데 털이 부들부들 난 것을 보니까 이것은 분명하게 에서구나." 그래서 장자에게 줄 축복을 다 아버지가 주고 만 것입니다.

그러니까 야곱은 인간의 수단과 방법으로 하나님의 축복을 강제로 빼앗으려고 하는 못된 신앙인이었습니다. 오늘날도 우리가 인간의 수단과 방법으로 하나님의 축복을 빼앗으려고 애를 쓰는 그러한 신앙은 아직 자라지 못한 육신에 속한 신앙인 것입니다. 그래도 그런 믿음이 없는 것보다는 낫습니다. 하나님이 계신 것을 알고 어찌하든지 하나님을 주인으로 잘 모셔야 잘 산다는 것을 알고 수단과 방법을 가리지 않고 하나님 축복을 받으려고 애를 쓰는 그 마음을 하나님이 예쁘게 보신 것입니다. 변화는 나중에 가져올 수가 있기 때문인 것입니다.

**2. 야곱은 자기 힘으로 살려고 했다.** 사람이 심는 대로 거둔다고 야곱은 자기가 꾀를 내어서 형의 축복을 받고 외 아저씨 집에 도망을 갔는데 외 아저씨 집에 가니까 외 아저씨가 두 딸을 키웠는데 레아와 라헬 두 여형제가 있는데 레아는 언니고 시력이 나빠서 먼데를 잘 못 보았었습니다. 그런데 라헬은 동생인데 굉장히 예쁘고 복스러워요. 야곱이 외사촌 누이동생을 사랑해 가지고서 외삼촌에게 가서 "외삼촌, 라헬을 나에게 주면 내가 7년 동안 공짜로 일을 해드리겠습니다." 외삼촌의 생각에 이게 웬 떡이냐. 일손 모자랐는데 이런 장정이 와서 7년 동안 일을 해주겠다니 "오냐. 네가 라헬을 7년 후에 너에게 줄 테니까 7년 동안 일을 해라." 그래서 열심히 일을 하는데 성경에 보니까 7년이 하루 같았다고 말한 것입니다. 사람이 사랑하는 사람과 같이 하면 시간가는 줄 모르는 것입니다. 7년을 하루같이 지내서 결혼할 날짜가 오니까 "삼촌, 7년이 되었으니까 라헬을 나에게 주십시오. 라헬의 방에 들어가게 해주십시오." "그래. 들어가거라. 좋다. 날이 어둡거든 들어가라." 그때는 전등불도 없고 호롱불도 없으니까 캄캄한 밤에 들어가서 밤을 새고 아침에 일어나 보니까 라헬이 아니라 레아였었습니다. 야곱이 놀라서

문을 박차고 나와서 "외삼촌, 사람을 속여도 유분수가 있지. 7년 동안 부려먹고 난 다음에 나를 속여서 라헬을 준다고 했는데 라헬을 안주고 왜 레아를 주었습니까?" "이곳의 습관은 언니를 먼저 시집보내는 것이지 동생을 먼저 보내는 것이 아니므로 또 7년 동안 일해라. 그러면 라헬도 너에게 줄 테니까." 팔자에 없는 장가를 두 번 가게 되었습니다. 그러니까 라헬을 위해서 또 7년을 일해서 14년 동안 일을 했었습니다. 자기가 형을 속이니까 또 다른데 가서 삼촌에게 속임을 받지 않습니까? 사람이 무엇으로 심든지 그대로 거둔다고 자기만 꾀가 있는 것이 아니라, 자기 꾀에 빠지는 것입니다.

그리고 난 다음에 그 두 아내를 거느리고, 또 두 아내가 거느리고 온 여종을 아내로 또 맞이해서 야곱은 무려 아내가 네 사람이나 되었습니다. 거기에서 열 두 자식을 낳은 것입니다. 그러니 16년 동안 뼈 빠지게 일을 해도 아무것도 얻은 것이 없습니다. 자식들에게 먹여 주고 입혀주는 것밖에는 아무것도 한 것이 없어서 나중에 고향산천에 돌아가야 되겠는데 빈손 들고 돌아가겠다 말입니다. 그래서 외삼촌에게 가서 외삼촌에게 꾀를 내어서 또 상담을 했습니다. "외삼촌, 나에게 임금을 10번도 더 어겼는데 그러지 말고 나하고 임금협상을 해서 임금을 정해주면 내가 외삼촌 위해서 더 일해 드릴 테니까 어떻게 하겠습니까?" 하니까 외삼촌이 야곱이 일을 할 때 하나님이 복을 주어서 재산이 늘었다는 것을 잘 알고 있었습니다. "그러면 그렇게 하자. 어떻게 할까?" "내가 양무리를 치는데 얼룩덜룩이는 다 제외시켜 버리고 순수한 색깔만 치되 순수한 색깔을 가진 양무리나 짐승 떼가 얼룩덜룩이 새끼를 낳으면 그것을 나의 월급으로 쳐 주십시오.” 야곱은 옛날에 고향에 있을 때 아브라함의 이야기를 아브라함에게 늘 들었습니다. 바라봄의 법칙을 사용해서 하나님을 믿어야 된다는 것을 어릴 때 늘 들었기 때문에 이제는 바라봄의 법칙을 사용하기 위해서 외삼촌에게 또 꾀를 부렸었습니다.

　“외삼촌, 이제 달리 내 월급을 정할 것이 아니라 내 시키는 대로 얼룩덜룩이는 다 제외시키고 순수한 색깔의 짐승 떼만 내가 칠 테니까 얼룩덜룩 이를 낳으면 내 월급으로 쳐 주십시오.” 외삼촌이 생각하니까 얼룩덜룩 이가 아닌 순수한 색깔이 얼룩덜룩 이 새끼를 많이 낳을 턱이 없다 말입니다. 그래서 그는 뛸 듯이 기뻐하면서 “조카야! 너 참 머리 좋다. 네 뜻대로 하겠다. 얼룩덜룩이 낳는 것 다 네가 가져라.” 그래서 얼룩덜룩이를 전부 사흘 길로 옮겨 버렸었습니다. 그래서 순수한 색깔만 야곱이 치게 했는데 야곱이 그 양 무리와 짐승 떼를 가지고 좋아해서 외삼촌이 떠나고 난 다음 산위에 올라가서 살구나무, 신풍나무, 버드나무를 베어 와서 얼룩덜룩, 얼룩덜룩하게 껍질을 벗겨서 병풍을 만들어서 물 구유 앞에 세워 놓고 짐승 떼들이 풀을 뜯고 물을 마실 때 그 얼룩덜룩이를 보게 하고 자기는 팔장을 끼고 눈을 감고 “새끼 가지면 다 얼룩덜룩이다. 새끼 가지면 다 얼룩덜룩이다.” 얼룩덜룩이를 가진다고 생각하고 꿈을 꾸고 환상을 그려보고 주여! 믿습니다. 입술로 늘 말했습니다. “얼룩덜룩

이를 낳는다. 얼룩덜룩이를 낳는다." 그런데 그 다음부터 보면 새끼를 낳으면 얼룩덜룩, 새끼를 낳으면 얼룩덜룩이인 것입니다. 바라봄의 법칙은 오늘날도 유효한 것입니다.

사람이 무엇으로 심던지 그대로 거두는데 바라봄으로 마음 속에 심는 것입니다. 우리들도 마음속에 무엇을 바라보느냐가 생활 속에 큰 영향력을 미치는 것입니다. 언제나 마음속에 축복 받고 성공하고 승리하고 건강하고 생명을 얻되 넘치게 얻는 것을 바라보면 그것이 생애 속에 이루어지게 되는 것입니다. 그러나 바라보는 마음이 늘 낙심하고 탄식하고 안 되고 실패하고 패배한 것을 바라보면 그것이 생애 속에 이루어지는 것입니다.

그러므로 "자기가 잘 되는 것을 바라보십시오. 축복받는 것을 바라보십시오. 건강한 것을 바라보십시오. 좋은 것을 바라보십시오. 그것을 마음속에 가슴 쩌릿하게 느끼면서 사십시오." 바라보고 느끼고 감사하고 찬양하면 놀라운 기적이 일어나게 되는 것입니다.

야곱이 바라봄의 법칙을 통해서 얼룩덜룩이 짐승 떼를 얼마나 낳았던지 나중에 한 떼, 두 떼, 세 떼, 바다의 모래 같은 짐승의 수를 가지게 된 것입니다. 외삼촌이 발을 동동 구르면서 "아이구 내 팔자야 이것 웬일이냐." 그러나 약속은 약속이니까 어찌할 도리가 없습니다. 나중에 야곱은 자기 얼룩덜룩이 새끼를 다 거두어가지고서 형이 사는 에서에게로 고향으로 돌아오게 된 것입니다. 고향으로 돌아오게 되는데 거기에서 야곱이 이스라엘로 변화되는 큰 기적을 체험하게 되는 것입니다.

**3. 야곱이 이스라엘로 변화된다.** 이스라엘은 하나님의 나라를 말합니다. 하나님과 대면해도 죽지 않는 자를 '이스라엘'이라고 부릅니다. 형과 생사의 만남을 겪어야 되는 것입니다. 그래서 그는 짐승을 거느리고 자식 데리고서 형 있는 데로 오면서 사람을 미리 보내어서 동생이 20년 동안 외삼촌댁에 있다가 고향으로 돌아오니 형이 나를 받아 주십시오. 형 에서가 분이 나서 자기가 사병으로 기른 4백 명의 군사를 동원시켜서 말을 타고 동생을 죽이려고 온다는 것입니다. 전령이 뛰어와서 "큰일 났습니다. 형이 4백 명의 군대를 거느리고 오니까 이제 우리는 다 죽었습니다." 야곱이 속이 탑니다. 하나님을 의지하고 여태까지 살았지만 이제는 막다른 골목에 처했었습니다. 그래서 그는 가족들을 다 얍복강을 건너게 했습니다. 그리고 자기는 얍복강을 건너지 않고, 이쪽 편에서 쪼그리고 앉아 있었습니다. 왜 쪼그리고 앉아 있느냐. 자식들을 다 처자를 얍복강 나루터를 건너서 먼저 지나가게 하고 강을 건너는데 시간이 걸리니까 자기는 쪼그리고 있다가 형이 정말 죽일 각오를 하고 처자들을 칼로 써 쳐 죽이면 달아나겠다는 것입니다. 처자는 또 장가들면 얻을 수 있으니까. 내가 살아야지. 그게 야곱의 꾀인 것입니다.

그가 여태까지 하나님을 믿어도 이용은 했지 진실한 마음으로 믿음이 있던 것이 아니라는 것을 여기 나타낸 것입니다. 죽으면 같이 죽고 살아도 같이 살아야지 자기만 살고 처자들은 형의 칼날 앞에 내놓는 것이 어떤 일이 있을 수 있습니까? 그 애들이 "아빠! 아빠는 왜 같이 강을 건너서 안가?" 그러니까 "나는 여기 할 일이 많다. 너희들 먼저 건너가라" 할 일은 무슨 할 일 도망갈 할 일만 있지. 그래 밤이 왔는데 처자들은 야곱을 떠나서 먼저 강 건너가서 천막을 치고 기다리고 있습니다. 그런데 야곱이 딱 쪼그리고 앉아서 형 에서가 와서 어떻게 하는가. 동향을 살피고 있는데 아 갑자기 키가 큼직한 장정이 한사람 나타나더니 야곱에게 덤벼들었습니다. 너무나 놀래서 그 사람하고 씨름이 붙었는데 밤새도록 씨름을 하는데 그 사람이 뭐라고 말하느냐, 야곱보고 "너 건너가라. 살려면 처자와 같이 살고 죽어도 같이 죽어라." "천만의 말씀, 내가 팥죽 한 그릇으로 형의 장자 명분을 빼앗은 내가 그렇게 쉽게 죽을 것 같으냐. 자식들은 죽으면 또 낳으면 되지 않느냐. 아내가 죽으면 또 장가 들면 되지 않느냐. 내가 살아야지 나는 못 건너간다." "무슨 놈의 가장과 아버지가 이 모양이냐. 건너가라! 건너가라!" "못 간다." "건너가라!" "못 간다." 밤새도록 씨름을 했어요. 야곱이 얼마나 고집이 센지 밤새도록 뒹굴어도 항복하지 않습니다.

그래서 아침이 되어서 해가 뜨려고 하니까 이 사람이 "내가 떠나야 되겠다. 이제 나를 놓아라. 씨름 그만하자." "나를 축복해 주십시오." 야곱이 보니까 보통 사람이 아니라, 하나님 천사입니다. "나를 축복해 주면 내가 놓아 주겠고 안 그러면 내가 붙잡고 안 놔 주겠다." 가만히 보니까 축복 안 해주고는 밤새도록 잡혔는데 낮에도 또 잡히겠다 말입니다. "네 이름이 뭐냐?" "야곱입니다." 야곱이라는 말은 사기꾼이라는 말인 것입니다. "네 이름이 뭐냐?" "야곱입니다." 이제는 야곱이라 하지 말고 이스라엘이라고 하라. 하나님과 씨름해서 이긴 사람이라고 해라."
지금까지 씨름한 것이 누구와 씨름을 했느냐면 이 세상에 육신
으로 태어나기 전에 나타난 하나님의 사자 예수 그리스도였던
것입니다. "네가 하나님과 씨름해서 이긴 자라는 이름으로 이
스라엘이라고 하라." 우리 예수 믿는 사람들은 하나님 앞에 씨
름해서 지면 이기고 이기면 지는 것입니다. 우리가 항복해서 천
부여 의지 없어서 손들고 옵니다. 항복하면 진 것 같지만 항복
하는 사람이 이긴 사람인 것입니다. 주의 사자가 손을 들어서
허벅지 관절을 쳐버렸습니다. 그러니까 우지끈하고 허벅지 관
절이 어그러지니까, 야곱이 쓰러졌습니다. 그 다음 일어나보니
까 다시 넘어지고, 다시 일어나려니까 다시 넘어집니다.

　이제 도망을 쳐야한단 말입니다. 그런데 자신을 보니까. 이제
허벅지 관절이 어그러졌으니 형이 자기 죽이려고 하는데 도망
칠 수가 없으니까, 천사를 붙잡고서 안 놓는 것입니다. 허벅지
관절이 어그러지고 난 다음에 그는 사기꾼 야곱이 하나님과 씨
름해서 이긴 이스라엘로 변화되게 된 것입니다. **이제 자기 힘으
로 인생을 살려고 해도 살지 못하고 별 수 없이 하나님의 뜻대
로 살아야 되는 영적인 사람이 된 것입니다.** 허벅지 관절이 어
그러지면 자기가 깨어지면 하나님께 의지하게 되는 것입니다.
우리 하나님이 제일 원하시는 것은 하나님께 의지하는 자를 원
하는 것입니다. 의지한다는 것은 하나님의 뜻대로 순종한다는
말입니다. 하나님께서 하라는 대로 순종하는 것입니다. 자기가
스스로 하겠다는 것은 하나님이 원치 않습니다. 일은 하나님의

것이지 우리의 것이 아닌 것입니다. 예수를 믿는 하나님의 자녀들의 앞에 일어나는 일은 하나님의 일인 것입니다.

형이 4백 명의 군대를 거느리고 에서가 동생을 죽이려고 오는데 마음에 분노가 꽉 들어차서 단 칼에 동생의 목을 치려고 했는데, 야곱이 허벅지 관절이 부러져서 절름발이가 되었습니다. 이제는 이름도 이스라엘로 바꾸고, 하나님께 완전히 맡기고, 형의 군대를 향해서 걸어오는 것입니다. 형이 군대를 거느리고 말을 타고 오는데 야곱은 일전 각오를 하고 준비를 한 것이 아니라, 형을 보고 다리를 질질 끌고 걸어옵니다. 형이 저놈을 단칼을 죽이려고 했는데 칼을 사용할 필요도 없습니다.

야곱은 하나님을 의지합니다. 나는 하나님을 의지합니다. 하나님이 같이 계셔서 눈에 안보이지만 하나님이 야곱과 함께 걸어갔었습니다. 에서의 눈에 보기는 동생 야곱이 절름발이가 되어서 걸어오는데 실제는 예수님께서 야곱과 함께 손을 잡고 걸어가는 것입니다. 형이 가까이 와서 보니까 기가 막힙니다. "이놈아! 형을 속이고 장자의 명분을 빼앗고 아버지에게 장자의 축복을 다 받고 도망을 친 놈이 20년이 지난 다음에 찾아온다는 것이 고작 절름발이가 되어서 돌아오느냐." 미운 생각이 싹 사라졌습니다. 하나님이 같이 계시기 때문에 하나님이 원수 된 마음을 없애버린 것입니다. 마음에 불쌍한 생각이 생겨서 그냥 말에서 내려서 가지고서 저벅저벅 걸어와서 "야~ 이놈아! 형을 속이고 난 다음 떠나가서 20년 동안 뭘 했기에 절름발이가 되어서 왔느냐." 그냥 동생의 목을 얼싸안고 엉엉 울었습니다.

이 동생도 울고 눈물로써 하나가 되어서 화해하고 만 것입니다. 하나님이 기적을 베풀어 주신 것입니다. 내가 깨어져서 죽어야 기적이 일어나요. 야곱이 형이 변화되기를 기다렸다면 형은 변화 안 되었을 것입니다. 자기가 불구로 변화되니까 하나님께서 형 에서를 변화되게 하신 것입니다.

**결론입니다.** 야곱은 사기꾼으로 살았지만 하나님께서 동행하시면서 야곱을 이스라엘이 되도록 역사합니다(창28:11-16). 그렇지만 야곱은 자신의 타고난 잔꾀를 버리지 못하고 자신의 지식과 지혜로 살다가 외삼촌 집에서 20년동안 머슴을 살았습니다(창31:41). 그러나 함께하시는 하나님께서 시기 때마다 개입을 하셔서 극적으로 외삼촌 집에서 떠나오게 됩니다. "여호와께서 야곱에게 이르시되 네 조상의 땅 네 족속에게로 돌아가라 내가 너와 함께 있으리라 하신지라"(창 31:3) 얍복강 가에 이르러 형에서가 두려워 얍복강을 건너지 못하고 "야곱은 홀로 남았더니 어떤 사람이 날이 새도록 야곱과 씨름하다가"(창 32:24). "자기가 야곱을 이기지 못함을 보고 그가 야곱의 허벅지 관절을 치매 야곱의 허벅지 관절이 그 사람과 씨름할 때에 어긋났더라."(창 32:25). **"그러므로 야곱이 그 곳 이름을 브니엘이라 하였으니 그가 이르기를 내가 하나님과 대면하여 보았으나 내 생명이 보전되었다 함이더라"** (창 32:30). 결국 허벅지 관절이 어긋나고서야 자신의 꾀가 아무것도 아니다는 것을 깨닫고 하나님과 온전하게 동행하며 이스라엘로 살아가게 됩니다.

# 10장 하나님의 인도로 홀로 서며 성공한 의인

(창 37:5-11) "요셉이 꿈을 꾸고 자기 형들에게 말하 매 그들이 그를 더욱 미워하였더라 (6) 요셉이 그들에게 이르되 청하건대 내가 꾼 꿈을 들으시오 (7) 우리가 밭에 서 곡식 단을 묶더니 내 단은 일어서고 당신들의 단은 내 단을 둘러서서 절하더이다 (8) 그의 형들이 그에게 이르되 네가 참으로 우리의 왕이 되겠느냐 참으로 우리를 다 스리게 되겠느냐 하고 그의 꿈과 그의 말로 말미암아 그 를 더욱 미워하더니 (9) 요셉이 다시 꿈을 꾸고 그의 형 들에게 말하여 이르되 내가 또 꿈을 꾼즉 해와 달과 열한 별이 내게 절하더이다 하니라 (10) 그가 그의 꿈을 아버 지와 형들에게 말하매 아버지가 그를 꾸짖고 그에게 이 르되 네가 꾼 꿈이 무엇이냐 나와 네 어머니와 네 형들이 참으로 가서 땅에 엎드려 네게 절하겠느냐 (11) 그의 형 들은 시기하되 **그의 아버지는 그 말을 간직해 두었더라.**"

하나님은 꿈을 꾸게 하시면서 성령 안에서 홀로 서도록 인도 하시면서 체험하게 하십니다. 사람은 육신의 양식만 먹고는 살 수가 없습니다. 정신적인 문화의 양식을 또 먹어야 사람은 살 수가 있습니다. 또 그뿐 아니라 하나님의 사람은 신령한 양식을 먹지 않고는 살 수가 없습니다. 하나님께서는 신령한 양식을 먹 게 하시면서 하나님의 뜻을 깨닫고 성령 안에서 홀로 서며 살아가도록 하십니다. 그 신령한 양식 중에 중요한 양식이 성령 안에서 꿈과 환상을 가지고 꿈을 먹고 환상을 먹고사는 것입니다. 말세에 내가 나의 종들에게 성령을 부어 주리니 너희 젊은이들은 환상을 보고 너희 늙은이들은 꿈을 꾸리라고 말했었습니다. 성령과 함께 동행하는 사람은 환상을 먹고살고 꿈을 먹고사는 사람들인 것입니다. 하나님의 많은 위대한 종들이 이 꿈의 양식을 먹고 수많은 시련과 환난을 극복하고 인생의 위대한 목표를 성취하고 달성하는 것을 우리는 잘 알 수 있는 것입니다. 우리는 이 사실을 한 사람을 통해서 오늘 생각해 보고자 합니다.

**1. 꿈으로 뜻을 알려주신다.** 요셉은 야곱의 자손 중에 한 사람입니다. 야곱이 12아들을 낳았는데 그 중에 요셉이 열한째 아들입니다. 사랑하는 라헬에게서 늦게 난 아들이라 야곱이 특별히 요셉을 사랑해서 채색 옷을 입히고 또 목축을 하러 갈 때도 형들은 다 보내지만 요셉은 집에 두고 아버지가 함께 지내셨습니다. 그런데 요셉은 아버지를 닮아서 신앙이 특출했습니다. 다 같은 아버지의 피를 받은 자식들이지만 그 중에 요셉은 특별히 하나님을 사모하고 찬미하며 기도를 많이 하고 하나님의 뜻을 받들려고 애를 쓰는 사람이었습니다. 그런데 하나님께서 요셉에게 꿈을 주었습니다. 하루 저녁잠을 잤는데 꿈에 보니, 그와 형들이 나가서 곡식을 거두는데 형들의 곡식 단이 다 일어나더니만 자기를 둘러싸고 난 다음에 넙죽 절을 합니다. 그는 분명하게 그 꿈을 보았습니다. 아침에 깨어나서도 그 꿈이 너무나 영롱해서

사라지지 않습니다. 대개 하나님이 주시는 꿈은 한번 꾸고 나면 굉장히 마음에 뚜렷합니다. 하나님이 메시지로 주는 꿈은 그 메시지가 받아들일 때까지 마음에 영롱하게 남아 있습니다. 보통 우리가 밥 많이 먹고 배가 불러서 꾸는 꿈은 아주 정신없는 꿈을 많이 꿉니다. 그런 꿈들은 메시지가 실려 있지 않아요. 하나님의 메시지가 실려 있지 않은 꿈을 따라 갔다가는 큰일 납니다. 그러나 하나님의 메시지가 실려 있는 꿈은 뚜렷합니다. 에너지가 강합니다. 그것은 아무리 잊으려고 해도 잊혀 지지가 않습니다. 요셉의 꿈은 하나님의 메시지가 실려 있는 꿈이었습니다.

그래서 그가 형들에게 말했습니다. 형들아, 내 말 들어봐. "간밤에 꿈을 꾸었는데 우리가 추수를 하려고 갔는데 형들의 단이 쫙 서더니만 나를 보고 절을 넙죽하더라." 그 말을 들으니 형들의 얼굴이 다 일그러졌습니다. 마음에 시기가 불타올랐습니다. 이런 건방진 녀석이 어디에 있느냐. 자기 단은 서고 우리 단이 자기 단에게 절하더라고 하면 그래 자기가 우리들의 왕이 되겠다는 말인가. 나쁜 놈의 자식이 아닌가. 형들도 모두 다 입이 일그러지고 마음이 삐뚤어졌습니다. 그러나 이 일은 일회성으로 지나갔습니다. 그런데 요셉이 또 꿈을 꾸었습니다. 하나님이 주시는 메시지는 대개 한 번만 꿈을 꾸지 않고 반드시 두 번 연달아 꿈을 꾸게 되는 것입니다. 이는 하나님이 이일을 하시기로 작정했다는 것입니다. 하나님은 두 숫자는 증인의 숫자로 쓰기 때문에 확실하게 도장을 찍기 위해서 두 번 같은 의미를 다른 면으로 연달아 꿈을 꾸게 하는 것입니다.

요셉이 또 꿈을 꾸니까 꿈에 하늘을 쳐다보니까 해와 달이 찬란하게 비추고 있는데 11별이 쫙 둘러서더니만 해와 달과 11별이 자기를 보고 절을 하거든요. 밤에 천체를 보면 좋다고 그럽니다. 그런데 더구나 해와 달과 11별이 자기를 보고 절을 하니까 이건 보통 꿈이 아닙니다. 그래서 아침 식탁에 신바람이 나가지고서 또 그 꿈을 얘기했습니다. 아버지 내 꿈을 들으소서. 내가 간밤에 꿈을 꿨는데 하늘을 쳐다보니까 해와 달과 11별이 찬란하게 비추더니만 한 줄을 딱 서서 나를 보고 넙죽 절을 합니다. 형들이 밥을 먹다가 수저를 다 놓았습니다. 그리고 아버지, 이를 가만 둡니까? 세상에 이런 꿈이 세상에 어디에 있습니까? 이게 한두 번도 아니고 우리 집안 식구들을 무엇으로 여기고 이 녀석이 이런 말을 합니까. 아버지도 보니까 다른 형제들이 너무 분노함으로 가만히 있으면 되지 않겠습니다. 야~ 이놈아 무슨 그런 꿈을 꾸느냐? 그래 과연 아버지와 어머니와 너의 형들이 다 네게 와서 절을 하겠다는 말이냐? 과연 그렇게 말하면서도 **아버지는 신앙이 있으니까 아, 이 녀석이 꾼 꿈이 보통 꿈이 아니구나, 이렇게 마음속에 간직했으나**, 형들은 마음속에 지독한 시기와 분노를 갖게 된 것입니다.

대개 하나님이 주시는 그런 비밀스러운 꿈을 누설을 안 하는 것이 좋은데, 요셉은 너무 감동해서 그 꿈을 이야기해 버리고 만 것입니다. 이래서 아버지는 이 사람이 비상한 무슨 미래를 가지고 있다고 말았지만 형들은 이 녀석을 죽여 버리고 싶다는 그런 생각이 났었습니다. 그런데 여기에 12형제이지만 형들과 요셉하고 다른 점은 이제 요셉은 자기가 살아갈 때 꿈을 먹고 살아갈 수 있도록 꿈이 주어졌으나, 형들의 마음속에는 아무런 꿈이 없었습니다. 성경은 뭐라고 했습니까? 꿈이 없는 백성은 망한다고 했습니다. 우리가 하나님께로부터 받은 꿈이 우리 마음속에 있을 때 우리는 그 꿈을 먹고살면 망하지 않습니다. 꿈은 바로 우리를 성취시키는 성공의 재료가 되는 것입니다. 꿈을 받고 꿈을 먹고사는 사람은 반드시 성공하지만 꿈이 없어 꿈을 먹지 못하는 사람은 그 앞길에 아무 희망이 없습니다.

**2. 꿈을 먹고 고통 중에 홀로 선다.** 우리가 생각하고 싶은 것은 우리들이 꾸는 꿈은 자다가 꾸는 꿈이 아니라 하나님이 우리에게 주시는 꿈을 우리가 마음속에 받아들일 수 있다는 것입니다. 이것은 즉, 하나님의 꿈인 우리 주 예수 그리스도인 것입니다. 하나님의 꿈은 온전히 예수 그리스도 한 몸에 있습니다. 하나님은 예수 그리스도를 통해서 우리를 구원할 구원의 꿈을 꾸었고, 하나님 예수 그리스도를 통해서 장차 천년왕국의 꿈을 꾸었고, 예수 그리스도를 통해서 신천 신지, 영원무궁 세계의 꿈을 가지고 있습니다. 하나님의 꿈은 예수 그리스도 속에 응집되어 있습니다. 예수 그리스도를 떠나서는 하나님의 꿈이 없습니다. 예수 그리스도를 떠나서는 하나님은 꿈을 꾸기를 원치 않습니다. 이러므로 우리들은 하나님의 꿈을 받아들이면 우리의 꿈이 되는 것입니다. 하나님의 꿈은 바로 예수 그리스도이시기 때문에 예수 그리스도께서 십자가에 못 박혀 몸을 찢고 피를 흘려

죽으심으로 우리를 대속하신 것은 바로 그리스도 안에 있는 하나님의 꿈입니다. 하나님의 꿈을 우리가 받아들여서 하나님의 꿈을 꾸고, 하나님의 꿈을 먹고살면 그 하나님의 꿈이 우리 가운데 이루어진다는 것을 알아야 하는 것입니다. 그러므로 하나님이 예수님을 하나님의 꿈으로 이 세상에 보내심으로 그를 십자가에 못을 박아서 몸 찢고 피를 흘리심으로 우리의 모든 죄를 다 대속하여 하나님께 나오는 것을 하나님은 꿈꾸었습니다.

예수님이 우리를 위한 속죄 제물이 되시고 속건 제물이 되시고 번제물이 되시고 혹은 감사 제물이 되어서 몸을 찢고 피를 흘려서 하나님이 그 제물을 받으심으로 우리의 죄를 다 용서해 버리는 이것이 하나님의 꿈입니다. 그러므로 누구든지 예수를 믿으면 이 죄가 다 용서함을 받는 것이 하나님의 꿈입니다. 이 예수 그리스도를 받아들이면 우리가 하나님의 꿈을 받아들이는 것입니다. 그리스도 안에서 모두 다 용서를 받고 의롭다함을 얻는 하나님의 꿈을 받아들이니 이 얼마나 좋으십니까. 그리스도를 통해서 우리는 하나님의 꿈을 꿈꿀 수가 있습니다.

또한 예수 그리스도께서 우리의 화목 제물이 되셔서 하나님과 우리 사이에 막힌 담을 다 헐어 버리시고 원수 된 담을 다 없애시고 예수 그리스도를 말미암아 하나님이 내 안에 내가 하나님 안에 들어오는 놀라운 은총을 하나님은 꿈꾸었습니다. 멀리 멀리 떠나간 자식들을 모두 다 하나님 품으로 불러들이는 것입니다. 예수 그리스도의 그 화목 제사를 통해서 그 피를 통해서 이룩하겠다는 하나님의 꿈이 있습니다. 하나님은 그 꿈을 예수를 통해서 이루셨으니 그리스도를 나의 화목 제물로 받아들이는 사람은 이제는 하나님과 우리 사이의 막힌 담이 없습니다.

우리가 담대하게 하나님 보좌 앞으로 나갈 수가 있고 하나님이 성령을 우리에게 부어 주시고 하나님의 사랑을 부으셔서 하나님이 우리 안에 우리가 하나님 안에 들어가 하나님과 함께 사는 것이 하나님의 꿈인 것입니다. 그 꿈을 우리가 받아들이면 하나님의 꿈이 우리 속에 이루어지는 것입니다.

하나님은 그 꿈을 지금도 꾸고 계십니다. 예수를 믿는 사람을 통해서 아브라함의 축복이 임하도록 하는 하나님의 꿈이 있습니다. 이 꿈을 우리가 받아들이면 하나님의 꿈이 우리 속에 역사하게 되는 것입니다. 그리고 하나님의 꿈은 예수를 십자가에서 죽이심으로 우리의 사망을 멸하시고 예수께서 음부에 들어갔다가 부활하심으로 사망과 음부를 철폐하시고 천국과 영생을 주는 것이 하나님의 꿈입니다. 하나님이 그리스도를 통해서 이 꿈을 이루셨고 우리가 그리스도를 우리의 구주로 모시어 드리면 하나님의 꿈이 우리 속에 역사해서 우리 가운데에 사망을 철폐하시고 음부를 철폐하시고 우리에게 영원한 천국과 낙원을 허락하여 주시는 것입니다. 이 꿈을 우리는 받아 드려야만 하는 것입니다. 이것은 하나님이 그리스도 안에서 꾼 꿈입니다. 그리스도 안에서 가진 하나님의 이상입니다. 우리가 이 꿈을 우리 마음속에 받아들이면 하나님의 성령께서 이 꿈을 통해서 우리 가운데에 하나님의 꿈을 이루어 주시는 것입니다. 그리스도를 통한 하나님의 꿈을 받아들이는 사람만이 성령의 역사를 체험할 수 있습니다. 성령 안에서 홀로설 수가 있습니다.

이러므로 우리가 하나님으로부터 꿈을 받아들였으면 이 꿈을 먹고 살아야 되는 것입니다. 우리가 매일 같이 양식을 먹는 것처럼 꿈을 먹고 살아야 됩니다. 매일 같이 신문이나 문학잡지를 읽어 정신적인 양식을 얻는 것처럼, 하나님 앞에서 이 구원의 복음과 전인축복의 꿈을 먹고 마셔야 됩니다. 눈에는 아무 증거 안 보이고 귀에는 아무 소리 안 들려도 상관없습니다. 이 꿈을 먹고 마시는 사람은 이 꿈을 통하여 하나님의 성령이 역사하시는 것입니다. 하나님의 성령은 꿈이 있는 사람을 통해서 역사 합니다. 환상이 있는 사람을 통해서 역사합니다.

꿈도 환상도 없는 사람을 통해서 성령이 무엇을 역사한다는 것입니까? 목표 있는 꿈과 목표 있는 환상이 있는 사람을 통해서 창조적인 역사를 베풀지 아무 꿈도 없고 환상도 없고 바람 부는 대로 물결치는 대로 밀려가는 사람을 통해서 성령께서 역사하리라고 생각하는 것입니까? 그렇기 때문에 꿈이 없는 개인도 망하고 꿈이 없는 백성도 망합니다. 이 망하는 것 반대는 뭡니까? 형통 아닙니까? 꿈이 있는 개인은 형통하고 꿈이 있는 백성은 형통하게 되는 것입니다. 이러므로 오늘 이 시간에 십자가를 통한 하나님의 꿈을 믿음으로 받아들이게 되시기를 주님의 이름으로 축원합니다.

**3.꿈이 홀로 서도록 인도하신다.** 우리가 요셉이 당한 역경을 다시 한 번 생각해 보십시다. 그는 그 꿈을 마음속에 품고 꿈을

먹고사는 사람인데, 한번은 "아버지가 너희 형들이 목축하는데 가서 음식을 전달해 주고 안부를 듣고 오너라." 했습니다. 요셉이 아버지가 전해준 음식을 가지고 형들을 찾아서 가니까 형들이 보고 저놈 꿈꾸는 자식이 온다. 저 자식 죽여 버리자. 꿈이 어떻게 되는가 보자. 달려들어서 음식을 빼앗고 옷을 벗겨서 물 없는 구덩이에 던져 넣었습니다. 그 구덩이에 들어 있으면 뭐~ 그 외진 산골에서 누가 그 구덩이에서 건져줍니까? 절망에 처했습니다. 모든 것이 암담합니다. 암담한 가운데 요셉은 그 암담과 절망을 이길 수 있는 영양소를 섭취할 데가 있었습니다. 그는 하나님께서 주신 꿈을 먹었습니다. 하나님이 자기에게 주신 꿈을 바라보았습니다. 눈에는 아무 증거 안 보이고, 귀에는 아무 소리 안 들리고, 암담해도 그는 마음속에 하나님과 통하는 그 꿈이 있었습니다. 그는 그 꿈을 붙잡고 있었습니다.

그러자, 아라비아로 내려가는 대상들이 애굽에 물건을 팔러 가는 것을 보니까 형제들이 밥을 먹다가 유다가 아, 우리 요셉 팔아서 돈이나 벌자. 그냥 죽이는 것은 아깝지 않으냐? 그래서 그를 구덩이에게 끌어내어서 은 20냥에 아라비아 대상에게 팔았습니다. 그는 아라비아 대상에게 묶여서 끌려가면서 형들아 날 살려달라고 고함을 치나 형들은 싱글 싱글 웃었습니다. 그러나 그는 마음속에 꿈이 있었습니다. 그런 현실에 너무 고통스럽고 괴로워도 그 현실의 고통과 괴로움을 극복할 수 있는 마음속에 꿈이 있어서 그는 그 꿈을 먹으면서 따라 갔습니다.

그는 애굽에 내려가서 시위대장 보디발의 집에 종으로 팔렸습니다. 옛날에 종은 짐승과 꼭 한가지입니다. 사고팔고, 때려서 죽으면 그 뿐입니다. 아무런 인권이 없는 것이 종입니다. 그런 종살이에 들어가서 혹독한 어려움을 당합니다. 헐벗고 굶주리면서 아침에 일찍 일어나고 저녁 늦게 자고 견딜 수 없는 시련을 겪습니다. 죽으면 그뿐인데요. 인권이 없는데요. 그럼에도 불구하고 요셉은 다른 사람보다 형통한 것은 다른 사람이 먹지 않는 양식을 먹었습니다. 다른 사람들은 육신의 양식을 먹었지만 요셉은 하나님께서 보내주신 꿈을 먹었습니다. 그는 고된 종살이를 하면서도 그는 꿈을 먹고 꿈 가운데 하나님께 기도했습니다. 그렇기 때문에 형통이 따랐습니다. 하나님께서 함께 하셨다는 것입니다. 종살이 속에서도 형통해서 요셉이 하는 일마다 잘되기 때문에 보디발이 가정 총무로 삼아 주었습니다. 그래서 그 어려운 가운데 가정 총무가 되어서 사무직을 맡음으로 좀 편안하게 살 수 있는 그런 처지에 놓이게 되었습니다.

그러나 그것도 잠시였습니다. 요셉은 인물이 준수하고 아름답고 매력이 있는 청년이었습니다. 그러므로 보디발의 아내가 그만 요셉에게 반했습니다. 그래서 자꾸만 요셉을 유혹을 했습니다. 그러나 요셉은 그 유혹을 자꾸 떨쳤습니다. 그리고 그 아내에게 분명히 말했습니다. "우리 주인이 이 모든 가족의 먹고 입고 사는 일을 내게 맡겼으나 당신만은 내게 허락하지 아니했다. 당신은 절대 주인의 개인 소유인 것입니다. 내가 절대 손을 대면 하나님께 득죄하고 주인에게 득죄하니 아예, 날 보고 자꾸 그렇게 눈짓하지 말고 나를 꾀지 말라고." 아~ 그랬는데 하루 요셉이 가정 일을 돌보기 위해서 안채로 들어갔는데 종들은 다 일하러 가고 없습니다. 그 보디발의 아내가 늦잠을 자고서 잠옷 바람으로 나와 보니 요셉이 들어옵니다. 그녀는 요셉의 옷을 잡았습니다. 너는 뭘 잘났다고 그렇게 야단이냐, 나하고 우리 주인 몰래 즐기자, 요셉이 나는 이 죄를 지을 수 없다. 그리고 난 다음 떨쳐 나오는데 그만 옷이 잡혀서 옷이 벗겨져 버렸습니다. 사랑이 변하면 원한이 되는 것입니다.

이 부인이 그만 그 옷을 잡고 고함 고함을 칩니다. 사람 살려라. 정말 생사람 잡는 일을 합니다. 사람 살려라! 사람 살려라! 그러니까 종들이 뛰어오고, 그 다음 주인이 뛰어오고 난리가 따로 없습니다. 여자가 하는 말이 가관입니다. "주인이 데리고 온 히브리 종이 나를 겁탈하려고 왔다가 내가 고함을 치니 웃옷을 벗어 놓고 달아났다." 이러니 뭐~ 증인이 있습니까? 요셉이 아무리 말해봤자 자기 말 들어주지를 않습니다. 더구나, 또한 자기 부인을 겁탈하려고 들어왔다가 도망쳤다고 했으니까 주인이 와서 가만히 두었겠어요? 안 죽을 만큼 때리고 짓밟았지? 남자의 질투라는 것은 불로도 끄지 못한다고 했습니다. 이러니, 얼마나 요셉이 발길로 차이고 얻어맞고 뼈가 으스러지도록 짓밟혔습니다. 그러한 다음 그는 시위대 뜰 감옥에 갇혔습니다. 얼마나 억울하고 답답하고 고통스럽겠습니까? 보통 사람 같았으면 죽었을 것입니다. 그러나 요셉은 그 위기를 극복할 수 있는 양식이 있었습니다. 그는 울면서 꿈을 먹었습니다. 그는 하늘을 쳐다보고 주님께서 주신 꿈을 먹었습니다. 그는 꿈을 부여잡고 꿈을 먹었습니다. 그렇기 때문에 그 억울하고 원통함을 견딜 수가 있었습니다. 꿈이 없었으면 그는 미쳐 버렸거나 그렇지 않으면 병들어서 죽었을 것입니다. 그러나 그 모든 역경을 극복할 수 있는 정신적인 자원이 있었습니다. 이 정신적인 자원은 하나님께서 함께 하심입니다. 하나님께서 동행하셨습니다.

이 정신 자원이 있기 때문에 그는 모든 역경을 이 억울함을 극복할 수 있습니다. 그는 꿈을 먹고사는 사람입니다. 아무도 요셉의 꿈을 몰랐었습니다. 그래서 그는 감옥 속에 있는데 같은 감옥에 애굽의 술장관, 떡장관이 모의를 하다가 잡혀서 들어 왔습니다. 그들도 각각 꿈을 꿨는데 메세지가 실린 꿈이었습니다. 그래서 그들이 얼굴이 아주 수심이 꽉 들어 차있었을 때 요셉이 꿈을 듣고 꿈을 해석해 주었습니다. "술장관에게는 당신의 포도나무에서 세 가지가 나와서 꽃이 피어서 열매를 맺어 그 밑에 잔으로 포도주를 짜서 바로에게 바쳤으니 사흘 후에 당신은 다시 복권되어서 바로에게 술을 바치게 될 것이다." 떡장관이 그 말을 들으니까 아주 좋은 꿈이거든 나도 해석을 좀 해주세요. 나는 내 머리에 광주리 세 개가 있는데 바로를 위해서 여러 가지 떡과 지짐이 잔뜩 있는데 이걸 머리에 이고 있으면 새들이 와서 먹더라. "아~ 그것은 사흘 후에 당신의 목이 날아갈 것입니다." 똑같은 꿈인데 하나는 메시지가 좋고 하나는 메시지가 나쁩니다. 아닌 게 아니라 사흘 후에 바로의 생일이 되어서 술장관은 복권되고 떡 장관은 목이 날아갔습니다. 그때 술장관을 잡고 부탁을 했습니다. 당신이 복권되거든 나를 좀 돌보아 주십시오. 임금에게 고해서 나를 해방시켜 주십시오. 나는 아무 죄가 없습니다. 그렇게 하겠다고 약속을 해 놓고 난 다음 술 장관은 까맣게 잊어 버렸습니다.

그래서 감옥에서 3년 동안 고통의 세월을 보냅니다. 종살이 10년에 감옥에 3년 동안 기약이 없이 환란과 고통을 당하면서 지내는데 얼마나 죽을 지경입니까? 만일 요셉이 하나님께서 동행하며 꿈꾸는 사람이 아니었으면 그 마음속에 꿈이 없었으면 그는 절망을 했었을 것입니다. 그 3년 동안 그는 계속해서 꿈을 먹고살았습니다. 양식을 먹고산 것이 아니라 꿈을 먹고살았습니다. 3년이 지나고 난 다음에 때가 오매 바로가 꿈을 꾸었습니다.

바로가 꿈에 보니까 하숫가에 살진 7곱 암소가 들어와서 풀을 먹더니 그 뒤에 파리한 7곱 소가 나와서 그 살찐 암소를 다 잡아 먹고도 그대로 파리했습니다. 잠이 깨었다가 다시 잠이 들었는데 또 보니까 아주 살찐 충실한 7곱 이삭이 있는데 쇠약한 7곱 이삭 뒤에 나와서 그 살찐 이삭을 다 먹고도 그냥 그대로 빈 쭉정이가 되어 있었습니다. 똑같은 내용의 메시지가 실린 두 가지 꿈이니까 확실히 이루어진다는 것을 말하고 있는 것입니다. 애굽의 모든 술객들을 다 불러서 물어도 해석을 못해서 그 때 술 장관이 비로소 요셉을 기억하고 요셉의 말을 하니 요셉을 데려 오라고 했습니다. 빨리 와서 요셉을 목욕을 시키고 이발을 시키고 면도를 시키고 좋은 옷을 입혀서 바로 앞에 데리고 오니, 그 요셉이 그 꿈을 해석합니다. "이것은 동일한 꿈을 두 번 보여주신 것이니, 하나님께서 바로에게 곧 다가올 것을 보여준 것입니다. 이 땅에 7년 큰 풍년이 다가오고 난 다음에 7년 흉년이 올 것인데 얼마나 거센 흉년인지 7년의 풍년이 온데간데없게 될 것이다. 그러므로 이 나라를 구출하기 위해서는 7년 풍년 때 모든 수확의 5분지의 1을 거두어서 지역마다 곡창을 짓고 그것을 쌓아놓으면 흉년 때에 살릴 수가 있다.” 이 말을 듣자 바로가 무릎을 딱 치고서 자네같이 지혜 있고 총명하고 모든 일을 아는 사람을 어떻게 구하겠는가. 오늘 이 시간에 자네를 온 나라의 통치하는 국무총리로 삼노라 하고서 자기 반지를 빼면서 주고 오직 보좌만 너보다 높지, 그 이외의 통치권은 너에게 다 이행한다. 순식간에 그 운명이 변화되고 만 것입니다.

**4.성령 안에서 홀로서면 승리한다.** 자기를 때려 잡아서 감옥에 넣었던 시위 대장이 바로 자기를 보호하는 사람이 되고 마는 것입니다. 사람 팔자 시간문제입니다. 준비가 되니 하나님의 때를 만난 것입니다. 하나님은 이때를 위하여 요셉을 구덩이에도 들어가게 하시고, 시위대장 보디발의 집에서 머슴도 살게 하시고, 감옥에도 들어가게 한 것입니다.

요셉이 졸지에 애굽의 총리가 되었으니 얼마나 시위 대장이 얼굴이 화끈거리겠습니까? 그래서 7년 풍년 동안에 곡식 5분지의 1을 거두었다가 7년 흉년 동안에 그것을 팔아주니, 온 애굽이 살고 애굽의 모든 땅과 모든 돈은 바로에게 다 거둬주고 그 **때 가나안의 형들이 자기에게 곡식을 사러와서 해와 달과 11별이 절하듯이 넙죽 엎드려 절하고 곡식을 팔아 달라고 간구하는**

그러한 장면이 벌어진 것입니다.

하나님은 무려 13년 동안 요셉과 동행하시며 역경과 환난 중에도 꿈을 먹고 살게 했습니다. 결국 꿈이 요셉의 생애 속에 이루어지고야 만 것입니다. 하나님의 때를 만난 것입니다. 우리가 하나님께서 주신 꿈을 가슴에 품고 꿈을 먹고 살아가면 그 꿈이 우리를 이끌어 가고 그 꿈이 생애 속에 이루어지는 것입니다.

**결론입니다.** 요셉은 하나님께서 철저하게 동행하시면서 요셉의 꿈이 이루어지게 하십니다. 형들의 모함으로 구덩이에 빠졌을 때도 형 유다의 제안으로 이스마엘 상인들에게 종으로 팔리게 하십니다(창39:1). 바로의 신하 친위대장 보디발의 집에 팔립니다. 하나님께서 요셉과 함께 하심으로 "그의 주인이 여호와께서 그와 함께 하심을 보며 또 여호와께서 그의 범사에 형통하게 하심을 보았더라."(창 39:3). 보디발의 집에서 10년 동안 종으로 살다가 보디발의 아내의 모함으로(창39:18), 감옥에 들어가 있는 동안에도 하나님께서 함께 하시면서 형통하게 하십니다(창39:23). 결국 바로왕의 꿈을 하나님의 은혜로 해석하게 되어 일약 애굽의 총리가 되는 축복을 받게 됩니다. 하나님께서는 요셉과 함께 하시면서 요셉을 통하여 하나님의 살아계심을 나타내십니다(창41:16). 결국 요셉이 꾼 꿈대로 부모와 형들이 절을 하게 됩니다. 요셉은 철저하게 성령 안에서 홀로 서며 인생을 살아간 자입니다. 우리도 요셉과 같이 성령 안에서 홀로 서며 살겠다는 믿음을 가지고 하나님의 말씀에 순종하며 살아야 요셉과 같은 축복을 받을 수가 있습니다.

# 11장 하나님과 동행하며 홀로 서며 지낸 의인

(출 6:10-12) "여호와께서 모세에게 말씀하여 이르시되 (11) 들어가서 애굽 왕 바로에게 말하여 이스라엘 자손을 그 땅에서 내보내게 하라 (12) 모세가 여호와 앞에 아뢰어 이르되 이스라엘 자손도 내 말을 듣지 아니하였거든 바로가 어찌 들으리이까 나는 입이 둔한 자니이다."

하나님께서는 자신의 뜻을 이루기 위하여 어머니 뱃속에 잉태될 때부터 개입하시며 인도하시며 홀로서기 훈련을 시키십니다. 본문의 모세의 경우를 보면 깨닫게 될 것입니다. 하나님의 일이 인간의 능력 부족으로 좌절되지는 않습니다. 그것은 하나님의 일이 새삼스럽게 인간이 만들어 나가야 될 사항이 아니라 이미 전개된 상태를 그대로 전달하는 것이지 때문입니다. 이스라엘은 전적으로 성령 안에서 홀로서기 하며 이룩한 나라입니다. 하나님께서 친히 이스라엘 사람들을 성령으로 인도하면서 홀로 서게 했기 때문에 강한 나라가 된 것입니다.

독일의 프리드리히 대왕이 자기의 신하 침메르에게 당신이 믿는 기독교가 위대하다는 것을 증명해 보라고 했습니다. 침메르는 "폐하여 유대인입니다"라고 대답 했다고 합니다. 이스라엘 나라는 인간적으로 이해 할 수 없는 신비한 나라입니다. 국가의 3대요소가 있습니다. 첫째는 영토요, 다음은 백성이요, 다음은 주권 입니다. 그런데 원래 이스라엘 나라는 그 중에 한 가지도 갖춘 것이 없이 나라가 세워졌습니다. 왕도 없고 영토도 없고 국민도 없었습니다. 하나님께서 아브라함 한사람을 택하시고 너를 통해서 큰 나라를 이루고 너희 후손에게서 왕을 세우고 젖과 꿀이 흐르는 가나안땅을 너희 영토로 주겠다고 약속하셨습니다. 너는 너희 고향 친척 아버지 집을 떠나 내가 네게 지시한 땅으로 가라는 것입니다(창 12:1).

남이 살고 있는 땅을 너희에게 주겠다고 하시고 아들도 없는 아브라함에게 너희 자손으로 큰 민족을 이루고 너의 후손에게서 이스라엘을 다스릴 왕을 세우겠다고 약속을 하셨습니다. 땅도 주시고 세계를 다스릴 왕도 주시고 하늘의 별들만큼 많은 백성들을 주시겠다는 것입니다.

이스라엘 나라는 아브라함 한사람으로 시작되었습니다. 세상 모든 나라는 힘으로 자기가 왕이 되고 백성들을 모으고 땅을 넓혀서 나라를 세웁니다. 우리들이 즐겨보던 대하드라마 가운데 왕건이를 보았을 것입니다. 신라나라가 망해가고 견훤이가 백성들을 모아서 후백제 나라를 세워서 점점 땅을 넓혀 가고 있는 것을 보았을 것입니다. 이런 방법으로 나라가 세워지는 것입니다. 그러나 이스라엘 나라는 한사람으로부터 시작되기 때문에 400년이 걸린 것입니다.

"네 자손이 이방에서 객이 되어 그들을 섬기겠고 그들은 사백 년 동안 네 자손을 괴롭히리니"(창15:13). …네 자손은 사대 만에 이 땅으로 돌아오리니 이는 아모리 족속의 죄악이 아직 가득 차지 아니함이니라 하시더니"(창 15:16).

한 생명 한 생명을 낳아서 나라를 이루어 가고 있는 것입니다. 아니~ 한 생명 한 생명을 성령 안에서 홀로서기 하도록 하여 하나님의 나라를 만들어 가시는 것입니다. 하나님의 나라는 힘으로 사람들을 정복해서 나라를 이루는 것이 아니고 한 사람 한 사람을 성령으로 인도하면서 거듭나 홀로 서게 해서 점점 나라를 키우는 것입니다. 그러므로 하나님의 나라가 처음에는 겨자씨와 같고 누룩과 같이 보이지 않는 것입니다. 그러나 나중에는 하늘에 별처럼 바닷가의 모래알처럼 창대하게 되는 것입니다.

그래서 하늘나라에서는 한 생명이 천하보다 귀한 것입니다. 거듭난 한 생명이 얼마나 귀한지를 모르는 것입니다. 아브라함 한사람이 이삭을 낳고 이삭이 야곱을 낳고 야곱이 12형제를 낳아서 70명이 애굽으로 건너가게 됩니다. 이 70인이 애굽에 가기 전에 요셉을 먼저 보냅니다. 만약 요셉을 애굽에 보내지 않았다면 어떻게 이스라엘이 애굽에 갈수 있겠습니까? 요셉이 형들에게 노예로 팔리지 않았다면 어떻게 요셉이 애굽에 가서 애굽의 총리가 될수 있겠습니까?

**1. 왜 이스라엘이 애굽에 가야 했을까?** 하나님께서 400년 전부터 이스라엘을 애굽에 보내셔서 홀로서기 하며 하나님의 백

성으로 키우려고 계획하신 것입니다. 왜 애굽에 가야 합니까? 이스라엘은 유목민입니다. 유목민은 한곳에서 정착할 수 없고 늘 옮겨 다녀야 합니다. 유목민으로 어떻게 큰 민족으로 키울 수가 있겠습니까? 200만의 큰 민족으로 키울 수 있는 비결은 애굽과 같이 거대하고 비옥한 땅에 정착해야하고 농사를 지어 야만 하는 것입니다. 그래서 하나님께서는 아브라함을 택할 때 부터 애굽으로 보내시려고 계획했던 것입니다.

왜 이스라엘이 400년간을 애굽에서 살아야 합니까? 하나 님께서 약속하신 기간이 400년입니다. 가나안땅을 이스라엘 이 차지하려면 장정만 60만이어야 합니다. 60만이 모두 광야 에서 죽습니다. 그후 다시 60만이 태어났습니다. 민수기 1장부 터 보면 애굽에서 나온 20세 이상 남자만 민수기 2:32에 보면 603,550명이었습니다. 이 사람들이 광야에서 여호수아 갈렙만 남고 모세까지도 다 죽습니다. 그런데 놀란 것은 민수기 26:51 에 광야 40년 동안에 태어난 사람이 601,730명이 이었습니다. 이스라엘의 60만 명은 우연히 증가한 수가 아니고 하나님의 나 라를 이루기 위한 예정된 인원이었다는 것을 알 수 있습니다.

"네 자손은 사대 만에 이 땅으로 돌아오리니 이는 아모리 족속의 죄악이 아직 가득 차지 아니함이니라 하시더니"(창 15:16). 아모리 족속의 죄악이 관영하지 않기 때문입니다. 이스 라엘에게 가나안땅을 주신 것은 그냥 공으로 주신 것이 아니라 그 땅에 살고 있는 아모리 사람들을 심판하고 그 땅을 가지라는 것입니다. 죄악이 너무 관영해서 하나님이 심판하실 것을 대신 이스라엘로 하여금 심판하도록 사명을 주신 것입니다. 그들을 심판하시기 위해서는 60만 명의 장정이 필요했던 것입니다.

애굽에서 이스라엘 사람들이 번성하자 애굽 왕은 "이르되 너희는 히브리 여인을 위하여 해산을 도울 때에 그 자리를 살펴서 아들이거든 그를 죽이고 딸이거든 살려두라"(출 1:16). "이스라엘 자손은 생육하고 불어나 번성하고 매우 강하여 온 땅에 가득하게 되었더라."(출 1:7). 요셉을 알지 못한 왕이 나와서 이스라엘을 이대로 두었다는 전쟁이 나면 대적과 합하여 우리를 대적할 것이니 그들에게 무거운 짐을 지워서 더 이상 크지 못하도록 하자는 정책을 세우고 탄압하기 시작했습니다. 남아를 낳으면 죽이고 여아를 낳으면 살려두기로 산파들에게 지시를 했습니다.

출2:1 "레위 족속 중에 요게벳이 레위 여자에게 장가들어 아들을 낳았는데 그 준수함을 보고 석 달을 숨기다가 더 이상 숨겨서 키울 수가 없음으로 어린애를 갈 상자에 담아서 하수에 띄웠습니다." 그때 마침 바로의 공주가 산책을 나왔다가 어린애를 발견하고 그 애를 데리고 궁궐로 가서 키운 것입니다.

만약 바로가 이스라엘의 아들을 죽이지 않았다면 요게벳이 무엇 때문에 갈 상자에 모세를 담아서 하수에 버리며 공주가 그 모세를 양자로 데려갈 이유가 없는 것입니다. 하나님께서는 이스라엘을 구원하시기 위해서는 200만의 이스라엘 백성들을 지도 할 수 있는 영도자가 필요했던 것입니다. 모세를 훌륭한 지도자로 키우기 위해서는 애굽의 궁궐교육을 시켜야할 필요가 있던 것입니다.

영적인 지도자라고 해서 성경만 알아서는 안 됩니다. 세상학문을 배우도록 하기 위해서 모세를 궁궐로 보내서 40년 동안이나 교육을 시킨 것입니다. 그리고 광야에 쫓겨나가서 40년간을 하나님께서 직접 광야훈련을 하며 교육을 시켰습니다. 성령 안에서 홀로서기 하는 훈련입니다. 지도자는 교육을 통해서 만들어 진다는 것을 알 수 있습니다. 모세를 이스라엘을 구원할 지도자로 만들기 위해서는 80년간의 교육기간이 필요했던 것입니다.

**2. 모세를 통해 바로 왕을 항복시킨다.** 하나님의 예정된 이스라엘의 수가 장정만 60만에 이르자 이젠 더 이상 애굽에 두실 필요가 없었습니다. 그래서 새 왕을 통해서 무서운 탄압을 하기 시작합니다. 더 이상 애굽에서 견딜 수가 없어서 하나님께 부르짖게 됩니다. "여러 해 후에 애굽 왕은 죽었고 이스라엘 자손은 고된 노동으로 말미암아 탄식하며 부르짖으니 그 고된 노동으로 말미암아 부르짖는 소리가 하나님께 상달된지라"(출 2:23). 만약 요셉이 있을 때처럼 이스라엘이 형통한 삶을 살고 있었다면 모세가 아무리 호소를 하더라도 그들이 움직이지 안했을 것입니다. "이스라엘 자손은 고된 노동으로 말미암아 탄식하며 부르짖으니 그 고된 노동으로 말미암아" 이와 같은 고통이 없

었다면 혹 애굽에서 나왔다고 하더라도 광야에서 다시 돌아가 버리고 말았을 것입니다. 견딜 수 없는 처지에서 나왔어도 광야에서 몇 번이고 하나님을 원망하고 애굽이 좋았다고 돌아가려고 했던 백성들이었습니다.

그리스도인도 마찬가지입니다. 우리는 이세상과 밀착되어 있습니다. 어떤 물체든지 서로 친화력이 있는 원소끼리 결합하여 분자를 형성합니다. $H_2+O=$물 $Na+Cl=$소금 등의 분자는 친화력 때문에 보통 힘을 가지고는 원소를 분리시킬 수 없습니다. 이와 같이 육+세상은 밀착되어 있어서 이것을 분리시키려면 외적인 절대적 힘이 필요합니다. 이스라엘 백성을 애굽으로부터 분리시켜 내는 데는 얼마나 많은 시련이 애굽에도, 이스라엘에도 있었는지 모릅니다.

성도란 세상으로부터 구별된 사람들입니다. 만약 그리스도인이 예수 믿으면 소원성취, 만사형통하는 복을 받는 것이라고 믿는 것은 성경을 잘못 이해하고 있는 것입니다. 마귀가 교회를 타락케 하는 방법은 교회를 세상과 밀착하도록 하는 것입니다. 그리스도인은 세상에서 분리된 사람들입니다.

모세의 어머니 요게벳은 모세를 갈상자에 담아서 하수에 띄웠습니다. 어머니는 아기의 준수함을 보았습니다. 히브리서 기자는 "믿음으로 모세가 났을 때 그 부모가 아름다운 아이임을 보고 석달을 숨겨 임금의 명령을 무서워 아니하였으며"(히 11:23) 라고 했습니다. 단순한 모자의 정으로 숨긴 것이 아니라 믿음의 눈으로 보았다는 것입니다. 이것은 매우 중요 합니다. 우리의 아기들을 볼 때 믿음의 눈으로 보아야 합니다. 첫째는 내 자녀가 아니라 하나님의 자녀라는 사실을 믿어야 합니다. 둘째는 하나님의 크신 자녀로 태어났음을 믿어야 합니다. 셋째는 하나님의 나라의 재목임을 믿음의 눈으로 바라보아야 합니다.

공주가 모세의 어머니 요게벳에게 "나를 위하여 젖을 먹이라 내가 그 삯을 주리라"(2:9). 고 했습니다. 하나님께서 엄마들에게 "나를 위하여 젖을 먹이라 내가 그 삯을 주겠다"고 사명을 주셨습니다. 내 자식에게 젖을 먹인 것이 아니라 하나님의 자녀에게 하나님을 위해서 젖을 먹이는 것입니다. 엄마들은 삯을 받는 삯군에 불과 합니다. 만약 엄마들이 이 사명 충성스럽게 감당할 때 상을 받지만 잘못 키울 때 벌을 받는다는 사실도 알아야 합니다. 모세를 갈상자에 담아 강에 버렸습니다. 갈상자는 원어로 '아크'입니다 이 아크는 네모난 상자로 법궤도 아크라고 하고 노아의 방주도 아크라고 합니다. 이 아크는 예수 그리스도의 모형입니다. 우리의 애기들을 해치려는 무서운 현대의 바로의 칼들이 노리고 있습니다. 한시도 부모들이 마음을 놓을 수가 없습니다. 교통사고, 부정식품, 진화론의 무신론 사상, 도덕성의 부패, 무서운 병균, 이런 무서운 바로의 칼날로 부터 어떻게 보호하고 지킬 것입니까? 한시도 마음 놓을 수 없습니다. 그러나 갈상자이신 예수그리스도 안에 담아서 세상에 보내기만 하면 안전하다는 것을 알아야 합니다.

세상이란 변함이 없습니다. 한결 같습니다. 전도서 1:4-10절에 보면, "한 세대는 가고 한 세대는 오되 땅은 영원히 있도다. (5) 해는 뜨고 해는 지되 그 떴던 곳으로 빨리 돌아가고 (6) 바람은 남으로 불다가 북으로 돌아가며 이리 돌며 저리 돌아 바람은 그 불던 곳으로 돌아가고 (7) 모든 강물은 다 바다로 흐르되 바다를 채우지 못하며 강물은 어느 곳으로 흐르든지 그리로 연하여 흐르느니라. (8) 모든 만물이 피곤하다는 것을 사람이 말로 다 말할 수는 없나니 눈은 보아도 족함이 없고 귀는 들어도 가득 차지 아니하도다. (9) 이미 있던 것이 후에 다시 있겠고 이미 한 일을 후에 다시 할지라. 해 아래에는 새 것이 없나니 (10) 무엇을 가리켜 이르기를 보라 이것이 새 것이라 할 것이 있으랴 우리가 있기 오래 전 세대들에도 이미 있었느니라"라고 되어 있습니다. 새 것이라고는 없는 이 세상에 새 것이 이미 마련되어 있음을 통보하기 위해서 하나님은 자기 백성을 사용하십니다.

오늘 본문에 나오는 모세도 마찬가지입니다. 그럼에도 불구하고 모세는 이 사실을 모르는 채, 자기의 입이 둔하다는 핑계로 하나님의 일 하기를 주저하고 있습니다. 사람이나 세상이란 자신의 능력 여하에 따라 하나님께 인정받고 받지 안고가 아니라 애초부터 사람 외곽에 놓여 있는 그 어떤 세력에 의해서 운명이 결정되어 있습니다. 마치 우편배달부가 소포를 배달했다고해서 자기 공로를 내세워서는 안 되는 입장이 있는 것과 마찬가지입니다.

**3.홀로선 모세가 하나님의 뜻을 이룬다.** 하나님께서 모세를 바로 왕에 내세우는 것은 모세의 능력을 과시하기 위함이 아닙니다. 그런데 모세에게는 잘못된 선입견들이 들어 있었습니다. 우선 하나님의 뜻이 제대로 전달되기만 한다면 바로 왕이 군말 없이 하나님의 백성을 풀어줄 것이라는 생각을 갖고 있습니다. 모세 자신이 정확한 하나님의 뜻을 못 전달하게 되면 상대방 바로 왕이 하나님의 뜻을 제대로 못알아 들었기에 하나님의 백성을 안 보내줄 경우를 생각해 볼 때 그 책임은 모세 자기에게 돌아올 것을 걱정하고 있는 겁니다.

이것은 큰 오산입니다. 모세는 지금 애굽 왕을 설득해야 하는 차원이 아니라 그들이 하나님이 다스리는 이 우주의 처지를 제대로 모르고 있다는 것을 가르치고 훈계해야 될 입장에 놓여 있다는 것을 알아야 합니다. 하나님께서 살아계시다는 것을 바로 왕에게 알게 하는 일입니다. 애굽왕은 지금 하나님의 언약에 의해서 심판 대상입니다. 예를 들어서 살인죄를 저지른 사람이 재판을 받고 있습니다. 그런데 판결을 내리는 판사가 심한 말더듬입니다. 그래서 더듬더듬 판결을 내린다고 칩시다.

그렇다 고해서 사형집행도 더듬더듬 늦추어지거나 취소되는 것이 아닙니다. 이해 못했으면 이해 못한 채로 그냥 사형장으로 끌려가는 겁니다. 왜냐하면 살인이라는 범행은 이미 저질러진 상태이기 때문입니다.

즉 모세는 바로 왕 앞에 체포영장을 갖고 서 있는 겁니다. 여호와 하나님을 몰라본다는 죄명으로 말입니다. 출애굽기 5:2에서 바로왕은 분명히 이렇게 말합니다. "바로가 가로되 여호와가 누구관대 내가 그 말을 듣고 이스라엘을 보내겠느냐 나는 여호와를 알지 못하니 이스라엘도 보내지 아니하리라" 물론 바로왕의 입장에서는 모세의 말을 거역하는 것이 죄가 된다는 생각은 추호도 갖지 않을 것입니다. 너는 너고 나는 나다는 생각뿐입니다.

오늘날 우리 성도들도 이런 모세의 위상을 갖고 있습니다. 세상 사람들을 상대로 예수님을 증거 하는 검사 역할을 하게 됩니다. 그들에게 복음을 전하는 것은 그들을 새삼스럽게 하나님의 사람 만들겠다는 하나님의 뜻이 아닙니다.

왜 이 세상 사람들은 지옥에 가야만 하는지를 통보해 주는 겁니다. 체포영장을 지니고 서 있는 겁니다. 세상 사람들은 자신들의 죄를 인정치 않을 것입니다. 그러나 상관없습니다. 그들은 이미 악마의 영에 장악당해서 살아가는 자들이기에 그들의 죄를 모르는 것이 당연합니다.

두 번째로 모세가 모르고 있는 점은, 모세가 전하는 바에 의해서 바로 왕이 비로소 자신의 본색을 유감없이 드러내면서 동시에 하나님의 살아계심과 모세 자신과 하나님의 백성의 실체로 같이 공개된다는 점입니다.

즉 애굽과 이스라엘은 서로 다른 기초를 갖고 있음을 바로왕의 관계성에서 서서히 드러나게 되어 있다는 점입니다. 그런데 모세는 그 점을 모르고 여전히 그는 인간의 지혜에 대해서 미련과 아직도 긍정적인 생각을 유지하고 있습니다.

보통 전도라는 것을 할 때는 누구나 예상되는 전도 상황을 마음속에 그리게 마련입니다. 예를 들면, "내가 친절하게 말하면, 저쪽에서 나에게 호감을 가지고 잘 대해줄 것이라"고 은근히 기대하면서 다가갑니다. 만약 우락부락하게 생긴 사람에게는 쉽게 전도하고 싶은 마음이 없는 것도, 그 쪽에서 과격하게 나오는 것이 두렵기 때문이죠. 그러나 실제로 전도를 하게 되면 온순하다고 짐작했던 상대가 갑자기 독기를 품고 나오게 됩니다. 이렇게 되면 자신의 선입견에 문제가 있다는 것을 알게 됩니다. 그리고 자신의 말이나 전도술이나 복음적 내용이 전혀 상대에게 안 먹혔다는데 대해서 불쾌감을 품게 됩니다.

사람이 뭔가 실패했다는 감이 들 때, 그 원망을 하나님에게 하게 마련입니다. 이러므로 전도 받는 사람 뿐 만아니라. 전도하겠다고 나선 자신에게도 무슨 문제가 있다는 것을 알게 됩니다. 그러면 전도란 누가 하시는 겁니까? 오직 하나님께서 하십니다. 복음을 전할 때는 복음 전달하는 방식까지 복음적으로 실시되게 하시는 분이 하나님이십니다.

즉 복음을 전했다는 공로를 빌미삼아 복음 전하는 자가 자신의 은근한 노림수를 따로 챙기지 못하게 하시는 겁니다. 모세는 이런 점을 몰랐기에 그저 자기 편한 것만 생각합니다.

하나님께서는 인간의 지혜 뿐 만아니라 인간 자체를 공격하신다는 점을 모세는 알아야 했습니다. 고린도전서 1:19-21에 보면, "기록된바 내가 지혜 있는 자들의 지혜를 멸하고 총명한 자들의 총명을 폐하리라 하였으니 (20) 지혜 있는 자가 어디 있느냐 선비가 어디 있느냐 이 세대에 변론가가 어디 있느냐 하나님께서 이 세상의 지혜를 미련하게 하신 것이 아니냐 (21) 하나님의 지혜에 있어서는 이 세상이 자기 지혜로 하나님을 알지 못하므로 하나님께서 전도의 미련한 것으로 믿는 자들을 구원하시기를 기뻐하셨도다"라고 되어 있습니다.

여기에 보면, 인간의 지혜와 하나님의 지혜가 첨예하게 대립되고 있습니다. 추호의 양보도 있을 수 없습니다. 반은 인간 지혜요 반은 하나님의 지혜로서 하나님이 구원이 성사되는 것이 아닙니다. 계시의 전부를 하나님의 지혜로 점령당해야 하고 계시 속에는 조그마한 인간의 지혜가 포함되는 것도 허용될 수 없습니다. 인간의 지혜는 배척받아야 합니다. 즉 전도자의 말발로 구원하시는 것이 아닙니다.

고린도전서 2:4-5에 보면, "내 말과 내 전도함이 지혜의 권하는 말로 하지 아니하고 다만 성령의 나타남과 능력으로 하여 너희 믿음이 사람의 지혜에 있지 아니하고 다만 하나님의 능력에 있게 하려 하였노라"라고 되어 있습니다. 인간의 지혜가 스며들어가지 못하게 막는 이유는, 하나님은 논리로 구원하시고자 하는 것이 아니라 하나님의 직접 일하심의 능력, 그것으로 사람을 구원하시기 때문입니다.

그래서 고린도전서 1:28-29의 말씀이 있는 것입니다. "하나님께서 세상의 천한 것들과 멸시 받는 것들과 없는 것들을 택하사 있는 것들을 폐하려 하시나니 이는 아무 육체라도 하나님 앞에서 자랑하지 못하게 하려 하심이라." 아무도 인간의 능력이 가미되어서 구원되었다고 소리를 못하게 막으시는 겁니다.

인간이 스스로 내세우는 능력이란 모두 악마의 시험의 대상일 뿐입니다. 그래도 하나님께서 이토록 못난 우리를 앞 장 세우시는 이유는, 우리들의 못남을 통해 예수님의 홀로 이루신 공적과 업적을 널리 전파하기 위함입니다. 사람은 실패를 해야 합니다. 그래야 보이지 않는 살아계신 하나님을 찾는 것입니다. 하나님을 찾으니 만나주시고 하나님께서 찾는 사람을 통하여 일하시는 것입니다. 그래서 성도들을 성령 안에서 홀로서기 훈련을 하시는 것입니다. 하나님의 살아계심을 인정하고 체험하라고…. 자신이 하는 것이 아니라, 자신의 주인이신 보이지 않지만 초자연적으로 역사하시는 하나님께서 자신을 통해서 하신다는 것을 체험하라고 홀로서기 훈련을 시키시는 것입니다.

모세가 해야 하는 일은 바로 왕의 눈에는 보이지 않는 살아계신 하나님께서 하라는 대로 말을 전하면 됩니다. 여호와 하나님을 모르는 바로 왕이 하나님의 살아계심을 깨닫도록 하나님의 뜻만 바로에게 전하면 됩니다. 그러면 하나님께서 바로 왕에게 하나님은 보이지 않지만 살아계신 다는 것을 열 가지 재앙(출애굽기 7:14-12:36)을 통해서 나타내시는 것입니다. 모세가 하나님께서 하라는 대로 순종하니 살아계신 하나님의 역사가 그대로 일어납니다. 그러니 바로가 항복합니다. 모세가 바로를 항복시키는 것이 아니고 보이지 않지만 살아계신 하나님께서 바로를 항복시키는 것입니다.

30대 실패 다르고, 40대 실패가 다르고, 50대 실패가 다릅니다. 그리고 쭉 계속 자신에 대해서 우리는 실망해야만 합니다. 그래야지 지속적으로 입만열면 하나님께서 하셨다. 하나님께서 나를 통하여 하셨다고 예수님의 사랑과 공로만을 증거 할 사람이 되기 때문입니다. 이리할 때 모세와 같이 하나님께 쓰임을 받을 수가 있습니다. 입이 둔하다는 모세의 핑계에 우리가 동감하면서 우리들도 이미 실패자로서 인도받고 있음을 인정합시다.

하나님께서는 철저하게 모세를 잉태에서 출생까지 개입하시고 인도하십니다. 이유는 모세를 통하여 하나님의 뜻을 이루어야 하기 때문입니다. 그래서 모세를 하수가에 버리게 하시고 바로 공주가 건져다가 기르게 하신 것입니다. 아무도 모르는 광야에 가서 광야훈련을 시키십니다. 모세를 태어날 때부터 철저하게 홀로서기를 시키는 것입니다. 그래야 모세를 통하여 하나님의 뜻을 이룰 수가 있기 때문입니다. 우리들도 광야 같은 세상에서 성령으로 인도하시면서 홀로서도록 역사하시는 것입니다. 이유는 우리들을 통하여 세상에서 하나님의 뜻을 이루시기 위해서입니다. 예수를 믿고 성령으로 거듭난 성도는 누구나 할 것 없이 광야같은 세상에서 성령 안에서 홀로서며 살아야 합니다.

# 12장 믿음으로 하나님과 동행하며 홀로선 의인

(민 14:24)"그러나 내 종 갈렙은 그 마음이 그들과 달라서 나를 온전히 따랐은즉 그가 갔던 땅으로 내가 그를 인도하여 들이리니 그의 자손이 그 땅을 차지하리라"

하나님께서는 예수님 안에서 홀로선 의인을 통하여 뜻을 이루십니다. 이스라엘 사람들을 40년 동안 광야를 걷게 하신 것은 하나님께서는 눈에 보이지 않지만 살아계시며 이스라엘 사람들과 늘 함께하신다는 것을 체험하며 믿으며 습관이 되게 하기 위해서입니다. 하나님께서 옛날 애굽에서 사백 삼십년 동안 종살이했던 이스라엘 백성을 위해서 젖과 꿀이 흐르는 가나안 땅을 예비해 주셨습니다. 하나님께서 예비한 이 축복 속에 누가 과연 들어가서 이 축복을 누릴 수가 있겠습니까? 하나님께서 모세를 통하여 인도해 낸 옛 이스라엘 삼백만은 그 축복의 땅에 들어가지 못하고 광야에서 모두다 사십년 동안 방황하다가 멸망하고 말았습니다. 오직 여호수아와 갈렙 만 젖과 꿀이 흐르는 땅에 들어갈 수가 있는 것입니다. 왜 다른 사람은 다 못 들어갔는데 여호수아와 갈렙 만은 그 세대 중에서 후손들을 거느리고 젖과 꿀이 흐르는 가나안땅으로 들어갈 수 있었을까요? 거기에는 성령으로 깨달아야만 이해할 수 있는 이유가 있습니다.

하나님께서는 민수기 14장 24절에 이렇게 말씀하셨습니다. "오직 내 종 갈렙은 그 마음이 그들과 달라서 나를 온전히 좇았

은즉 그의 갔던 땅으로 내가 그를 인도하여 들이리니 그 자손이 그 땅을 차지하리라"고 말씀하셨습니다. 하나님은 갈렙의 마음이 멸망했던 다른 사람과 완전히 달랐다고 말씀하신 것입니다. 그러므로 우리들도 갈렙과 같은 마음을 받아서 멸망 받는 사람과 다른 마음의 자세를 가지면 갈렙이 하나님의 예비한 젖과 꿀이 흐르는 땅에 들어간 것처럼 우리도 젖과 꿀이 흐르는 곳으로 들어갈 수 있는 것입니다. 이러므로 오늘 갈렙의 그 색다른 마음, 하나님이 사랑하는 마음을 같이 알아봄으로 말미암아 갈렙과 같이 위대한 삶을 살도록 해 보겠습니다.

**1.하나님의 눈으로 가나안을 보았다**. 갈렙이 다른 사람과 다른 마음을 가진 것은 주어진 상황에 대해서 다른 사람보다 특별한 다른 관점으로 사물을 바라볼 수 있었다는 것입니다. 하나님께서 이스라엘 백성가운데 열두 두목을 택해서 가나안땅을 40일 정탐하고 오라는 것입니다. 그래서 똑같이 가데스바네아에서 출발해서 가나안 땅을 40주 40야 정탐하고 돌아왔는데 그 중에 10명의 정탐꾼이 본 관점과 갈렙과 여호수아가 본 관점이 완전히 틀렸다는 것입니다. 여기에 열 정탐꾼이 본 관점은 전적으로 하나님이 없는 부정적인 관점에서 사물을 바라본 것입니다. 민수기 13장 31절로 33절에 보면 이와 같이 기록되어 있습니다. "그와 함께 올라갔던 사람들은 이르되 우리는 능히 올라가서 그 백성을 치지 못하리라 그들은 우리보다 강하니라 하고 (32) 이스라엘 자손 앞에서 그 정탐한 땅을 악평하여

이르되 우리가 두루 다니며 정탐한 땅은 그 거주민을 삼키는 땅이요 거기서 본 모든 백성은 신장이 장대한 자들이며 (33) 거기서 네피림 후손인 아낙 자손의 거인들을 보았나니 우리는 스스로 보기에도 메뚜기 같으니 그들이 보기에도 그와 같았을 것이니라." 무서운 인간적인 말로써 그 땅을 악평했습니다.

민수기 14장 1절에서 3절을 보면 이 부정적인 소식은 열병과 같이 귀를 듣는 사람의 마음에 낙심과 절망을 가져왔습니다. "온 회중이 소리를 높여 부르짖으며 밤새도록 백성이 곡하였더라. 이스라엘 자손이 다 모세와 아론을 원망하며 온 회중이 그들에게 이르되 우리가 애굽 땅에서 죽었거나 이 광야에서 죽었다면 좋았을 것을 어찌하여 여호와가 우리를 그 땅으로 인도하여 칼에 망하게 하려 하는고 우리 처자가 사로잡히리니 애굽으로 돌아가는 것이 낫지 않겠는가" 하나님 없이 자신들의 능력과 지식, 인간적이고 부정적인 관점으로 사물을 본 사람들은 파괴적인 보고를 하고, 이 부정적이고 파괴적인 보고를 듣는 사람들의 마음을 물같이 낙심시켜서 그래서 완전히 부정적인 마음으로 사로잡혀 버리고 만 것입니다.

그러나 여기에 갈렙이 본 관점을 보십시다. 갈렙은 똑같이 출발하여 똑같이 40주 40야를 지났지만 갈렙은 완전히 하나님께서 함께 하신다. 하나님이 함께 하시니 문제가 되지 않는다는 긍정적인 자세로써 사물을 바라보았습니다. 민수기 13장 30절에 "갈렙이 모세 앞에서 백성을 조용하게 하고 이르되 우리가 곧 올라가서 그 땅을 취하자 능히 이기리라 하나" 민수기 14장

6절로 9절에 보면 "그 땅을 정탐한 자 중 눈의 아들 여호수아와 여분네의 아들 갈렙이 자기들의 옷을 찢고 (7) 이스라엘 자손의 온 회중에게 말하여 이르되 우리가 두루 다니며 정탐한 땅은 심히 아름다운 땅이라 (8) 여호와께서 우리를 기뻐하시면 우리를 그 땅으로 인도하여 들이시고 그 땅을 우리에게 주시리라 이는 과연 젖과 꿀이 흐르는 땅이니라 (9) 다만 여호와를 거역하지는 말라 또 그 땅 백성을 두려워하지 말라 그들은 우리의 먹이라 그들의 보호자는 그들에게서 떠났고 여호와는 우리와 함께 하시느니라 그들을 두려워하지 말라 하나" 이와 같이 백성들을 안심시킨 것입니다. 갈렙이 이렇게 긍정적인 보고를 할 수 있었던 것은 이스라엘 앞에 일어나는 일들은 살아계신 하나님께서 직접 하신다는 믿음이 있었기 때문입니다. 갈렙은 광야를 걸어오면서 문제가 생길 때마다 모세가 기도하면 하나님께서 해결 방법을 알려주시고, 알려주시는 대로 순종하면 하나님께서 해결하시는 것을 보았기 때문입니다. 하나님께서 동행하시면서 일을 하신다는 것을 체험한 것입니다. 하나님께서 문제를 해결하도록 도와주신다는 것을 보고 믿은 것입니다. 모세가 문제가 생기면 직접 해결하는 것이 아니라, 하나님께서 알려주신 방법대로 순종하면 해결이 되는 것을 체험한 것입니다.

　그래서 가나안의 문제도 하나님께서 함께 하시니 하나님께 기도하여 해결하면 된다는 믿음이 있었다는 것입니다. 갈렙은 하나님을 향한 믿음이 있었다는 것입니다. 항상 하나님을 플러스해서 생각을 하고 판단을 했다는 것입니다. 갈렙은 평소에 하나님께 기도하고 있었다는 것입니다. 하나님께서 동행하신다는 것을 보았고 믿었다는 것입니다. 갈렙은 하나님께서는 빛이시라 그 가운데 어두움이 없다는 것을 믿었습니다. 빛을 가지고서 긍정적이고 적극적이며 창조적이고 소망을 가지고 사물을 바라보는 사람에게는 주께서 흑암 가운데 빛이 일어나도록 해 주신다는 믿음이 있었다는 것입니다. 그러나 어떠한 처지에 있던지 비관적으로 바라보고 언제나 부정적인 관점을 가지고서 사물을 바라보고 나는 못한다. 나는 안 된다. 나는 못산다. 나는 할 수 없다. 그러므로 모든 것이 끝장이 났다고 말하는 사람은 주님께서 버리시는 것입니다. 주께서 그러한 사람하고는 절대로 서로 손을 잡고 일하여 주시지 않는 것입니다. 아무리 어려워도 하나님께 기도하면 지혜를 주시고, 주신 지혜대로 순종하면 하나님께서 해결하신다는 믿음의 사람하고 함께 하십니다.

**2. 하나님께서 하신다는 믿음이다.** 갈렙이 그의 동료들과 다른 것은 환경에 대한 두려움을 갖지 않았습니다. 두려움은 우리의 삶의 거대한 올무인 것입니다. 수없이 많은 사람들이 위대한 일을 성취하지 못한 것은 현재의 안위를 떠나서 새로운 세계를 향해서 모험을 하고 뛰어 들어가지 못하기 때문에 위대한 일을 성취하지 못합니다. 인간의 자를 가지고 인생을 사는 사람은 위대한 모험적인 일을 할 수가 없는 것입니다. 우리 예수 믿는 사람들은 우리의 생애 속에 인간의 자대만 가지고 사는 것이 아닙니다. 우리에게는 하늘과 땅과 세계와 그 가운데 모든 것을 지

으신 하나님의 아들 예수님께서 같이 계시므로 하나님의 자대를 가지고서 인생을 재어야 하는 것입니다.

여기 여호수아와 갈렙과 같이 간 열 정탐꾼들은 그들의 생애 속에 하나님의 척도를 갖지 않았습니다. 믿음의 자를 가져가지 아니하고 인생의 경험과 이성을 가지고서 나간 것입니다. 성경 히브리서 10장 38절에 말하기를 "나의 의인은 믿음으로 말미암아 살리라" "사람이 떡으로만 살 것이 아니요 하나님의 입으로 나오는 모든 말씀으로 살 것이니라" 했는데 믿음도 저버리고 말씀도 저버린 사람에게는 인간의 연약한 척도밖에 쥔 것이 없는 것입니다. 이러므로 민수기 13장 31절에 보면 "그와 함께 올라갔던 사람들은 이르되 우리는 능히 올라가서 그 백성을 치지 못하리라 그들은 우리보다 강하니라 하고"

우리 스스로를 가지고서 우리의 주위와 환경을 재면 우리는 보잘 것 없는 존재이기 때문에 언제나 억압되고 낙심하고 뒤로 물러날 수밖에 없습니다. 그러나 성경은 뭐라고 말합니까? 뒤로 물러가면 내 마음이 저를 기뻐하지 아니하니라. "나의 의인은 믿음으로 말미암아 살리라."

우리는 이성이나 인간 경험으로 살라고 하지 않으셨습니다. 저 하늘이 무너지고 이 땅이 꺼져도 일점일획도 변할 수 없는 하나님의 약속을 받아들인 사람인즉 말씀으로 우리는 살아야 되며, 하나님께서 함께 하신다는 믿음으로 살아야 되며, 우리는 성령으로 살아야만 되는 것입니다.

그래서 우리가 기도하고 하나님의 약속의 말씀을 마음속에 받았으면 그러면 우리는 하나님의 척도를 가지고 눈에는 아무 증거 안보이고 귀에는 아무 소리 안 들리고 손에는 아무 것도 잡히는 것 없어도 하나님께서 하시니 담대하게 일어날 것을 기대하고 일어나야 할 것입니다. 그래서 환경의 두려움으로 눌리지 말고 환경을 눌러버려야 하는 것입니다. 여호수아와 갈렙이 위대한 것은 거기에 있습니다. 그와 같이 간 동료들의 비참함은 바로 자신의 능력만 보고 가나안을 두려워한 것에 있습니다.

민수기 13장 33절에 보면 "거기서 네피림 후손인 아낙 자손의 거인들을 보았나니 우리는 스스로 보기에도 메뚜기 같으니 그들이 보기에도 그와 같았을 것이니라" 이럴 수가 어디 있습니까? 얼마나 두려움에 떨었던지 자기를 사람으로도 생각하지 아니하고 메뚜기로 생각했습니다. 그리고 난 다음 그들이 본 관점까지 설명한 다음에 "저들이 우리를 보았을 때도 메뚜기처럼 보았을 것이다." 메뚜기는 끝장났지요. 사람으로도 안보고 자기를 메뚜기로 보는 그 만큼 두려움으로 벌벌 떠는 사람들, 이러한 사람들은 하나님께서 절대로 사용할 수 없습니다. 하나님께서 여호수아에게 말씀한 것은 강하고 담대하라. 내가 다시 말하노니 강하고 담대하라. 두려워 말라고 말씀하신 것입니다. 하나님께서 할 것이니 두려워말라는 것입니다. 온전한 사랑이 두려움을 내어쫓나니 두려움에는 형벌이 있습니다.

우리가 예수님을 온전히 사랑하고 하나님 성령 가운데 있었으면 하나님의 말씀과 사물을 측량해서 절대로 두려워하지 않을 것입니다. 그러나 내가 두려워하면 두려워하는 그것이 내게 미치는 것입니다. 욥의 일생을 보십시오. 욥이 얼마나 열심히, 또 충성스럽게 종교적인 사람이었지만, 그러나 그 마음속에 두려움이 들어오자 말자 하나님은 그를 떠났고 마귀는 그와 같이 있었습니다. 그래서 그가 두려워 한데로 자식들 열 명 다 잃어 버리고, 재산 다 파산해 버리고, 온몸 전신이 다 병들고, 부인은 하나님을 저주하고 죽으라고…. 그런 가정 파탄이 일어 두려움의 결과가 얼마나 큰 비극을 가져온다는 것을 우리 성경에 분명히 보여주고 있습니다.

욥이 두려워하고 낙심하고 탄식하고 부정적인 노래를 부르고 있을 시간에 하나님께서는 그를 도와주지 않으셨습니다. 그러나 욥이 나중에 철저히 회개하고 그 믿음을 다시 하나님께로 돌이켜 오고, 새로운 마음으로 일어 섰을 때 하나님께서는 나타나셔서 그에게 일체의 저주를 다 거두시고 그를 다시 받아들여 치료하고 축복해 주어서 과거보다 더 갑절로 축복해 주신 사실이 성경에 기록되어 있는 것입니다.

오늘날 한 민족을 보더라도 그 민족이 용감하고 진취적이며 모험적인 민족은 언제나 흥했습니다. 그러나 두려워하고 언제나 뒤로 물러나고 나는 할 수 없다 못한다 하는 인생의 소극적인 태도를 취한 민족은 이 역사를 통해서 식민지 정책으로 늘 짓밟히고 남의 민족에게 늘 착취와 압박을 당하고 마는 것입니다. 오늘날 우리 기독교의 복음이 위대한 것은 복음은 우리 사람들로 하여금 믿음을 넣어주어서 두려움으로부터 해방시켜 주셨습니다. 사람들이 산을 두려워해서 절을 하고, 바닷물이 두려워서 절을 하고, 조그마한 호수만 있어도 용왕이 두려워서 절을 하고, 해와 달과 일월성신을 보고 절을 하고 있을 때, 이미 복음이 들어간 서양민족들은 복음의 말씀을 따라서 해와 별과 달과 산천초목이 모두다 사람들을 위해서 지어놓았으니 사람이 그 중에 제일이다. 그러므로 너는 땅을 다스리고 정복하라. 공중의 새와 땅의 짐승과 바다의 물고기를 모두다 지배하라. 위대한 인간 자아의 지식을 깨달았던 것입니다. 그래서 복음이 들어간 곳마다 사람이 하나님 다음으로 이 우주의 중심입니다.

그러므로 이 우주의 주인은 바로 하나님께 관리를 임명받은 우리 사람이다. 그래서 사람들은 믿음을 얻어서 바다를 정복하고 바다 밑을 정복하고 산을 정복하고 우주를 정복하고, 그리고 태양계를 향해서 까지 나갈 수 있는 믿음을 받을 수가 있는 것입니다. 이러므로 사람의 인간승패 가장 위대한 것은 하나님께서 하신다는 것을 믿는 믿음입니다. 주님께서 젖과 꿀이 흐르는 땅을 예비해 놓으셨습니다. 자신의 처지만 생각하고 두려워하는 마음을 가지고서 이스라엘 삼백만 백성에게는 주님께서 이끌어 갈 수가 없었습니다. 스스로 믿음으로 나가지 않는 사람은 주님께서 어떻게 도와줄 수 있는 것입니까. 그러나 갈렙은 그의 생의 속에 믿음으로 하나님을 플러스했기 때문에 그는 하나님의 척도로써 사물을 바라보고 두려워하지 않았습니다.

여기 성경 말씀을 보면 민수기 13장 30절에 보면 "갈렙이 모세 앞에서 백성을 안심시켜 가로되 우리가 곧 올라가서 그 땅을 취하자 능히 이기리라" 민수기 14장 8절에 "여호와께서 우리를 기뻐하시면 우리를 그 땅으로 인도하여 들이시고 그 땅을 우리에게 주시리라. 이는 과연 젖과 꿀이 흐르는 땅이니라." 갈렙은 하나님의 약속과 그에 따른 기적을 믿었습니다. 하나님의 기적을 믿지 않는 것은 하나님을 멸시하는 행동인 것입니다.

오늘날에도 우리가 모여서 아무리 입술로 주여! 주여! 말하고 감사하고 찬양한다고 하면서도 하나님을 믿지도 아니하고 하나님께서 주인이라를 것을 믿지 않고 하나님의 기적이 일어날 것을 믿지도 아니하면 하나님을 멸시하는 것이 되고 마는 것입니다. 하나님께서 멸시를 당하고 난 다음에 주께서 우리 가운데 성령으로 역사하실 리 없습니다. 하나님은 담대하고 하나님이 함께하신다는 믿음과 행함이 있는 성도와 함께 하십니다.

민수기 14장 11절에 기적을 믿지 아니하고 인간의 척도로만 사물을 바라보는 사람을 향해서 주께서 말씀하기를 "여호와께서 모세에게 이르시되 이 백성이 어느 때까지 나를 멸시하겠느냐 내가 그들 중에 모든 이적을 행한 것도 생각하지 아니하고 어느 때까지 나를 믿지 않겠느냐" 우리가 믿으면 반드시 기적이 일어날 것을 기대해야만 되는 것입니다. 기적이 일어날 것을 기대하지 않을 바에야 무엇 때문에 믿어요? 내 인간의 수단과 방법으로 다 할 수 있는데 무엇 때문에 내가 믿고 나올 필요가 있어요. 우리 하나님께서 멸망시킨 10정탐꾼과 삼백만 이스라엘 백성에 대한 하나님의 증거를 저들이 믿지 않을 뿐 아니라 저들이 하나님의 이적을 믿지 아니하고 하나님을 멸시했습니다. 오늘날 하나님께서 팔이 짧아 우리를 도와주지 못함이 아니요, 하나님의 귀가 둔하여서 우리의 기도를 들어주지 못함이 아닙니다. 우리가 하나님의 살아계심을 믿지 아니하고 우리가 하나님의 기적을 기대하지 아니하고 인간의 수단과 인간의 방법과 인간의 인본주의로만 살기 때문에 하나님께서 멸시감을 느끼는 것입니다. 오늘날 하나님을 멸시하고 난 다음에 자신의 생활 속에 위대한 하나님의 은총이 임할 것을 기대할 수는 없습니다. 오늘 하나님을 믿으시면 아멘! 하십시다. 하나님의 기적이 자신의 생애 속에 일어날 것을 믿으시면 아멘! 하십시다.

오늘도 우리들은 기적적으로 죄사함을 받으며, 기적적으로 병고침을 받으며, 기적적으로 귀신은 쫓겨 나가며, 기적적으로 절망은 소망으로 변화되며, 기적적으로 죄는 떠나가는 것입니다. 우리의 기도와 믿음은 하나님의 위대한 창조적인 손길을 움직이게 되는 것입니다. 그래서 이 시간에 이 말씀을 읽는 분의 생애 속에 믿음과 기적이 여호수아와 갈렙의 생애 속에 일어난 것처럼 날마다 시마다 일어날 줄 믿습니다.

**3.홀로선자는 가나안 보는 눈이 다르다.** 갈렙은 역경에 대한 태도가 달랐습니다. 하나님을 반역하고 주를 버린 사람들의 역경에 대한 태도는 바로 민수기 14장 3절에 기록되어 있습니다. "어찌하여 여호와가 우리를 그 땅으로 인도하여 칼에 망하게 하려 하는고 우리 처자가 사로잡히리니 애굽으로 돌아가는 것이 낫지 아니하랴." 그들은 원수들에게 잡혀 먹힐 것을 생각하였습니다. 역경과 어려움이 다가오자 이것을 하나님께서 도적

질하고 죽이고 절망시키려고 우리를 잡혀 먹게 하려고 이렇게 한 것이다. 그러므로 우리는 스스로 애굽으로 피난 가자고 한 것입니다. 우리는 역경을 피할 수는 없습니다. 우리가 일생을 살면서 언제나 장미꽃 미래만 다가오지 않습니다. 우리에게 시험과 환난의 폭풍우가 다가오는 것입니다.

그러나 이 역경 속에서 갈렙의 태도를 보고서 왜 하나님이 갈렙을 사랑하고 좋아했는지 우리는 알아보아야 할 것입니다. 민수기 14장 9절에 "다만 여호와를 거역하지는 말라 또 그 땅 백성을 두려워하지 말라 그들은 우리의 먹이라 그들의 보호자는 그들에게서 떠났고 여호와는 우리와 함께 하시느니라 그들을 두려워하지 말라 하나" 갈렙이 역경과 그 환난에 대한 태도는 우리가 탁월하게 보고 배워야 할 것입니다. 갈렙은 "원수도 우리의 먹이고 역경과 어려움도 우리에게 하나님이 먹이로 주신 것이다. 역경이 우리를 도적질하고 죽이고 멸망시키라고 하여서 역경 앞에서 원망과 불평과 탄식을 하고서 뒤로 물러가자고 하는 사람하고 역경이 다가올 때 야 이거 감사할 일이다. 주께서 내 앞에 밥상을 차려 놓았다. 이것을 먹고 믿음, 소망, 사랑이 자라나라고 밥상을 차려놓았다." 담대한 믿음이 있었던 것입니다.

자신의 믿음이 힘을 얻고 진실로 무엇을 얻기 위해서는 그 믿음이 역경과 시련을 통해서 강해지지 아니하면 절대로 실천적인 믿음이 안 되는 것입니다. 믿음이란 시험과 환난을 통해야 하는 것입니다. 작은 믿음은 작은 시험을 통해서 큰 믿음은 큰 시험을 통해서 이것이 실제로 훈련이 되어야 참된 믿음이 되는 것입니다. 이러므로 하나님께서 말씀을 읽고 기도해서 마음속에 믿음이 생기면 이것이 실제로 자신의 생활 속에 실력이 되기 위해서 시험과 환난을 통하게 하는 것입니다. 물을 통하고 불을 통해야 실제적이 그것이 믿음이 되는 것입니다. 그렇기 때문에 시험과 환난이 다가올 때 이것을 통해서 원망하고 불평하고 탄식하고 뒤로 물러가면 이 사람은 절대 믿음에 설 수 없습니다.

그러나 여기 여호수아와 갈렙처럼 시험과 환난은 우리의 먹이다. 자녀를 길러봐서 잘 아시죠. 밥을 두고서 자꾸 투정하는 아기는 아주 몸이 빼빼합니다. 밥이 질다. 밥이 되다. 반찬이 없다. 싱겁다. 반찬이 맛이 없다. 이런 아이는 언제나 몸이 약합니다. 그러나 무슨 밥이든 가져다 놓으면 눈이 번쩍하도록 다 먹어버립니다. 이런 아이들은 아주 건강하고 튼튼한 것입니다. 그러므로 우리에게 밥이 들어올 때 이 밥을 자꾸 감싸고 먹어야 합니다. 또 밥을 먹고 난 다음에도 배속에만 넣으면 먹고 난 다음 소화불량이 걸려서 소화를 못 시키고 말면 그것이 우리에게 힘이 되지 않습니다.

이러므로 우리가 우리의 생활 속에 여러 가지 역경과 시험과 환난이 다가오면 우리는 갈렙과 같이 이것을 우리의 밥으로 감사함으로 받아들여야 하는 것입니다. 절대로 이것이 우리를 망하게 하지 않습니다. 하나님을 사랑하는 자 그 뜻대로 부르심을 입은 자들에게는 모든 것이 합력하여 선을 이루고 만다. 그러므로 나의 이성과 나의 생각으로 할 수는 없지만, 하나님께서 플러스 마이너스를 하셔서 결과에 가서 유익되게 만들어 주실 것인즉, 그러므로 우리의 밥이니 시험과 환난을 감사함으로 받아들여서 그리고 난 다음 그 가운데서 끝가지 인내하고 주님께 감사하여야 합니다. 성도는 사람의 눈으로 보아서는 안 됩니다. 우리가 무엇을 보든지 하나님의 눈으로 보아야 합니다. 우리가 무엇을 보든지 하나님께서 하신다는 믿음이 있어야 합니다. 그렇기 때문에 우리에게 좋은 것은 좋아서 좋고 좋지 않는 것은 하나님께서 합력하여 유익을 이루어 더욱 좋게 만들어 줄 것이니 좋은 것입니다. 이러므로 우리의 삶에서 영원한 긍정적인 삶의 자세와 태도를 취하는 것이 얼마나 좋은지 모릅니다. 갈렙은 바로 그러한 사람이었습니다. 이래서 갈렙은 모든 사물을 바라볼 때 긍정적인 자세로써 바라보았습니다. 갈렙은 사물을 두려워하지 아니하고 믿음으로 하나님의 기적이 일어날 것을 믿고 바라보았기 때문에 두려움을 극복할 수 있었습니다. 갈렙은 그에게 다가오는 시험과 환난과 고통은 밥이라고 해서 그것을 즐겁게 받아들여서 믿음으로서 그것을 받아먹고 소화시켜 버렸기 때문에 갈렙은 힘을 얻고 또 얻고 위대한 힘을 얻은 것입니다.

이래서 성경 말씀에 보면 하나님께서는 갈렙은 다른 사람과 마음이 달랐다. 온전히 나를 쫓았다. 그러므로 내가 예비한 젖과 꿀이 흐르는 땅으로 그와 그 자손을 인도해 주시겠다고 한 것입니다. 아버지가 잘나면 자손이 함께 축복을 받습니다. 아버지가 못나면 자손도 함께 고통을 다하게 되는 것입니다. 갈렙 한 사람이 잘나니까 갈렙의 후손들조차 모두다 하나님의 축복을 받겠다고 약속한 것입니다. 오늘 이 시간에 하나님은 사람의 외모로 취하지 않습니다. 그 인물이 잘났다. 그가 교육을 많이 받았다. 옷을 잘 입었다. 그 혈통이 좋다. 그 가문이 좋다. 그러므로 하나님이 도와주신다. 절대로 그렇지 않습니다. 우리가 세상에 태어날 때 어떤 사람은 입에 금수저를 물고 태어날 수도 있고 또 어떤 사람은 흙수저를 물고 태어날 수 있습니다.

그것은 어찌할 도리가 없습니다. 이러한 차별은 인생에 있기 마련입니다. 그러나 하나님께서 우리에게 다 공평하게 주신 것은 우리의 마음속에 하나님을 믿을 수 있는 능력을 공평하게 주신 것입니다. 예수님이 십자가에 죽으셨다가 부활한 것은 남녀노소 빈부귀천 종족에 상관없이 주님께서 주신 은혜인 것입니다. 그러므로 우리가 팔자소관이나 부모를 원망하지 말고, 그리스도 안에서 우리에게 예비해 놓은 영혼이 잘 됨과 같이 범사에 잘 되며 강건하고 생명을 얻되 넘치게 얻는 젖과 꿀이 흐르는 세계로 들어가도록 예수님 안에서 홀로서야 할 것입니다.

갈렙은 이방사람입니다. 이방사람이지만 광야 길을 걸으면서 하나님께서 함께하시는 것을 보았습니다. 하나님께서 길을 내시는 것을 보았기 때문에 가나안에서도 하나님의 동행을 믿고 담대하게 하나님께서 하시고 싶은 말을 이스라엘 사람들에게 한 것입니다. 하나님은 갈렙과 같은 사람이 되도록 하여 하나님의 살아계심을 세상에 알게 하시려고 성령 안에서 홀로서도록 인도하시는 것입니다. 우리를 성령 안에서 홀로 서도록 하시는 것은 우리 앞에 일어나는 사건은 하나님께서 하신다는 것을 믿고 담대하게 나가는 성도가 되도록 하기 위해서입니다.

# 13장 하나님께서 동행을 믿고 홀로선 의인

(삼상 17:45-49) "다윗이 블레셋 사람에게 이르되 너
는 칼과 창과 단창으로 내게 나아오거니와 나는 만군
의 여호와의 이름 곧 네가 모욕하는 이스라엘 군대의 하
나님의 이름으로 네게 나아가노라 (46) 오늘 여호와께
서 너를 내 손에 넘기시리니 내가 너를 쳐서 네 목을 베
고 블레셋 군대의 시체를 오늘 공중의 새와 땅의 들짐승
에게 주어 온 땅으로 이스라엘에 하나님이 계신 줄 알게
하겠고 (47) 또 여호와의 구원하심이 칼과 창에 있지 아
니함을 이 무리에게 알게 하리라 전쟁은 여호와께 속한
것인즉 그가 너희를 우리 손에 넘기시리라 (48) 블레셋
사람이 일어나 다윗에게로 마주 가까이 올 때에 다윗이
블레셋 사람을 향하여 빨리 달리며 (49) **손을 주머니에
넣어 돌을 가지고 물매로 던져 블레셋 사람의 이마를 치
매 돌이 그의 이마에 박히니 땅에 엎드러지니라.**"

하나님께서는 다윗을 어려서부터 성령 안에서 홀로 서며 살
도록 인도하셨습니다. 부모와 형제에게 차별당하면서 혈육을
떨어져서 철저하게 하나님의 얼굴만을 구하며 살도록 하였습
니다. 다윗이 소년이던 시절 이스라엘에 블레셋의 군대가 이스
라엘에 쳐들어 왔습니다. 사울이 왕으로 있던 때입니다. 사울의
군대가 마주 나가 항오를 벌리고 대결한지 40일이 지났습니다.

그런데 블레셋 군대중 골리앗이란 거인이 매일 같이 나와서 이스라엘을 모욕하고 심히 도전함으로 이스라엘의 군인들의 사기가 땅에 떨어졌습니다. 그때 다윗의 아버지 이새가 다윗에게 전쟁에 나간 그 형들을 위문하고 음식을 전하고 오라고 함으로 나귀에 음식을 싣고 전쟁터에 나갔습니다. 다윗이 전쟁터에 도착했을 때 또 다시 골리앗이 나와 한참 시위를 하고 이스라엘을 모욕하고 협박을 하고 있었습니다. 이를 보고 분개한 다윗이 자원하여 이스라엘을 대표하여 나아가 골리앗과 싸워 물맷돌로 골리앗의 이마를 쳐서 넘어뜨리고 칼로 목을 베어 대 승전을 이스라엘에 가져다주었습니다. 사울의 군인 중 역전의 용사들도 다 겁에 질려 못하는 일을 초립동 소년 다윗이 해낼 수 있었던 이유가 어디에 있었을까요? 오늘날 우리들도 수많은 거인 골리앗과 같은 어려움에 시달리고 있습니다. 이 거인들을 물리치고 승리하기 위하여 다윗이 이긴 승리의 비결에 우리가 귀를 기울여 보는 것이 마땅할 것입니다.

**1. 어려서부터 성령 안에서 홀로선 자이다.** 다윗이 골리앗을 쳐서 물리치고 이긴 비결은 다윗의 가슴속에 그는 꿈을 품고 살았다는 것입니다. 다윗은 항상 그 마음속에 꿈을 가지고 있었습니다. 꿈이란 하늘과 땅과 세계와 그 가운데에 모든 것을 지으신 하나님이 계시고 하나님이 자기를 사랑해 주시고 자기를 통해서 일하신다는 것을 믿는 것입니다. 그래서 그는 다른 사람들은 그냥 세상에 취해서 사는데, 다윗의 마음속에는 만유를 지으

신 하나님께서 나의 하나님이 되시고 나를 사랑하시고 나는 그 하나님과 같이 산다는 하나님께서 자신을 통하여 일하신다는 꿈을 늘 마음속에 품고 살았습니다. 그렇기 때문에 그는 평범한 사람이 아니라 하나님을 주인으로 모시고 사는 하나님의 사람이 되어 있었습니다. 그리고 아버지의 양을 칠 때 사자나 곰이 아버지의 양을 물고 갈 때 다윗은 하나님이 같이 계시는 꿈을 품고 하나님을 의지하고 나아가 그들을 쳐서 죽였습니다. 감히 초립동 조그마한 소년이 사자나 곰을 대항하여 어떻게 나아갈 수 있겠습니다. 그러나 다윗은 몸은 작고 키는 작았지만 그 마음속에 꿈이 컸습니다.

그 마음속에 하나님을 모시고 있었습니다. 하나님이 그 안에, 그가 하나님 안에 있는 꿈을 마음속에 가지고 있었기 때문에 그가 사자나 곰을 대항하여 나갈 때 자기 힘으로 나아가는 것이 아니라 하나님과 함께 나간다는 확신을 가지고 있었던 것입니다. 그러므로 하나님을 의지하고 그는 나아가서 사자를 치고 곰을 치고 양을 입에서 빼앗아 내고 덤벼들면 수염을 잡고 쳐서 사자나 곰을 죽였는데 그것은 자기 힘으로 된 것이 아니라 그 마음속에 꿈을 품고 있었기 때문인 것입니다. 이렇기 때문에 다윗은 골리앗을 만났을 때 그 사자나 곰 중의 하나로 보았습니다. 골리앗이 아무리 거인이라고 해도 사자와 곰처럼 우직스럽고 강하지는 않다. 그리고 다윗이 그 마음속에 하나님의 꿈을 가지고 있고 하나님의 꿈을 품고 하나님 안에서 골리앗을 바라볼 때 골리앗은 사자나 곰 한 마리에 불과한 것입니다. 그렇기 때문에 그는 강하고 담대하게 나아가서 하나님을 의지하여 골리앗을 물맷돌로 죽이고 골리앗의 칼로 그의 목을 잘라 이스라엘에 대 승리를 가지고 올 수 있었던 것입니다.

다윗이 보통 사람과 다른 것은 다윗은 그 마음속에 꿈을 품고 사는 사람인 것입니다. 그는 하나님의 꿈에 취해 있었습니다. 하나님이 내 안에 내가 하나님 안에 있다는 그 꿈을 항상 생각하고 항상 묵상하고 입으로 시인하고 그 꿈속에 살았기 때문에 그는 보통 사람이 아니었습니다. 꿈꾸는 사람이었습니다. 그는 하나님의 사람이었습니다. 하나님께 취한 사람이었습니다. 그래서 하나님과 그가 함께 나감으로 말미암아 사자와 곰도 골리앗도 그를 당할 수가 없었던 것입니다.

우리는 갈보리 십자가 밑에서 예수 그리스도를 쳐다보고 우리는 성령 안에서 하나님의 동행하심을 믿습니다. 우리의 죄가 용서받고 우리를 의롭게 해 주신 예수님을 바라보고 용서받은 의인이 되었다는 꿈을 품은 사람인 것입니다. 예수 그리스도로 말미암아 이제 하나님께로부터 멀리 떨어져 있지 아니하고 하나님의 품에 안겨 있고 하나님이 우리에게 성령을 부어주시고 우리를 사랑하고 우리와 함께 살고 우리는 하나님의 자녀가 되고 하나님께서 나를 통해 일하시는 하나님의 가족이 되었다는 꿈을 마음속에 품고 사는 사람인 것입니다.

우리는 갈보리 십자가를 바라보고 주님께서 안개와 같이 모든 슬픔을 다 쓸어버리고 우리의 모든 연약함과 질병을 대신 담당해 주시고 예수로 말미암아 기쁨을 얻고 우리 마음속에 소망을 얻으며 우리가 치료받고 건강하게 된 자화상을 가지고 꿈을 품은 사람들인 것입니다. 비록 지금 내가 병들고 고통스럽고 괴로워도 그것은 현실입니다. 그러나 현실에 대적할 때 현실로 대적하면 안 됩니다. 마음에 꿈을 품고 현실을 대적해야 합니다. 아무리 눈에 아무 증거 안 보이고 귀에는 아무 소리 안 들려도 아무리 병들고 고통스럽고 관절염이 심장병이 걸려 있어도 나는 예수를 바라보고 마음속에 꿈을 받아들인 사람인 것입니다. 예수께서 나의 연약한 것을 친히 담당하시고 병을 짊어지고 가셨으므로 그리스도 안에서 나는 병을 이기고 건강하게 된 나의 모습을 꿈꾸고 살아야 하는 것입니다. 그 꿈을 품고 현실에 대결하면 꿈을 품은 자가 언제나 이깁니다. 꿈은 현실보다 강하기 때문인 것입니다. 우리는 갈보리 십자가를 바라보고 코로나19로 인하여 현실이 아무리 어렵고 낭패와 실망을 당하고 경제적인 고통이 있고 가난이 있고 슬픔이 있을지라도 그리스도께서 십자가에서 우리의 가난과 저주를 다 청산하시고 아브라함의 복으로 우리에게 복 주신 모습을 바라보고 이것을 마음속에 받아들이고 나는 아브라함의 복 받은 사람이라는 꿈을 가슴속에 품어야만 되는 것입니다. 꿈은 십자가에서 얻을 수가 있는 것입니다.

꿈은 십자가에서 품을 수가 있는 것입니다. 갈보리 십자가를 바라보고 매일 매시 내 마음속에 아브라함의 축복을 받은 나의 모습을 꿈꾸고 그 꿈을 마음속에 품고 현실의 가난과 슬픔과 저주와 불안을 대결해 나가면 꿈을 품은 자가 언제나 이깁니다. 현실은 꿈에게 지고 마는 것입니다. 현실을 현실과 부딪치면 우리가 안 되지만 현실이 어려워도 꿈을 품은 사람, 꿈과 부딪히면 현실은 물러가고 꿈이 승리하는 것입니다. 그렇기 때문에 성경에 꿈이 없는 백성은 망한다는 한 이유는 꿈이 없이 현실에 대하면 망하고 맙니다. 그러나 마음속에 꿈을 품고 현실에 대하면 꿈이 현실을 정복하는 것입니다.

다윗이 다른 사람보다 탁월한 것은 그는 비록 교육도 없고 시골에서 양떼나 치는 조그마한 초립동 소년이었지만 그는 하나님의 꿈을 마음속에 품은 사람이었던 것입니다. 그는 항상 하나님의 꿈 가운데 살았습니다. 하나님과 함께 있었습니다. 하나님과 함께 꿈속에 있었으므로 사자를 보아도 겁나지 않았습니다. 곰을 봐도 겁나지 않았습니다. 모든 이스라엘 역전의 용사들이 다 겁을 먹고 도망을 치는 골리앗 앞에서도 그는 겁이 나지 않았습니다. 왜 그는 꿈 하나님을 품고 있었기 때문에 하나님과 함께 있는 꿈을 품고 있으니 하나님 앞에 골리앗은 사자와 곰보다 더 못한 존재인 것입니다. 그러므로 꿈을 품고 나가자 현실은 꿈 앞에 무릎을 꿇고 마는 것입니다. 사자도 죽고 곰도 죽고 골리앗도 죽었습니다.

**2. 하나님에 대한 확실한 지식이 있었다.** 막연하게 그는 하나님을 믿은 것이 아닙니다. 시편 23편은 다윗이 그가 하나님에 대해서 알았던 모든 진리와 지식을 그려 놓은 것입니다. 다윗은 하나님이 선하신 목자인 것을 알았습니다. 하나님이 나쁜 하나님이 아니라 좋은 하나님인 것을 알았습니다. 하나님은 좋은 하

나님이기 때문에 내게 부족함이 없게 하신다. 나를 푸른 초장에 인도해 주시고 쉴만한 물가로 이끌어 주시며 내 생명을 끊임없이 소생시켜 주시고 하나님이 자기 이름을 위하여 의의 길로 인도해 주시는 참으로 좋은 목자라는 것을 그는 늘 알고 믿고 있었습니다. 하나님의 대한 지식이 그는 분명했습니다. 하나님에 대한 부정적인 생각이 없었습니다.

하나님은 좋은 하나님이시다. 그러므로 내게 하나님은 좋게 해주시기를 원하시는 하나님이라는 것을 분명한 그런 신앙의 지식을 가지고 있었습니다. 그는 환난 중에 통해도 하나님은 함께 계셔서 건지시는 하나님이시라는 것을 알았습니다. 내가 비록 사망의 음침한 골짜기로 다닐지라도 해를 두려워하지 않을 것은 주께서 함께 계심이라. 주의 지팡이와 막대기가 나를 안위하시나이다. 그러므로 어떤 환난이 다가와도 하나님이 나와 같이 계시는 꿈을 품고 있기 때문에 하나님의 지팡이와 막대기가 나를 인도해서 나를 사망의 음침한 골짜기를 통해서 더 연단 받고 더 능력 있고 더 씩씩한 사람으로 나올 것을 그는 확신하고 있었습니다. 그러므로 환난이 그는 부럽지 않았습니다. 환난에 처하여서도 하나님에 대한 신앙이 뚜렷했었습니다. 그는 원수들이 쳐들어올지라도 원수의 목전에서 하나님은 진수성찬 차리시고 내 머리에 오히려 기름을 발라 성령 충만해서 높이고 잔을 넘치게 만들어 주는 좋은 하나님이라는 것을 알았습니다. 그렇기 때문에 원수를 바라보고 두려워하지 않고 원수가 오면 원수 앞에 진수성찬 차리는 하나님을 바라보고 기뻐할 수 있는 적극적이고 긍정적이고 창조적인 신앙을 가지고 있었습니다. 또 하나님을 바라볼 때 하나님은 항상 선하시고 인자하셔서 종국적으로 그를 천국 아버지 집에 데려가서 영원히 살게 할 것이라는 확실한 지식을 가지고 있었던 것입니다.

우리가 하나님에 대한 분명한 지식을 갖지 못하고 하나님이 살아계신지 하나님이 좋은 하나님인지 나쁜 하나님인지를 분별하지를 못하고 내 마음속에 의심을 가지고 있고 환난에 처하게 될 때 하나님이 나를 버렸나보다 원망하고 탄식하고 불평하고 원수가 오면 겁이 나서 도망을 치고 정말 천국이 있을 것이냐! 없을 것이냐! 마음에 불안정을 가지고 있으면 담대한 신앙으로 승리할 수 없습니다. 다윗과 같이 하나님에 대한 분명한 지식을 가지고 있어야 되는 것입니다. 하나님이 우리와 같이 계시는 분명한 지식을 가지고 있으면 우리는 요동치 않습니다.

우리 충만한교회의 교인들은 하나님에 대한 분명한 지식을 예수 그리스도의 십자가에서 알고 가지고 있는 것입니다. 우리 하나님은 예수 그리스도를 통해서 우리를 용서하고 의롭게 하시고 우리와 화목케 하시고 성령과 사랑을 부어 주시고 십자가를 통하여 우리를 기쁘게 하시고 우리 병을 제하시고 마귀를 멸하시고 십자가를 통하여 저주와 가난을 물리치시고 아브라함의 복을 주시며 천국과 영생을 주시기 위해서 대속의 은총을 베풀어주신 것을 우리는 잘 알고 있는 것입니다. 그래서 "사랑하는 자여! 내 영혼이 잘 됨같이 내가 범사에 잘 되며 강건하기를 간구하노라."는 아버지의 종국적인 뜻을 우리는 너무나 분명히 알고 있는 것입니다. 하나님에 대해서 온전한 지식을 아는 사람만이 어떠한 일에도 이겨 나갈 수가 있는 것입니다. 하나님에 대한 온전한 지식을 알지 못하고 희미하여 오른편도 왼편도 아니고 중도도 아닌 방황하는 이러한 신앙을 가지고 있으면 결코 성공할 수가 없는 것입니다.

**3. 하나님께서 자신을 통해서 싸우신다.** 다윗이 승리할 수 있었던 것은 다윗은 믿음의 사람이었습니다. 어릴 때부터 다윗은 성령 안에서 홀로서면서 살았기 때문에 하나님께서 자신을 통하여 일하신다는 믿음이 있었습니다. 믿음이란 환경이나 감각을 초월하여 하나님과 하나님의 말씀을 믿는 것을 말합니다. 사람은 눈으로 보는 것을 믿고 귀를 듣는 것을 믿고 냄새 맡고 맛보고 손으로 만지는 환경을 믿습니다. 그러므로 환경으로 좋아지면 할렐루야를 하고 환경이 어려워지면 좌절을 합니다. 그러나 우리 예수 믿는 사람은 그렇게 하는 것이 아닙니다. 그런 것은 육체적인 감각적인 믿음입니다. 우리는 신령한 믿음을 가지고 있습니다. 신령한 믿음이란 하나님을 믿는 것입니다. 죽은 자를 살리시며 없는 것을 있게 하신 하나님을 믿는 것입니다. 창조주 하나님을 믿고 하나님의 약속을 믿습니다. 그래서 하나님과 하나님의 약속을 바라보고는 육체적으로는 감각적으로 눈에는 아무 증거 안 보이고 귀에는 아무 소리 안 들리고 손에는 잡히는 것은 없어도 거기에 흔들리지 않습니다. 우리는 보는 것으로 행하지 아니하고 믿음으로 행하는 것입니다. 하나님을 바

라보고 하나님 말씀에 의지해서 사는 이것이 믿음인 것입니다. 그러므로 믿음이란 환경의 협박에 두려워하지 않고 담대히 하나님께 신앙 고백을 하면서 살아 나가는 것입니다.

다윗을 보십시오. 다윗이 골리앗을 대항하여 나아갈 때 골리앗이 간담이 서늘하게 무시무시한 협박을 했습니다. 그는 신장이 구척장신이었습니다. 그는 귀가 크고 눈이 커피 잔만 했습니다. 그는 산이 쩡쩡 울리는 소리로 다윗을 향해서 저주를 했습니다. 블레셋 사람이 다윗에게 이르되, "네가 나를 개로 여기고 막대기를 가지고 내게 나왔느냐 하고 그 신들의 이름으로 다윗을 저주하고 또 이르되, 내게로 오라 내가 네 고기를 공중의 새들과 들짐승에게 주리라." 얼마나 간담이 서늘합니까? 그럼에도 불구하고 다윗은 하나님께서 동행하심을 믿고 하나님께서 자신을 통하여 골리앗을 쳐서 죽일 것을 믿고, 하나님의 말씀을 믿었기 때문에 환경이나 골리앗 같은 것을 바라보고 두려워하지 아니하였습니다. 그는 하나님을 믿는 믿음을 가지기 때문에 담대한 신앙 고백을 했습니다.

사무엘상 17장 45절로 47절에 보면 "다윗이 블레셋 사람에게 이르되 너는 칼과 창과 단창으로 내게 나아오거니와 나는 만군의 여호와의 이름 곧 네가 모욕하는 이스라엘 군대의 하나님의 이름으로 네게 나아가노라 (46) 오늘 여호와께서 너를 내 손에 넘기시리니 내가 너를 쳐서 네 목을 베고 블레셋 군대의 시체를 오늘 공중의 새와 땅의 들짐승에게 주어 온 땅으로 이스라엘에 하나님이 계신 줄 알게 하겠고 (47) 또 여호와의 구원하심이 칼과 창에 있지 아니함을 이 무리에게 알게 하리라. 전쟁은 여호와께 속한 것인즉 그가 너희를 우리 손에 넘기시리라" 신앙이란 바로 믿음의 고백입니다. 다윗이 하나님을 믿고 말씀을 믿었기 때문에 그 믿음이 입술의 고백으로 나온 것입니다.

사람이 마음에 믿어서 의에 이르고 입으로 시인하여 구원에 이른다고 말씀한 것입니다. 우리가 마음속에 하나님을 믿으면 우리 마음속에 원수 앞에서 강하고 담대한 신앙 고백을 해야 되는 것입니다. 다윗은 강하고 담대한 신앙 고백을 했고 이 신앙 고백을 통해서 하나님의 성령이 다윗을 통해 역사한 것입니다.

오늘날 수많은 사람들이 입으로 자꾸 신앙을 부정합니다. "나는 못해요. 나는 안 돼요. 할 수 없어요. 망했어요. 능력이 없어요. 나는 패해요." 이와 같은 부정적인 신앙 고백을 합니다. 이것은 원수에게 박수를 쳐주는 것입니다. 원수에게 함께 합작을 해 주는 것입니다. 그러므로 원수가 더 힘을 얻지요. 원수는 자기 말에 동의해 주고 원수에 동참을 해주니까 원수야 더 힘을 얻지요. 그래서 수많은 사람들이 하나님을 믿다가 입술의 잘못된 부정적인 고백으로 말미암아 오히려 원수 앞에 무릎을 꿇게 되고 원수에게 짓밟히고 마는 것입니다. 우리는 마음속에 믿었으면 그 믿음을 눈에는 아무 증거 안 보이고 귀에는 아무 소리 안 들리고 손에는 잡히는 것 없어도 강하고 담대하게 믿음의 고백을 해야만 하는 것입니다.

그러므로 우리들은 삶 속에 고백하는 신앙 이것을 놓치면 안 됩니다. 사람이 믿음이 있는가, 없는가를 알려면 그 입에서 나오는 말을 들어보면 압니다. 입술의 말에 신앙적인 고백이 나오면 믿음이 있는 사람입니다. 그러나 입술의 말에 부정적인 고백이 나오면 신앙이 없는 사람인 것입니다.

아브라함은 그 나이가 85세 때에 하나님이 자식 주실 것을 말씀했을 때 그는 믿었습니다. 하나님께서 그를 밤에 데리고 가서 하늘의 별들을 헤아리게 하고 꿈을 갖게 하고 네 자식이 저와 같이 많을 것이라고 할 때 그는 믿었습니다. 그리고 난 다음에 그는 강하고 담대하게 그 믿음으로 신앙을 고백했습니다. 85세에 하나님께서 꿈을 보여 주었지만 100살이 될 때까지 그는 아직 아들을 얻지 못했습니다. 그러나 그는 입술로 고백을 계속했습니다. 그는 이름이 아브람이 아브라함, 즉 많은 민족의 조상이요, 그 아내 사래가 사라로, 즉 여주인으로 이름이 바뀌었습니다. 그래서 그들은 85세부터 시작해서 장작 15년까지 계속해서 늘 신앙 고백을 했습니다. 나는 많은 민족의 조상이다. 내 아내는 여주인이다. 이와 같이 그는 끊임없이 신앙 고백을 하고 그 고백대로 하나님이 100세 되었을 때 아들을 주었던 것입니다.

그러므로 우리들은 다윗과 같이 강하고 담대한 신앙고백을 하고 믿음의 사람이 되어야 하는 것입니다. 우리 예수 믿는 사람은 이 세상 떡으로만 사는 것이 아니요 하나님 입으로 나오는 모든 말씀으로 삽니다. 우리는 믿음으로 행하고 보는 것으로 행하지 않습니다. 그렇기 때문에 강하고 담대한 믿음의 고백을 할 수 있어야 되는 것입니다.

**4. 강하고 담대한 사람이었다.** 담력이 없으면 초립동 소년이 사자나 곰을 대항하여 싸울 수가 없습니다. 마음에 담력이 있기 때문에 용감해서 사자나 곰을 향해서 나아갈 수 있는 것입니다. 담력이 없이는 블레셋의 거인을 향하여 물 멧돌만 가지고서 대적해 나아갈 수가 없습니다. 떨려서 어떻게 나갑니까? 그러나 그는 스스로에게 힘을 주고 용기를 주어서 강하고 담대한 신앙을 가지게 된 것입니다. 하나님께서는 가나안 땅에 들어가는 백성들이 강하고 담대함을 잃어버리고 환경을 바라보고 두려워하고 물러갈 때 그들을 다 싹 쓸어버리고 만 것입니다. 여호수아와 갈렙만이 "저들은 우리의 밥이다. 우리가 들어가서 점령하자." 강하고 담대한 말을 했을 때 여호수아와 갈렙 두 사람은 구출해서 가나안 땅에 들어가게 했지만 우리들 본인 스스로는 보니 메뚜기와 같다. 우리는 쳐들어가지 못한다. 우리 처자가 다 잡힐 것이다. 우리는 애굽으로 돌아가자. 이렇게 말한 사람은 광야로 다 회진시켜서 다 멸망시켜 버리고 만 것입니다. 하나님께서 가나안 땅에 들어갈 여호수아를 보고서 어떻게 격려했습니까? 강하고 담대하라고 말한 것입니다. 여호수아에게 확실한 꿈을 주신 후에 강하고 담대하라고 거듭거듭 강조했습니다.

여호수아서 1장 5절 6절에 보면 "네 평생에 너를 능히 대적할 자가 없으리니 내가 모세와 함께 있었던 것 같이 너와 함께 있을 것임이니라 내가 너를 떠나지 아니하며 버리지 아니하리니 (6) 강하고 담대하라 너는 내가 그들의 조상에게 맹세하여 그들에게 주리라 한 땅을 이 백성에게 차지하게 하리라" 그 다음 여호수아 1장 9절에 보면 "내가 네게 명령한 것이 아니냐 강하고 담대하라 두려워하지 말며 놀라지 말라 네가 어디로 가든지 네 하나님 여호와가 너와 함께 하느니라 하시니라"

여기에 여호수아 1장에 무려 3번이나 하나님은 꿈도 주시고 약속도 다 주셨는데도 불구하고 여호수아에게 부탁한 것은 마음을 강하게 하고 담대히 하라. 마음을 강하게 먹고 지극히 담대하라고 하신 것입니다. 아무리 꿈이 있고 지식이 있고 믿음이 있어도 담대히 실천하지 않으면 아무 일도 이루어지지 않는 것입니다. 우리 하나님께서는 강하고 담대한 사람이 되게 하기 위하여 성령 안에서 홀로서는 훈련을 하시어 하나님의 뜻을 이루시는 것입니다.

이스라엘의 모든 역전의 용사들이 다 두려워서 벌벌 떨 때 소년 다윗이 강하고 담대하게 투구도 쓰지 아니하고 갑옷도 입지 아니하고 목자의 옷 그대로 입고 그는 물 맷돌 하나를 들고 나갔다는 것은 그 마음속에 얼마나 담력이 있었다는 것을 보여 주는 것입니다. 다윗이 우연히 골리앗과 싸워서 요행히 이긴 것은 결코 아닙니다. 다윗이 일반 사울의 군인들과 다른 점이 어려서부터 하나님에게 택함을 받았고, 성령의 인도를 받으면서 인생을 살아갈 때 하나님께서 함께하신다는 꿈이 있고 지식이 있고 믿음이 있고 담력이 다른 사람보다 뛰어났기 때문인 것입니다.

다윗은 어려서부터 성령 안에서 홀로서기를 한 사람입니다. 그래서 사울 왕을 만나서 이렇게 말합니다. "다윗이 사울에게 말하되 주의 종이 아버지의 양을 지킬 때에 사자나 곰이 와서 양 떼에서 새끼를 물어가면 (35) 내가 따라가서 그것을 치고 그 입에서 새끼를 건져내었고 그것이 일어나 나를 해하고자 하면 내가 그 수염을 잡고 그것을 쳐죽였나이다."(삼상 17:34-35). "주의 종이 사자와 곰도 쳤은즉 살아 계시는 하나님의 군대를 모욕한 이 할례 받지 않은 블레셋 사람이리이까 그가 그 짐승의 하나와 같이 되리이다."(삼상 17:36). 다윗이 이렇게 고백한 것은 성령 안에서 홀로 서며 하나님께서 함께 하심을 체험했던 것입니다. 그래서 골리앗을 칠 때에도 자신이 골리앗을 치는 것이 아니고 하나님께서 자신을 통하여 골리앗을 친다는 확실한 믿음이 있었던 것입니다.

다윗은 골리앗을 칠 때에 이렇게 담대하게 하나님의 이름으로 나갑니다. "나는 만군의 여호와의 이름 곧 네가 모욕하는 이스라엘 군대의 하나님의 이름으로 네게 나아가노라"(삼상17:45) "결국 다윗의 물매에 골리앗이 쓰러집니다. "손을 주머니에 넣어 돌을 가지고 물매로 던져 블레셋 사람의 이마를 치매 돌이 그의 이마에 박히니 땅에 엎드러지니라 (50) 다윗이 이같이 물매와 돌로 블레셋 사람을 이기고 그를 쳐죽였으나 자기 손에는 칼이 없었더라 (51) **다윗이 달려가서 블레셋 사람을 밟고 그의 칼을 그 칼 집에서 빼내어 그 칼로 그를 죽이고 그의 머리를 베니 블레셋 사람들이 자기 용사의 죽음을 보고 도망하는지라.**"(삼상17:49-51). 다윗은 성령 안에서 홀로 서며 살아계신 하나님을 불레셋 사람들에게 증명해보입니다. 우리도 성령 안에서 홀로서면 다윗과 같이 하나님의 살아계심을 나타내는 도구가 되는 것입니다.

# 14장 하나님께서 하실 것을 믿으며 홀로선 의인

(왕상17:21-24)"그 아이 위에 몸을 세 번 펴서 엎드리고 여호와께 부르짖어 이르되 내 하나님 여호와여 원하건대 이 아이의 혼으로 그의 몸에 돌아오게 하옵소서 하니, 여호와께서 엘리야의 소리를 들으시므로 그 아이의 혼이 몸으로 돌아오고 살아난지라. 엘리야가 그 아이를 안고 다락에서 방으로 내려가서 그의 어머니에게 주며 이르되 보라 네 아들이 살아났느니라. 여인이 엘리야에게 이르되 **내가 이제야 당신은 하나님의 사람이시요 당신의 입에 있는 여호와의 말씀이 진실한 줄 아노라** 하니라."

하나님은 살아계신 하나님을 증명하는 사역에 사용할 크리스천을 직접 성령으로 인도하면서 홀로서도록 하십니다. 직접 살아계신 하나님을 체험하게 하십니다. 성경에 나오는 믿음의 선진들은 모두 하나같이 직접 살아계신 하나님을 체험하게 하셨습니다. 아브라함도 살아계신 하나님을 체험했습니다. 이삭도 살아계신 하나님을 체험했습니다. 이스라엘도 살아계신 하나님을 체험했습니다. 요셉도 살아계신 하나님을 체험했습니다. 모세도 살아계신 하나님을 체험했습니다. 여호수아와 갈렙 역시 마찬가지입니다. 다윗도 살아계신 하나님을 체험했습니다. 오늘 본문에 나오는 엘리야 역시 살아계신 하나님을 체험했습니다. 다니엘과 세 친구역시 살아계신 하나님을 체험했습니다. 모두 하나같이 살아계신 하나님을 체험하여 어떠한 일이 일어나더라도 당황하지 않고 하나님께서 하신다는 믿음으로 하나님께서 부여한 사명을 감당했습니다.

하나님께서는 살아계신 하나님을 체험하게 한 후에 하나님께서 부여한 일을 하도록 하십니다. 하나님께서 영이시면서 살아계시는 분이기 때문입니다. 필자는 현 시대에 성령의 인도를 받는 크리스천들도 역시 성령의 인도를 받으면서 살아계신 하나님을 체험하게 하십니다. 일부 목회자들이 자기에게 와서 훈련을 받으라고 합니다. 그리고 자기 제자라고 합니다. 그런데 영적으로 따지면 잘 못된 오해한 말입니다. 분명하게 성경은 "너희는 주께 받은바 기름 부음이 너희 안에 거하나니 아무도 너희를 가르칠 필요가 없고 오직 그의 기름 부음이 모든 것을 너희에게 가르치며 또 참되고 거짓이 없으니 너희를 가르치신 그대로 주 안에 거하라(요일 2:27)" 성령의 인도를 받으면서 성령께서 하나님의 군사로 훈련하시는 것입니다. 예수를 믿고 성령으로 거듭난 하나님의 자녀는 성령께서 직접 인도하시면서 훈련하십니다. 물론 사람을 통하여 훈련하십니다. 사람을 만나는 것도 성령께서 만나도록 인도하십니다. 사람을 통해서 훈련하는 것이지, 사람이 직접 훈련하지는 않는 것입니다. 이 오묘한 진리가 이해가 되어야 하나님과 관계가 열리고 성령의 인도를 받으면서 자신을 통해서 살아계신 하나님을 나타내게 됩니다.

**1. 하나님의 경고를 선포한다.** 아합은 이스라엘의 하나님인

여호와 하나님을 선택하지 않고 바알과 아세라를 선택했습니다. 아합은 오므리의 아들이었습니다. 시돈의 아세라 신 제사장 겸 왕인 엣바알의 딸을 아내로 맞이하였습니다. 사마리아에 바알 신전을 만들고 사람들이 바알을 섬기게 하였습니다. 하나님은 엘리야를 통해서 심판을 예고하십니다. 엘리야는 하나님을 "내가 섬기는 이스라엘 하나님 여호와"(왕상17:1)라고 고백합니다. 엘리야의 이름은 '나의 하나님은 여호와이시다'입니다. 엘리야는 여호와 하나님을 이스라엘의 하나님, 나의 하나님으로 고백합니다. 마땅히 이스라엘 백성이 섬겨야 할 하나님, 그러나 당시 하나님께서는 많은 백성으로부터 섬김을 받지 못하고 계셨습니다. 그 하나님께서 이스라엘에 비가 없을 것을 엘리야를 통해서 선언하게 하십니다. 비를 누가 내리는지 알게 하시겠다는 것입니다. 바알과 아세라를 섬기지만 비가 오지 않습니다. 비가 오지 않음으로 바알과 아세라가 참 신이 아니라 하나님만이 참 신임을 드러내시는 것입니다.

**2. 까마귀를 통해서 먹이시는 하나님.** 하나님의 말씀이 엘리야에게 임합니다. 요단 앞 그릿 시냇가로 가서 숨으라고 명하십니다. 하나님은 아합이 엘리야를 죽이려고 할 것을 아시고 그를 숨게 하셨습니다. 엘리야의 영적인 권능이 낮은 상태이므로 아합을 만나면 죽을 수 있기 때문입니다. 그릿 시냇가는 건천입니다. 비가 오면 흐르지만 비가 오지 않으면 마르는 시냇가입니다. 말라가는 시냇가의 물을 마시라고 하십니다. 그리고 먹을

것을 율법에 부정한 새인 까마귀를 통해서 공급하십니다. 아직 엘리야가 육체적인 수준이기 때문에 까마귀를 통하여 공급하시는 것입니다.

그릿 시냇가는 엘리야를 훈련하는 곳이며 하나님의 성품을 나타내는 곳입니다. 하나님의 방법은 사람의 생각을 초월합니다. 하나님의 방법은 내 방법과 다르다는 것을 알 때 하나님을 바로 만날 수 있습니다. 말라가는 그릿 시냇가를 보면서도 엘리야는 그곳을 떠날 수 없습니다. 하나님의 말씀을 기다려야 합니다. 하나님은 그 곳에서 까마귀를 통해서 떡과 고기를 공급해 주셨습니다. 참된 공급자이심을 보이십니다. 까마귀는 부정한 새입니다. 하지만 가치 없고 부정한 새를 통해서도 하나님은 공급하십니다.

**3. 사르밧 과부를 통해서 먹이시는 하나님**. 사람에게 전도하여 사람이 주는 것으로 살게 하십니다. 시돈 땅 사르밧에도 가뭄으로 기근이 임했습니다. 열왕기상 17장 8~9절입니다. "여호와의 말씀이 엘리야에게 임하여 이르시되 너는 일어나 시돈에 속한 사르밧으로 가서 거기 머물라 내가 그 곳 과부에게 명령하여 네게 음식을 주게 하였느니라." 시냇물이 마르자 여호와의 말씀이 엘리야에게 임합니다. 너는 일어나 시돈에 속한 사르밧으로 가서 거기 머물라고 합니다. 시돈은 아합 왕의 아내 이세벨의 아버지가 왕으로 다스리는 나라입니다. 이세벨의 아버지는 바알이 함께 한다는 엣바알입니다. 이러한 바알숭배의

본산지로 엘리야를 가게 합니다. 그런데 그 곳의 한 과부에게 여호와께서 명령하여 네게 음식을 주도록 하였다고 하십니다. 가난한 과부에게 하나님께서 미리 명령해 두신 것입니다.

열왕기상 17장 10~12절입니다. "그가 일어나 사르밧으로 가서 성문에 이를 때에 한 과부가 그 곳에서 나뭇가지를 줍는지라 이에 불러 이르되 청하건대 그릇에 물을 조금 가져다가 내가 마시게 하라. 그가 가지러 갈 때에 엘리야가 그를 불러 이르되 청하건대 네 손의 떡 한 조각을 내게로 가져오라. 그가 이르되 당신의 하나님 여호와께서 살아 계심을 두고 맹세하노니 나는 떡이 없고 다만 통에 가루 한 움큼과 병에 기름 조금 뿐이라 내가 나뭇가지 둘을 주워다가 나와 내 아들을 위하여 음식을 만들어 먹고 그 후에는 죽으리라"

엘리야사 사르밧으로 가서 성문에 이를 때에 한 과부가 나뭇가지를 줍는 것을 봅니다. 여호와의 지시가 있었기에 그 여자에게 물을 가지고와서 자기에게 마시게 하라고 합니다. 이제 마지막 양식을 먹고 굶어죽을 수밖에 없는 지경에 있는 여인에게 물을 가져오라고 합니다. 그러자 이 여인이 물을 가지로 갈 때에 엘리야가 그 과부에게 네 손의 떡 한 조각을 가져오라고 합니다. 엘리야가 목도 마르고 배도 고팠을 것입니다. 그런데 과부에게 하는 말을 보면 명령하는 형식입니다. 눈치를 보거나 사정을 보고 부탁하는 것이 아닙니다.

그러자 과부는 당신의 하나님 여호와께서 살아계심을 두고 맹세한다고 합니다. 여호와께서 이 과부에게 명령하셨기에 이 여인이 엘리야를 여호와 하나님의 선지자로 알았습니다. 그러나 그 여호와 하나님이 어떤 하나님이신지 잘 모릅니다. 그래서 가뭄 속에 떡과 기름의 기적만이 아니라 죽은 아들을 살리는 하나님이십니다. 말씀은 통의 가루 한 움큼과 병의 기름 조금 있는 그 여인의 마지막 양식을 주의 종이라는 사람이 거침없이 달라고 합니다. 우리는 이런 말씀을 통하여 주의 종에게 먼저 대접하는 것이 복을 받는다는 말을 많이 합니다. 그러나 이미 여호와께서 그 여인에게 감동하여 마음을 열게 하셨다는 말씀으로 봐야 합니다. 여호와의 명령이 임하였기에 이렇게 됩니다.

열왕기상 17장 13~14절입니다. "엘리야가 그에게 이르되 두려워하지 말고 가서 네 말대로 하려니와 먼저 그것으로 나를 위하여 작은 떡 한 개를 만들어 내게로 가져오고 그 후에 너와 네 아들을 위하여 만들라. **이스라엘의 하나님 여호와의 말씀이 나 여호와가 비를 지면에 내리는 날까지 그 통의 가루가 떨어지지 아니하고 그 병의 기름이 없어지지 아니하리라 하셨느니라**"

엘리야가 이 과부에게 명령하듯이 말하는 이유는 여호와의 말씀이 임하였기 때문입니다. 그리고 이 여인도 여호와의 명령을 받았지만 그러나 아직 두려운 것입니다. 그래서 엘리야가 두려워말고 가서 떡을 만들어 먼저 자기에게 가져오고 그 후에 너와 네 아들을 위하여 만들라고 합니다. 한 움큼의 밀가루로 떡을 만들면 떡 한 조각밖에 나오지 않을 것입니다. 그런데 무엇으로 자기와 아들이 먹을 수 있겠습니까? 이스라엘의 하나님 여호와의 말씀이 임하였기 때문입니다. 사람이 떡으로 사는 것이 아니라 하나님의 말씀으로 사는 것을 지금 이방 여인에게 알려주고 있습니다. 그러면서 여호와께서 비를 지면에 내리는 날까지 그 통의 가루가 떨어지지 아니하고 그 병의 기름이 없어지지 아니할 것이라고 합니다.

열왕기상 17장 15~16절입니다. "그가 가서 엘리야의 말대로 하였더니 그와 엘리야와 그의 식구가 여러 날 먹었으나, 여호와께서 엘리야를 통하여 하신 말씀 같이 통의 가루가 떨어지지 아니하고 병의 기름이 없어지지 아니하니라." 그 과부가 엘리야의 말대로 순종하였습니다. 이 과부가 엘리야의 말대로 한 것은 여호와의 명령이 임하였기 때문입니다. 여호와의 말씀에 이 여인이 순종한 것입니다. 그렇게 하자 엘리야 선지자의 말대로 비가 오기까지 그 통의 가루와 그 병의 기름이 다하지 않았습니다. 그런데 이 과부의 집에 엘리야 선지자가 가서 함께 식사를 하고 그곳에서 지내는 것입니다. 이런 말씀을 통하여 무엇을 하나님은 계시하시려고 하십니까?

주의 종을 잘 섬기면 아무리 기근의 때라도 하나님께서 기적적으로 보호하여 주신다는 그런 말씀일까요? 오늘도 일부 주의 종이라는 분들이 이 말씀을 이런 식으로 봅니다. 그런데 자신이 주의 자녀라고 하면서도 주의 종이라는 자들의 말에 과연 그러한가하여 분별하지도 않고 맹신을 합니다. 그러므로 이런 본문을 가지고 주의 종을 잘 섬기면 복을 받는다는 식으로 해석하고 적용을 하면 그런 자들을 잘 대접합니다. 그런 자들을 잘 대접하는 사람들의 마음은 어떤 마음일까요? 정말 말씀이 좋아서 그럴까요? 자신이 복을 받으려고 그렇게 할까요? 이런 것도 잘 분별해 보시기 바랍니다. 그런데 이 말씀을 바르게 해석하고 적용하신 예수 그리스도를 사람들이 어떻게 하려고 했습니까?

이는 누가복음 4장 16-30절을 보면 이해가 될 것입니다. 예수님께서 안식일에 회당에 들어가서 회당장이 내어 주는 성경을 읽으시고 그 성경의 말씀이 오늘 너희에게 응하였다고 하십니다. 그 말씀은 이사야서의 메시아에 대한 예언입니다. 그러자 사람들이 예수님을 믿지 않습니다. 그 이유는 예수님이 자신들의 고향사람이기 때문입니다. 예수님께서 이들이 믿지 않는 것을 보시고 엘리야시대 때에 이스라엘에 수많은 과부가 있었지만 한 사람에게도 보냄을 받지 않았고, 오직 시돈 땅의 사렙다 과부에게 보냄을 받았다는 말씀을 하십니다. 사렙다는 사르밧의 헬라어 음역입니다.

그러자 예수님을 사람들이 돌로 쳐서 죽이려고 합니다. 성경의 말씀이 응하였다는 말씀과 엘리야 시대 때의 이방인 과부와 엘리사 시대 때의 이방인 나아만이 고침을 받은 이야기를 예수님께서 하실 때에 왜 이들이 예수님을 죽이려고 합니까?

아합 왕 시대 때에 하나님의 백성이라는 이스라엘 백성들이 바알과 아세라를 섬기고 있습니다. 이러한 이스라엘 백성들에게는 기근을 내리시고 시돈 땅의 사르밧 과부에게는 하나님께서 엘리야를 보내십니다. 사르밧 과부가 엘리야를 공궤한 사실이 대단한 것이 아니라, 하나님의 선지자가 이방 여인 사르밧 과부에게 찾아간 것이 놀라운 은혜입니다. 그런데 이 말씀은 상대적으로 이스라엘은 버림을 받았다는 말씀입니다. 이것이 바로 예수님을 죽이려고 하는 이유가 됩니다. 하나님이 우리의 하나님이 아니라, 유대인들이 개와 돼지처럼 취급하는 이방인들에게 구원이 주어졌다는 것에 분노를 하는 것입니다. 그러므로 성경의 말씀을 통하여 자신의 죄인 됨을 알지 못한다면 지금 예수님을 죽이려는 유대인과 같은 꼴이 나오는 것입니다.

**4. 과부의 아들을 살리는 엘리야.** 사르밧 과부는 그의 아들이 죽었을 때 절망했습니다. 그 여자는 얼마 남지 않은 가루통의 가루와 기름 조금으로 떡을 만들어 믿음으로 엘리야에게 주어서 가루 통에 가루가 떨어지지 않고 기름병에 기름이 떨어지지 않는 기적을 불러온 믿음의 여인이었습니다. 그 과부는 믿음이 있는 사람이었지만, 자기 생각의 한계를 넘어서지는 못했습니다. 사람들은 아들이 죽으면 보통 '이제 절망이다! 끝이다!' 하고 생각합니다. 죽은 아들이 다시 살 것이라는 믿음을 전혀 갖지 못하기 때문에 당연히 그렇게 생각할 수밖에 없는 것입니다.

사르밧 과부는 원망했습니다. 엘리야에게 나와서 말하기를 "당신이 나로 더불어 무슨 상관이 있기로 내 죄를 생각나게 하고, **또 내 아들을 죽게 하려고 내게 오셨나이까?**" 하고 원망하며 정말 슬퍼했습니다. 그러나 똑같이 아이가 죽은 형편 앞에서 엘리야의 마음은 전혀 달랐습니다. 엘리야도 사르밧 과부와 똑같은 사람이지만, 그 과부보다 하나님 편에 훨씬 더 가까이 있었기 때문에 엘리야는 지금까지 자기가 보고 경험한 생각의 세계 속에 거하지 않고 하나님께서 어떻게 일하실지 소망을 가지고, 그 아이를 안고 하나님의 임재가 있는 자기가 거처하는 다락에 올라가 침상에 누이고, 아이 위에 엎드려 여호와께 부르짖었습니다.

**"나의 하나님 여호와여! 원컨대 이 아이의 혼으로 그 몸에 돌아오게 하옵소서!"** 엘리야가 그렇게 기도한 것은 하나님께서 그 아이를 다시 살게 하여 주실 것을 믿는 믿음에서 일어난 것이었습니다. 물론 사르밧 과부도 기도할 줄 알았을 것입니다. 그러나 그 여자 생각에는 '어떻게 죽은 아이가 다시 살아나? 이건 안 돼!' 하는 불신의 마음이 있기 때문에 아이를 살려 달라고 하나님께 기도하지 못하고 원망과 슬픔이 터져 나온 것입니다. 반대로 엘리야는, 그 아이가 죽어서 슬픈 상황에 있지만 하나님께서 그 아이를 다시 살리신다는 믿음이 있기 때문에 하나님께 기도하고 구한 것입니다.

사르밧 과부는 하나님께서 가루통의 기적을 일으키실 것은 믿었지만, 믿음과 생각이 거기까지는 갔지만, 자기 생각의 한계를 넘지 못했기 때문에 죽은 아들을 하나님께서 다시 살리실 것이라는 믿음은 일어나지 않았습니다. 그래서 죽은 아들을 보았을 때 원망하고 슬퍼할 수밖에 없었습니다. 엘리야는 달랐습니다. 자기 생각으로는 죽은 아이가 다시 살아날 것처럼 보이지 않았지만, '이건 내 생각이고, 하나님께서 나와 같이 계시니까 이 아이를 살리실 거야. 하나님이 이 아이를 죽게 하실 이유가 뭐야? 살리실 거야!' 하고 믿었습니다. 엘리야는 자기 생각의 한계를 넘어선 것입니다. 자기가 알고 있는 지식의 한계, 자기가 알고 있는 경험의 한계, 자기가 갖고 있는 생각의 한계를 넘었기 때문에 엘리야 속에 계신 하나님께서 그 아이를 살리신 것입니다. 하나님은 살아계신 하나님을 체험하고 증명하게 하십니다. **엘리야와 같은 하나님은 죽은자도 살린다는 한계를 초월하는 믿음이 있을 때 체험하는 것입니다.**

우리는 살아계신 하나님을 체험하고 증명하는 신앙생활을 하기 위해서 내가 지금까지 알고 있던 관념이나 지혜나 경험, 지식이나 합리 등, 그 모든 것을 버려야 합니다. 왜 그런가요? 하나님은 살아계시고 천지 만물을 초자연적으로 움직이는 살아계시는 분이기 때문에 내가 가지고 있는 생각 밖의 일을 하실 수 있고, 내가 도저히 미치지 못하는 일을 능히 하실 수 있는데, 관념이나 지식 같은 것들을 가지고는 하나님을 믿는 믿음의 세계에 도달할 수 없기 때문입니다. 하나님은 전능하신 분입니다. 능치 못하심이 없는 하나님이라면, 그분은 능히 내 지식이나 한계를 넘어서 일하실 수 있고, 우리 생각이 도저히 미치지 못할 일을 능히 이루십니다. 우리가 그 하나님을 믿을 때, 하나님은 우리 믿음을 따라 역사하십니다.

엘리야는 하나님을 경험했기 때문에 자기 생각의 한계를 넘어서서 하나님을 믿었습니다. 엘리야는 사르밧 과부의 아들이 능히 살줄을, 하나님이 능히 살리실 줄을 믿었습니다. 우리도 내 생각의 한계를 넘어서서 믿음을 키워갈 때 하나님께서 능력으로 일하시는 것을 경험할 수 있습니다. "여호와께서 엘리야의 소리를 들으시므로 그 아이의 혼이 몸으로 돌아오고 살아난 지라. 엘리야가 그 아이를 안고 다락에서 방으로 내려가서 그의 어머니에게 주며 이르되 보라 네 아들이 살아났느니라. **여인이 엘리야에게 이르되 내가 이제야 당신은 하나님의 사람이시요 당신의 입에 있는 여호와의 말씀이 진실한 줄 아노라 하니라**(왕상17:22-24)." 사르밧 과부가 "**당신은 하나님의 사람이시요 당신의 입에 있는 여호와의 말씀이 진실한 줄 아노라**" 이제 하나님은 엘리야를 갈멜산 영적대결로 인도하십니다.

**5. 바알과 영적대결을 승리한다.** 엘리야가 사르밧 과부에게 "당신은 하나님의 사람이시오"라는 칭호를 듣자 하나님은 엘리야에게 아합 왕에게 가서 영적대결을 요청하라고 하십니다. 엘리야는 아합에게 바알과 아세라 선지자들과의 '일전, 대결'을 요구합니다. '제단에 불을 보내셔서 응답하는 신이 참 하나님'이라고 하는 제안입니다. 이스라엘에게 환난이 닥친 이유는 심판을 선포한 엘리야에게 있는 것이 아니라, 하나님 앞에 죄와 반역을 행하는 아합과 이스라엘 백성에게 있다는 것입니다. 양단간에 결판을 내야지하는 마음입니다. 오늘 열왕기상 18장 21절입니다. "**엘리야가 모든 백성에게 가까이 나아가 이르되 너희가 어느 때까지 두 사이에서 머뭇머뭇 하려느냐 여호와가 만일 하나님이면 그를 좇고 바알이 만일 하나님이면 그를 좇을지니라 하니 백성이 한 말도 대답지 아니하는지라**" 여기 21절에서 아주 중요한 단어, 그러니까 '갈멜산의 싸움'에서 'Key

Word'가 되는 하나가 나오는데, '한 말도 대답지 못하였다'고 하는 말입니다. 하나님과 바알 '양쪽에 다리를 걸치고' 있던 백성들은 엘리야의 말에 한 마디도 '대답하지 못하였다'고 증거합니다. 바알(태양)과 아세라(달,별)를 섬기는 제사장 850명은 아침부터 낮까지(26절) 그들의 종교 관행대로 '기도'했습니다. 바알신은 태양의 신입니다. 나중에는 '춤'(26절)까지 추면서 그들의 의식을 진행합니다. 심지어 28절을 보면, '자신의 몸을 칼을 찔러 '자해'까지 하고 마지막으로 '무아지경'(29절)에까지 이릅니다.' 그러나 아무런 일도 일어나지 않았습니다. 바알과 아세라는 '응답할 수 없는 신'이었던 것입니다.

엘리야의 기도 차례가 되어 기도하여 하나님께서 엘리야의 기도에 응답하시니 **"이에 여호와의 불이 내려서 번제물과 나무와 돌과 흙을 태우고 또 도랑의 물을 핥은지라**(왕상 18:38)" 이스라엘 사람들이 **"모든 백성이 보고 엎드려 말하되 여호와 그는 하나님이시로다 여호와 그는 하나님이시로다 하니**(왕상 18:39)" 하나님의 살아계심을 체험하고 하나님께 경배를 올립니다. 엘리야의 기도 '응답의 조건'입니다. 허물어진 예배의 단, 헌신의 단을 바로 세우십시오. 그리고 기도의 자리를 계속 지켜 나아가십시오. 자꾸 여기 저기 기웃거리지 마십시오. 자꾸 이 사람 저 사람 찾아다니며 하소연하지 마십시오. 하나님만 바라보십시오. 하나님만 의지 하십시오. 주님이 하십니다. 주님이 이루십니다. 이 일을 위해서 '엘리야'를 보내시고, 갈멜산에 불을 내리시고, 3년 6개월 동안 가뭄이 들게 하시고, 가물었던 온 땅에 비를 내리셔서, 하나님이 이 모든 것을 다스리시는 분이라는 사실을 가르치십니다.

엘리야는 영적대결의 후유증으로 한 로뎀 나무 아래에 앉아서 자기가 죽기를 원합니다. 그러니 하나님께서 천사를 보내어 숯불에 구운 떡과 한 병의 물을 가져다가 줍니다. 먹고 마시고 다시 누웠더니, 이에 일어나 먹고 마시고 그 음식물의 힘을 의지하여 사십 주 사십 야를 가서 하나님의 산 호렙에 이르렀습니다(왕상 19:5-8). 호렙산에서 하나님의 음성을 듣습니다. "여호와께서 그에게 이르시되 너는 네 길을 돌이켜 광야를 통하여 다메섹에 가서 이르거든 하사엘에게 기름을 부어 아람의 왕이 되게 하고, 너는 또 님시의 아들 예후에게 기름을 부어 이스라엘의 왕이 되게 하고 또 아벨므홀라 사밧의 아들 엘리사에게 기름을 부어 너를 대신하여 선지자가 되게 하라. 하사엘의 칼을 피하는 자를 예후가 죽일 것이요, 예후의 칼을 피하는 자를 엘리사가 죽이리라. 그러나 내가 이스라엘 가운데에 칠천 명을 남기리니 다 바알에게 무릎을 꿇지 아니하고 다 바알에게 입 맞추지 아니한 자니라(왕상 19:15-18).

이렇게 엘리야를 성령 안에서 홀로 서도록 인도하신 것은 엘리야를 통하여 하나님의 살아계심을 이스라엘에게 나타나게 하시기 위함입니다. 이스라엘 사람들이 바알의 우상숭배를 멈추고 하나님만 모시게 하려고 엘리야를 홀로 서며 살게 하십니다. 보이는 우상을 쫓아가는 이스라엘 사람들에게 보이지 않지만 살아계신 하나님이 계신다는 것을 체험하게 하시기 위함입니다.

# 15장 사자 굴에도 동행하심을 믿고 홀로선 의인

(단 6:10-16)"다니엘이 이 조서에 왕의 도장이 찍힌 것을 알고도 자기 집에 돌아가서는 윗방에 올라가 예루살렘으로 향한 창문을 열고 전에 하던 대로 하루 세 번씩 무릎을 꿇고 기도하며 그의 하나님께 감사하였더라 (11) 그 무리들이 모여서 다니엘이 자기 하나님 앞에 기도하며 간구하는 것을 발견하고……."

하나님께서는 다니엘을 이방나라로 끌려가게 한 후에 성령으로 인도하시면서 홀로서며 살도록 역사하십니다. 다니엘은 어디를 가나 어디에 사나 살아계신 하나님께서 동행하신다는 믿음이 있었습니다. 이는 성령이 역사하는 교회시대를 살아가는 성도들에게 다니엘의 교훈을 마음에 새기고 항상 하나님께서 함께 하시면서 홀로서며 살아가게 하신다는 것을 깨닫게 하기 위함입니다. 성령 안에서 홀로서는 신앙은 참으로 중요합니다. 이유는 하나님께서 살아계시며 하나님께서 자신의 인생을 살아간다는 것을 믿을 수 있기 때문입니다.

예수를 믿으며 믿음생활을 하면서 인생을 살아 가다보면 가던 길이 꽉 막혀 있을 때가 있습니다. 그때는 어떻게 해야 하나요? 오늘 본문은 인생의 앞길이 꽉 막혀 있을 때에 막힌 문을 뚫어주는 비결이 기록되어 있습니다. 기도하면 죽음의 문턱에서도 하나님께서 살려주십니다. 마음의 창문을 열고 기도하면 오늘만 좋은 것이 아니라 앞으로도 영원히 좋게 하실 것입니다. 그래서 다니엘은 나라가 바뀌고 왕이 바뀌어도 존귀한 자로 살아갈 수 있었던 것입니다. 이제 우리의 인생은 하나님께서 함께 하시며 도와주셔야만 살아갈 수 있다는 것을 인정하고 고백하시기를 바랍니다.

다니엘이 예루살렘을 향한 창문을 열고 늘 기도하였듯이 오늘 우리들도 마음속의 하나님을 향한 창문을 활짝 열고 하나님으로부터 힘과 능력을 얻어 세상을 힘 있게 승리하며 놀라운 축복과 은혜를 누리며 살아가는 성도들은 우수한 인격자이며 신앙가입니다. 에스겔 선지자가 구약의 3대 의인으로 노아와 욥, 그리고 다니엘을 열거(겔 14:20)한 것을 보아서도 다니엘의 위대함과 의인의 표본임을 알 수 있습니다. 그렇다면 다니엘은 어떤 사람입니까? 다니엘은 유대 나라의 귀족출신이었지만 소년의 몸으로 바벨론에 포로가 되어 이방의 나라에서 일생을 보내게 되었습니다. 그럼에도 불구하고 그는 많은 유혹과 모함 속에서도 뜻을 굽히지 않고 시종여일하게 하나님을 향한 정도의 길을 걸어가는 신앙생활을 하였습니다.

그는 바벨론 궁중에서 자라면서 많은 학문을 배웠습니다. 그는 바벨론과 바사 나라의 세 왕 중에서 총리대신을 역임하였습니다. 이 같은 다니엘의 성공은 동관들에게 무서운 시기의 표적이 되었습니다. 그들은 다니엘을 모함하려 하였으나 저에게서 허물을 찾지 못하였습니다. 한편 다니엘은 바쁜 중에도 매일 하루에 세 번씩 예루살렘을 향한 창문을 열고 기도하였습니다. 다니엘은 일신상 위험이 닥쳐올 것을 알았으나 조금도 두려워하지 아니하고 평상시처럼 기도를 계속하였습니다.

이에 그를 모함하여 죽이려던 사람들은 하나님께 기도를 못하게 하는 무서운 음모를 꾸몄습니다. 마침내 왕은 다른 어떤 신이나 사람에게 기도하거나 구하는 행위를 30일간 금지한다는 조서에 어인을 찍었습니다. 이 사실을 안 다니엘은 그럼에도 불구하고 자기 집에 돌아가서는 예루살렘으로 향하여 열린 창을 열고 전에 행하던 대로 하루 세 번씩 무릎을 꿇고 기도하며 하나님께 감사하였습니다. 이것은 그의 담대한 신앙의 표현이었습니다.

하나님을 믿는 성도들에게 있어서 기도의 생활보다 더 중요한 것은 없습니다. 왜냐하면 기도는 영적 생활의 호흡이요, 모든 일을 가능케 하고 승리의 생활로 이끌어 주는 원동력이 되기 때문입니다. 이에 오늘은 하루 세 번씩 예루살렘을 향한 창문을 열고 기도하는 다니엘의 모습을 통하여 은혜를 받고자 합니다.

**1. 주님을 향한 기도의 창문을 열라.** 중신들의 모략으로 다리오 왕은 어인을 찍어 조서를 내렸습니다. "나라의 모든 총리와 수령과 방백과 모사와 관원이 의논하고 왕에게 한 율법을 세우며 한 금령을 정하실 것을 구하려 하였는데 왕이여 그것

은 곧 이제부터 삼십 일 동안에 누구든지 왕 외에 어느 신에게나 사람에게 무엇을 구하면 사자굴에 던져 넣기로 한 것이니이다"(단 6:7).

다니엘에게 있어 이 얼마나 무서운 음모입니까? 그러나 이러한 조서가 반포되었음에도 불구하고 다니엘은 예루살렘을 향한 창문을 열고 하루에 세 번씩 하나님께 기도하는 것을 게을리 하지 않았습니다. 그렇다면 다니엘이 이토록 충실히 예루살렘을 향한 창을 열고 기도한 것은 어떤 의미가 있는 것일까요?

다니엘이 하루에 세 번 예루살렘을 향한 창을 열고 기도한 것은 하나님의 성전을 사모한 기도요, 하나님의 살아계심을 믿는 기도요, 하나님께서 함께 하심을 믿는 기도요, 하나님의 나라를 사모하며 바라본 기도라 말할 수 있습니다. 예루살렘은 성전이 있는 곳입니다. 당시 이스라엘은 성전에서만 제사를 드릴 수 있었습니다. 다니엘이 예루살렘을 향한 창문을 열고, 기도드린 것은 곧 하나님께서 임재하시는 성전을 사모하였기 때문입니다.

예수님께서도 성전을 청결케 하신 후 "내 집은 만민의 기도하는 집이라"(막11:17)고 말씀했고, "주의 전을 사모하는 열심이 나를 삼키리라"(요 2:17)고 말씀하셨습니다. 또한 "네 보물 있는 그 곳에는 네 마음도 있느니라."(마 6:21)고도 하셨습니다.

다니엘에게 있어 보물은 하나님이었습니다. 그 까닭에 다니엘은 하나님이 임재하신 예루살렘 성전을 향한 창문을 열고 기도하며 마음의 문을 열었던 것입니다. 그러나 아브라함의 조카 롯의 부인의 경우에는 소돔성의 물질이 그녀의 보물이었기 때문에 소돔을 향하여 마음의 문을 열었으므로 소금기둥이 되고 말았습니다. 예수님의 제자 중 가룟 유다도 자기의 보물이 마땅히 주님이 되어야 마땅함에도 전대가 보물인 까닭에 마음이 주를 떠나 세상 물욕을 향하게 되니 결국 멸망하고 말았습니다.

책을 읽는 여러분들의 마음 문은 어느 곳을 향하여 있습니까? 세상입니까? 하늘입니까? 육신입니까? 영입니까? 재물입니까? 자신 안에 주인으로 계시는 하나님입니까? 하나님을 향해 마음속의 하나님을 향해 마음의 창문을 여십시오. 마음 안에는 하나님이 성령으로 임재하시어 주인으로 계십니다. 각종 좋은 은사와 온전한 선물이 다 위로부터 내려온다고 하였으니 마음의 문을 위를 향해 열어야 합니다. "각양 좋은 은사와 온전한 선물이 다 위로부터 빛들의 아버지께 로서 내려오나니 그는 변함도 없으시고 회전하는 그림자도 없으시니라"(약 1:17).

다니엘의 기도는 흙으로 돌아갈 육신이 죽고 사는 문제에 대한 것이 아니라, 하늘나라에 들어가 영생을 얻기를 바라는 간절한 염원이었습니다. 다니엘이 예루살렘 성전을 사모하며 드린 기도는 끊어진 예루살렘 성전을 재건하는 일에 밑거름이 되었습니다. 다니엘이 하늘나라를 사모하며 드린 기도는 사자굴 속에 던지 움을 받았을 때 하나님께서 사자를 보내어 보호해 주신 특별한 은혜와 하늘나라의 최후 승리의 찬란한 광경을 계시 받아 예언할 수 있는 영광을 입게 되었습니다.

오늘 우리 믿는 성도들은 주님을 믿는다고 하면서 자기의 아쉬운 것을 위해서는 기도하지만 자신이 주님의 몸 된 교회가 되기 위하여 하나님께서 주인으로 계시는 성전을 사모하며 드리는 기도는 등한시합니다. 그러나 우리들 개개인의 신앙생활이 구김살 없이 건전하게 자라며, 우리 한국교회가 건전하고 활기 있게 발전하려면 다니엘이 예루살렘을 향한 창문을 열고 기도한 것처럼 성전을 사모하며 기도하는 성도들이 되어야 합니다.

**2. 성령으로 기도의 창문을 열라**. 다니엘은 왕의 조서에 어인이 찍힌 것을 알면서도 매일 평소와 같이 세 번씩 기도의 창문을 열었습니다. 비겁한 자 같으면 30일간 기도를 중단하든지, 아니면 일부러 창문을 열지 않고 비밀기도, 즉 밀실기도라는 미명하에 태도를 달리하여 비공식 기도를 하든지, 그렇지 않으면 도망을 치든지 하였을 것입니다. 그러나 다니엘은 쉬지 않고 계속해서 기도했습니다. 이와 같은 기도에 대하여 성경은 다음과 같이 증거 합니다. "항상 기도하라"(눅 18:1). "쉬지 말고 기도하라"(살전 5:17). "기도에 항상 힘쓰라"(롬 12:12; 골 4:2).

그렇다면 쉬지 않고 계속하는 기도의 생활은 어떤 생활일까요? 쉬지 않고 계속하는 기도의 생활은 기도를 일상 생활화하는 것이며, 낙망하지 않고 성령으로 기도하는 생활입니다. 걸어가면서도 기도하고, 차를 타고 가면서도 기도하고, 일을 하면서도 마음으로 기도하고, 화장실에서 볼일을 보면서도 자신 안에 하나님께 집중하며 기도하는 것입니다. 성도들 중에는 시간이 없어서 기도를 못한다고 말하는 사람이 있습니다. 공개기도 한번 못하고, 주일 예배에 대표기도하라면 아예 교회에 나오지 않고, 사람 많은 곳에서는 공공연하게 식사기도 한번 못하는 사람도 있습니다. 몇 년 전만 해도 주일날 예배당에 오면서 찬송가책은 주머니에 넣고, 성경책은 없으며, 누가 "어디에 가느냐"고 물으면 "저-기"하고 우물쭈물하는 건달신자들도 있습니다. 요즈음은 스마트폰으로 찬송과 성경을 볼 수 있게 되어 다행입니다.

다니엘의 담대한 신앙을 본받으십시오. 다니엘은 총리대신의 자리라는 시간에 쫓기는 생활이었음에도 불구하고 하루에 세 번씩 예루살렘을 향한 창문을 열고 기도하기를 게을리 하지 않았습니다. 항상 하나님을 찾았다는 것입니다. 기도를 그렇게 복잡하게 생각하면 기도를 못합니다. 기도는 자신 안에 계신 하나님께 집중하는 것입니다. 무시로 하나님을 찾는 것입니다. 주여! 하나님 사랑합니다. 하나님 이일을 어떻게 해야 합니까?

이렇게 친밀하게 대화하는 형식으로 하는 것입니다. 기도를 거창하게 생각하니까, 다니엘처럼 기도하는 습관이 되지 못하는 것입니다. 기도는 단순하게 하나님께 집중하며 찾는 것입니다. 하나님의 의중을 물어보는 것이 기도입니다. 하나님! 이 문제를 어떻게 해결해야 합니까? 하나님! 저에게 문제가 생겼습니다. 어떡해야 할까요. 하나님! 어떻게 해야 할까요. 항상 물어보는 습관을 들여야 합니다. 그러면 성령하나님께서 기발한 지혜가 떠오르도록 하실 것입니다. 지혜대로 순종하여 하나님께서 자신을 통하여 역사하시는 기적을 체험하시기 바랍니다.

예수님께서는 어느 때 어디서든지 기도하셨습니다. 건전한 성도들은 기도 생활을 일상 생활화하는 사람들입니다. 병든 사람이 호흡 상태가 고르지 못한 것처럼 영적으로 병든 신자들은 아쉬운 일이 있어야 기도합니다. 사면초과에 걸려야 기도합니다. 그러므로 믿음도 자라나지도 않고요, 능력도 나타나지도 않고요, 예수 믿어도 더 잘 되는 것도 없고 날마다 실패하는 삶을 삽니다. 하지만 날마다 열심히 기도하는 자들에게는 주님이 능력도 주시고 시험도 당하지 않게 해주시고 승리와 성공과 축복을 주십니다. 예수님의 제자들도 일정한 시간에 기도하는 습관을 갖고 있었으며 기도하는 일을 일상 생활화하였습니다.

다닐엘과 같이 하나님께서 임재하여 계시는 예루살렘(마음)을 향한 기도의 창문을 크게 여십시오. 지금 성령이 역사하는 교회 시대를 살아가는 성도들은 "하나님께서 주인으로 계시는 마음의 문을 열고 기도했다"라고 알고 행해야 합니다. 쉬거나 낙망하지 말고 계속하여 기도하십시오. 옛날 모세는 자기 백성을 위하여 기도의 창문을 크게 열고 결사적인 기도를 드렸습니다. 사무엘도 백성을 위하여 기도의 창문을 열고 기도를 쉬지 않았습니다. 엘리야도 갈멜산에서 하나님을 향하여 기도의 창문을 크게 열고 기도한 결과 하늘에서 불과 비가 내렸습니다. 다윗 왕도 하루 세 번씩 기도하였습니다. 신약성경의 신앙의 선배들도 대부분 기도의 사람들이었습니다.

구세군 창립자 윌리암 부드는 매일 여섯 시간씩 기도하였다고 합니다. 마틴 루터도 매일 세 시간씩 기도했습니다. 요한 웨슬레는 매일 4시에 기상하여 두 시간씩 기도의 창문을 열었습니다. 영국의 유명한 정치가 글래드스턴은 하루에 세 번 이상 고요한 시간을 내어 기도했다고 합니다. 이처럼 예수 믿는 사람은 한 때의 밥은 굶고 지낼 수 있어도 하루라도 기도하지 않고는 살 수 없는 사람이 되어야 합니다.

왜냐하면 하나님께 대한 우리의 최대 헌물은 기도이기 때문입니다. 기도 없이는 결코 능력의 봉사를 할 수 없기 때문인 것입니다. 하나님은 우리가 기도꾼들이 되기를 바라십니다. 이에 우리 모든 성도들은 기도의 창문을 더욱 크게 열어젖히고, 결코 쉬거나 낙망하지 말고 항상 기도하기에 힘써야 하겠습니다.

**3. 사자굴에도 동행하시는 하나님.** 목적 없는 기도는 이방인의 기도처럼 중언부언하는 기도가 되기 쉽습니다. 다니엘서 1장 8절에 "다니엘은 뜻을 정하였다"고 말합니다. 다니엘서 9장 3절에서는 "주 하나님께 기도하며 간구하기를 결심하였다" "하나님만 주인으로 섬기기로 결심하였다." 고 증거 합니다.

이처럼 다니엘은 역경 중에서 우상을 섬기는 일에 참여하라는 억압을 받았을 때나, 국무총리로서 부귀를 누릴 때에도 여전히 하나님의 사람으로 경건하게 살 것을 결심했고, 조국의 광복을 위하여 목적을 세우고 기도했습니다. 그랬더니 죽음의 문턱에서도 죽지 않고 승리하는 창문이 열렸습니다.

하나님이 사자의 입을 봉하심으로 사자 굴에서도 살아날 수가 있었던 것입니다. 우리들도 다니엘과 같이 목적을 갖고 기도해야 합니다. 그렇다면 우리는 어떠한 목적을 가지고 기도해야 할까요? 우리의 기도 목적은 하나님의 뜻을 구하는 것이 목적이어야 하고, 복음 전파를 위한 목적이어야 하고, 주님의 영광을 나타내기 위하여 필요한 것을 요구하는 목적이어야 하고요, 하나님의 살아계심을 증명하는 것, 등등이 목적이 되어야 합니다. 다니엘은 신앙의 지조를 지키며 결코 세속주의와 타협하지 않았습니다. 우상 숭배하는 죄에 동참하지 않으므로 이방의 나라에서 살아계신 하나님의 존재를 증명 했고 그 영광을 나타냈습니다. 사자굴에서 살아났을 때에 다리오 왕이 말했습니다. "내가 이제 조서를 내리노라 내 나라 관할 아래에 있는 사람들은 다 다니엘의 하나님 앞에서 떨며 두려워할지니 **그는 살아계시는 하나님이시요 영원히 변하지 않으실 이시며 그의 나라는 멸망하지 아니할 것이요 그의 권세는 무궁할 것이며** (27) 그는 구원도 하시며 건져내기도 하시며 하늘에서든지 땅에서든지 이적과 기사를 행하시는 이로서 **다니엘을 구원하여 사자의 입에서 벗어나게 하셨음이라 하였더라**"(단 6:26-27).

또한 느부갓네살 왕 역시 다니엘이 꿈의 해석을 하였을 때 다음과 같이 인정하였습니다. "왕이 대답하여 다니엘에게 이르되 **너희 하나님은 참으로 모든 신들의 신이시요, 모든 왕의 주재시로다. 네가 능히 이 은밀한 것을 나타내었으니 네 하나님은 또 은밀한 것을 나타내시는 이시로다**"(단 2:47). 스코틀랜드 서쪽에 있는 뉴레브리스라는 섬에 있는 게디 목사의 묘비의 비문에 새겨져 있는 글입니다. "1848년 그가 이 섬에 왔을 때에 기독교인이 한 사람도 없었으나 그가 1872년 이 섬을 떠날 때는 이교도가 한 사람도 없었다." 그렇게 되기까지에는 게디 목사가 이 섬의 복음화를 위해서 목적을 세우고 계속하여 열심히 하나님께 창문을 열고 기도했기 때문입니다. 그러므로 우리도 복음 전파를 위해 목적을 세우고 기도하여야 합니다. 한편 다니엘은 하나님의 영광을 위하여 지혜와 능력을 요구했고, 조국의 광복을 위하여 기도했기 때문에 하나님의 응답을 받을 수 있었습니다.

요즈음의 기독교인들은 시간에 쫓기며 혼란스러운 생활을 하고 있습니다. 하나님보다는 정치적인 권세, 사회적인 권력, 금력 등을 쫓아다니며 정작 생활에 반드시 있어야 할 요소들은 스스로 길에 버리는 생활을 하고 있습니다. 분명하게 성도들에게 문제가 와서 사면초과에 걸리는 것은 하나님께 기도하라는 신호입니다. 여기서 무엇보다 중요한 것은 하나님과의 영적인 교류를 위해 될 수 있는 한 최대로 기도하는 시간을 갖는 것입니다. 이렇게 쉬지 않고 하나님의 영광을 바라며 기도할 때 진실하신 하나님은 반드시 응답을 주실 것입니다.

군인은 죽어도 싸우다 죽어야지 도망가다 죽어서야 되겠습니까? 성도가 죽어도 기도하다 죽어야지 기도한번 못해보고 죽을 수야 있겠습니까? 믿음한번 보이지 못하고 예수님을 주인으로 믿는 성도가 끝을 봐서야 하겠습니까? 다니엘은 하나님의 뜻을 따라 살겠다는 순교적인 믿음이 역사할 때 예루살렘을 향한 창문을 계속 열고 하나님께 기도했습니다. 선택의 기로에서 하나님의 편을 택한 사람은 아무것도 염려하지 말고 기도와 간구로써 모든 것을 하나님께 맡겨야 하는 것입니다.

왜냐하면 "죽으면 죽으리라"는 신앙을 가지고 기도하는 사람에게는 반드시 하나님도 생명의 길! 축복의 길을 열어 주시기 때문입니다. 다니엘은 하나님의 능력을 믿음으로써 자신의 생명을 하나님께 의탁했습니다. 왜냐하면 일찍이 「느부갓네살」의 위협의 풀무불속에서도 건져주신 하나님이 지금도 「다리오」 왕의 위협과 명령 속에서도 건져 주실 것이기 때문인 것입니다. 이처럼 믿음의 기도는 역사하는 능력이 클 뿐 아니라, 모든 문제를 풀어주는 키워드가 됩니다. 그러므로 순교적인 믿음을 가지고 기도하는 사람의 앞길은 반드시 해결되고 풀려지게 되는 것입니다. 성경은 말씀합니다. "죽고자 하는 자는 살고 살고자 하는 자는 죽으리라" 에스더는 "죽으면 죽으리라" 각오하고 믿음으로 행했습니다. 그러나 그는 죽지 않았습니다. 하나님은 그의 죽기를 각오한 기도와 믿음을 받으시고 그와 그의 가족과 온 민족을 구원해 주셨습니다.

그러므로 우리 앞에 놓여있는 가정의 문제나 개인의 대소사 문제나 국가적인 위기나, 예측할 수 없는 내일의 문제들을 하나님께 다 믿음으로 맡기고 다니엘처럼 기도함으로 나아가시기 바랍니다. 그러면 반드시 닫힌 문이 열리게 될 것 입니다.

세계적인 부흥사인 「빌리그래함」목사는 "기도는 아침에는 열쇠가 되고 저녁에는 자물쇠가 된다." 말했습니다. 그러므로 우리는 위기의 때를 축복의 때로 환란의 때를 번영의 때로 만드는 비결이 기도에 있음을 굳게 믿고 다니엘과 같은 믿음과 기도로 살아가야 하겠습니다. 우리의 기도는 전능하신 하나님의 마음을 움직여서 하나님의 능력을 우리의 삶 속에서 나타나게 하는 것 입니다. 기도는 **"기도쉽게 바르게 하는 방법"**을 참고하세요.

이제 말씀을 마치고자 합니다. 다니엘을 삼키려던 사자 마귀는 지금도 쉬지 않고 우는 사자와 같이 두루 다니며 삼킬 자를 찾고 있습니다. 그러므로 근신하고 깨어서 신앙으로 대적하여 최후의 승리를 얻어야 합니다. 마음의 창문을 열고 자신의 주인이신 하나님께 기도하여 날마다 승리해야 합니다.

예수님께서는 세상에 계실 때에 광야의 시험에서 승리하셨습니다. 그리고 제자들에게도 말씀하시기를 "세상에서는 너희가 환난을 당하나 담대하라. 내가 세상을 이기었노라"(요 16:33)고 하셨습니다. 그렇다면 예수님께서는 무엇으로 승리하셨습니까? 십자가로 승리하셨습니다. "통치자와 권세를 벗어 버려 밝히 드러내시고 십자가로 승리 하셨느니라"(골 2:15). 우리도 믿음으로 세상을 이기며, 죄악을 이기고 마귀를 쳐서 승리의 개선가를 높이 불러야 합니다. "모든 일에 우리를 사랑하시는 이로 말미암아 우리가 넉넉히 이기느니라"(롬 8:37). 우리는 약하나 주님은 강하신 분이십니다. 승리의 창문을 여십시오. 기도의 창문을 크게 여십시오. 승리의 창문을 넓게 여십시오. 그리하여 항상 승리로 하나님께 영광을 돌리십시오. 하나님께서 축복으로 가득히 채워주실 것입니다.

**충만한 교회에서는** 매주 1주전 전화(02-3474-0675) 예약하여 집중기도 내적치유 시간이 있습니다. 대상자는 **백신2차 접종을 마친 분**/ 성령 안에서 홀로 서며 사실분/ 여기서도 저기서도 치유와 능력을 받지 못한 분/ 성령으로 깊은 기도를 하고 싶은 분/ 병원에서 포기한 질병을 치유 받을 분/ 코로나19 후유증으로 고생하는 분/ 방언기도를 포함한 성령의 은사와 권능을 단기간에 받고 싶은 분/ 마음이 불안하고 두려워서 고통 하는 분, 불치병, 귀신역사를 빨리 치유 받을 분/ 목, 허리디스크, 허리어깨통증, 근육통, 온몸이 아프고 무거움에서 치유해방 받고 싶은 분/ 자녀나 본인의 우울증, 공황장애, 조울증, 불면증을 빨리 치유 받을 분/ 가슴이 답답하고 기도하기가 힘이 드는 분/ 생업과 목회로 영육의 탈진에 빠져서 고통당하시는 분/ 성령의 불세례를 체험하고 싶은 분/ 최단기간에 성령치유 능력 받고 싶은 분이 참석하시면 쉽게 만족 할만한 효과를 거둘 것입니다.

# 3부 하나님을 외면하며 살아 불행했던 사람들

## 16장 하나님의 말씀을 외면하여 저주 받은 왕

(삼상 15:20-23) "사울이 사무엘에게 이르되 나는 실로 여호와의 목소리를 청종하여 여호와께서 보내신 길로 가서 아말렉 왕 아각을 끌어 왔고 아말렉 사람들을 진멸하였으나 (21) 다만 백성이 그 마땅히 멸할 것 중에서 가장 좋은 것으로 길갈에서 당신의 하나님 여호와께 제사하려고 양과 소를 끌어 왔나이다 하는지라 (22) 사무엘이 이르되 여호와께서 번제와 다른 제사를 그의 목소리를 청종하는 것을 좋아하심 같이 좋아하시겠나이까? 순종이 제사보다 낫고 듣는 것이 숫양의 기름보다 나으니 (23) 이는 거역하는 것은 점치는 죄와 같고 완고한 것은 사신 우상에게 절하는 죄와 같음이라 왕이 여호와의 말씀을 버렸으므로 여호와께서도 왕을 버려 왕이 되지 못하게 하셨나이다 하니."

사울왕은 하나님께서 사무엘을 통하여 기름부어 세운 이스라엘 초대 왕입니다. 다윗과 사울 왕의 다른 점은 이스라엘 나라에 대한 견해차지입니다. 다윗은 하나님의 나라로 믿고 언행하고 행동했습니다. 사울은 자신의 나라라고 생각하여 자기 마음대로 한 것입니다. **어려서부터 하나님의 말씀에 순종하지 않는 것이 습관이 되었습니다.** "네가 평안할 때에 내가 네게 말하였으나 네 말이 나는 듣지 아니하리라 하였나니 네가 어려서부터 내 목소리를 청종하지 아니함이 네 습관이라."(렘 22:21). 그는 하나님보다도 백성을 더 두려워했습니다. "사울이 사무엘에게 이르되 내가 범죄하였나이다 내가 여호와의 명령과 당신의 말씀을 어긴 것은 **내가 백성을 두려워하여 그들의 말을 청종하였음이니이다.**"(삼상 15:24). 하나님께서는 순종이 제사보다 낫다고 말씀하십니다(삼상 15:22-23). 하나님께서는 하나님의 말씀에 순종하지 않는 사울 왕을 버리십니다.

사울 왕은 하나님께서 기름 부어 세운 왕이지만 하나님을 주인으로 인정하지 않고 자기의 영광을 위하여 이스라엘을 통치하다가 결국 비극적인 종말을 맞게 됩니다. "그가 무기를 든 자에게 이르되 네 칼을 빼어 그것으로 나를 찌르라 할례 받지 않은 자들이 와서 나를 찌르고 모욕할까 두려워하노라 하나 무기를 든 자가 심히 두려워하여 감히 행하지 아니하는지라 이에 **사울이 자기의 칼을 뽑아서 그 위에 엎드러지매 (5) 무기를 든 자가 사울이 죽음을 보고 자기도 자기 칼 위에 엎드러져 그와 함께 죽으니라.**"(삼상 31:4-5). 하나님은 행위로 제사하고 좋은 예물을 바치는 성도를 기뻐하시는 것이 아니라, 하나님의 말씀을 마음 중심으로 듣고 청종하며 그 말씀에 순종하기를 힘쓰는 자를 기뻐하십니다. 사울 왕은 좋은 예물을 바치는 제사를 기뻐하시는 하나님으로 알았습니다. 그래서 제사를 위해 좋은 소와 양을 남긴 것입니다. 그러나 하나님은 사무엘을 통해서 사울의 이러한 행위를 보고 사술의 죄와 같고 우상에게 절하는 것과 같다고 책망했습니다. 사울은 우상에게 바치려고 소와 양을 남긴 것이 아닙니다. 우상에게 좋은 제물을 바친다면 의도는 분명 자신의 복을 위해서일 것입니다.

사람이 점을 치는 이유도 신을 만난다거나 신과 함께 하기 위해서가 아니라, 자신의 앞일을 알아서 불행을 피하고 좋은 길을 찾아가려는 것입니다. 이처럼 사울 역시 하나님을 주인으로 모시고 말씀에 순종하려는 의도가 아니라, 제사를 통해서 자신의 이득을 얻기 위한 속셈이 있었다는 것입니다. 만약 사울이 진심으로 하나님을 섬기고자 하는 마음이었다면, 오직 하나님의 말씀이 무엇이었는가만 생각했을 것이기 때문입니다. 좋은 예물을 바쳐서 제사를 드리려고 했던 사울이 사술의 죄와 같고 우상에게 절하는 것과 같다는 책망을 들었습니다.

성경 어디에도 지금과 같은 예배를 하나님이 기뻐하신다고 말씀한 적이 없습니다. 예배드리는 사람들이 그냥 막연하게 하나님은 우리의 예배를 기뻐하신다고만 생각할 뿐입니다. 그러나 그것은 사울처럼 우리들 생각일 뿐입니다. 참으로 중요한 것은 예배에 대한 잘못된 생각 때문에 정작 하나님의 말씀에 순종치 않는 삶을 사는 것은 아닌가 깨달아야 하는 것입니다.

예배드리는 자신을 신앙이 있는 것으로 여기는 것 때문에 정작 봐야할 불신앙의 모습을 보지 못하는 것은 아니냐는 것입니다. '예배를 드리고 정성을 다해서 십일조를 준비해서 바치고 교회에서 힘써 봉사하면 하나님은 이런 나를 기뻐하실 것이다'는 생각을 가지는 것 자체가 불신앙입니다. 그런데 그러한 자기 불

신앙을 보지 못하는 경우가 허다합니다. 결국 사울왕은 보이지 않지만 살아계신 하나님을 두려워하지 않고 자기의 영광을 위하여 자기 편의 위주로 하나님의 나라 이스라엘을 통치하며 살아가다가 하나님께 버림을 당하고 가문이 전멸하게 됩니다.

**1. 말씀에 귀를 기우리고 순종하라.** 사무엘 선지자는 사울에게 가서 하나님께서 사무엘 선지자를 통해서 그에게 기름을 부어 이스라엘의 왕으로 세워주신 은혜를 상기시켰습니다(삼상 15:1) 하나님이 왕이고 사울은 하나님이 쓰시는 도구임을 인식 시킨 것입니다. 사무엘은 진정한 왕이신 하나님의 말씀을 들으라고 권면했습니다.

사무엘은 사울에게 하나님의 명령을 전합니다(삼상 15:2-3) 아말렉을 남김 없이 진멸하라는 것입니다. 아멜렉은 이스라엘 백성들이 애굽에서 나올 때 그들을 괴롭혔습니다. 하나님은 아말렉에게 회개 할 기회를 주시기 위해 400년이 지난 지금껏 인내하셨습니다. 그들이 회개치 않자 그들을 심판하고자 하셨습니다. 구체적으로 여전히 회개 할 줄 모르는 그들의 모든 소유를 남기지 말고 철저히 진멸하라고 하셨습니다. 모든 소유를 남기지 말고 진멸하고 젖 먹는 아이까지 죽이라는 말씀이 섬뜩하게 느껴집니다. 하나님은 그만큼 아벨렉 사람을 철저히 심판하고자 하십니다. 하나님은 아말렉 진멸을 통하여 하나님께서 세상의 통치자 이심을 드러내고자 하신 것입니다.

사울은 하나님의 명령을 따라 백성을 소집하여 드라임에서 새어보았습니다. 보병이 이십 만 명입니다. 유다 사람이 만 명입니다(삼상 15:4-6). 사울은 여러 복병을 아멜렉 성에 이르러 골짜기에 매복시켰습니다. 그 와중에도 출애굽시 이스라엘 민족을 선대한 겐사람들을 배려하여 그들은 도피하라고 했습니다. 겐사람들은 멸망당하지 않게 하였습니다. 그러자 겐사람이 아멜렉의 사람 중에서 떠났습니다.

사울은 하윌라에서 애굽 앞 술에 이르기까지 아멜렉 사람을 쳤습니다(삼상 15:7-8). 아멜렉의 모든 백성을 진멸하였습니다. 그는 아말렉의 모든 백성들을 진멸하고 하나님의 말씀에 온전하게 순종하는 것처럼 보였습니다. 그러나 그의 순종에는 문제가 있었습니다. 그는 아말렉 왕을 사로잡았습니다. 왕을 잡아와서 자신의 공로를 백성에게 과시하고자 하였습니다.

사울은 하나님께서 사무엘을 통해 일러 준 말씀대로 철저히 진멸하지 않았습니다. 사울과 백성들은 아말렉의 왕 아각을 죽이지 않았습니다. 양과 소의 가장 좋은 것과 또는 기름진 것을 완전하게 진멸하지 않았습니다. 그는 가치 없고 하찮은 것만 골라서 자기 생각대로 순종하여 진멸했습니다(삼상 15:9). 그는 사로잡은 아각 왕을 끌고 다님으로서 백성들 사이에서 자신의 인기를 높이고자 했습니다. 그는 짐승들 중에서 별 볼일 없는 '하찮이'들만 진멸하고 기름지고 좋은 것들은 숨겨두었습니다. 군사적으로 위협거리가 되지 못하는 짐승들까지 꼭 다 진멸할 필요가 없다고 생각하였습니다.

사무엘에게 여호와의 말씀이 임하였습니다. 하나님은 사울의 불순종으로 사울을 왕 삼으신 것을 후회하신다고 하셨습니다. 하나님이 진정한 통치자인데 사울은 하나님을 통치자로 모시지 않았습니다. 하나님을 통치자로 모시지 않고 자신이 왕이 되었습니다. 그는 하나님에 대해서 반역하였습니다. 하나님의 명령을 따르지 않고 행하지 않았습니다. 하나님은 사울로 인하여 근심하셨습니다. 사무엘은 사울로 인하여 밤새 고통하며 기도했습니다. 여호와께 사울이 왕이 되어 반역한 죄를 슬퍼하며 회개의 기도를 드렸습니다(삼상 15:10-11).

사무엘은 사울을 만나려고 아침 일찍 일어났습니다. 사울을 찾아가자 어떤 사람이 사울이 갈멜에 자기를 위해 기념비를 세우고 발길을 돌려 길갈로 내려갔다고 하였습니다. 사울은 자신의 뜻대로 행한 자신의 죄를 깨닫지 못하고 승전 기념비를 세우고 있었습니다(삼상 15:12). 그는 하나님의 이름을 드러내기보다 백성들 앞에 자신의 이름을 드러내기에 바빴습니다.

사울은 마중 나온 사무엘에게 복을 빌며 자신이 여호와의 명령을 수행하였다고 말합니다. 사울은 자신이 하나님께서 지시하신 명령을 다 완수했다고 자랑스럽게 말했습니다. 그는 적당히 순종한 것도 순종한 것이라고 생각했습니다. 그는 자신이 하나님을 무시하고 왕이 된 죄악을 알지 못했습니다.

사무엘은 양과 소의 울음소리를 들었습니다. 사울은 하나님을 하나의 조언자로만 생각하였습니다. **그러나 사무엘은 이런 사울의 교만한 죄악을 책망합니다.** 분명히 사울이 하나님의 말씀대로 아말렉의 모든 소유들을 다 진멸했다면 아무런 양이나 소의 소리도 들리지 않아야 했습니다. 사무엘은 내 귀에 들리는 이 양의 소리와 소의 소리는 어찌 됨이냐고 묻습니다(삼상 15:13-14). 몰라서 묻는 것이 아니라 회개하라는 뜻입니다.

지금 사울에게 필요한 것은 "하나님께 범죄했습니다. 회개합니다." 단순히 회개하는 그것입니다. 이제부터 하나님의 말씀에 온전하게 순종하겠습니다. 그리고 뒷말이 없어야 합니다. 그러나 그는 무리가 아멜렉 사람에게 끌어 온 소와 양이라며 무리에게 책임을 전가합니다. 끌어온 이유도 당신의 하나님께 제사 드리려고 양들과 소들 중에 가장 좋은 것을 남겼다고 했습니다(삼상 15:15). 그는 하나님을 위하는 선한 의도로 불순종하였다고 하였습니다. 그러나 사무엘은 사울의 변명에 그냥 넘어가지 않았습니다. 사무엘은 사울의 문제를 분명하게 지적하며 그의 죄를 철저하게 책망하였습니다.

**사무엘은 사울에게 두 번째 책망합니다.** 하나님은 사울이 교만해져서 불순종했다고 지적하였습니다. 사무엘은 사울왕이 스스로 작게 여길 때에 이스라엘 지파의 머리가 되었다고 깨우쳐줍니다. 사울이 하나님을 두려워하고 겸손한 사람이었다면 사울은 이 말씀을 하시는 하나님의 마음을 알고 두렵고 떨림으로 다 없어지기까지 진멸해야합니다. 그러나 그는 겸손히 여호와의 목소리에 귀를 기울이지 않았습니다. 하나님의 말씀을 가볍게 생각하고 형식적으로 순종하였습니다. 사울은 아말렉을 진멸하는 것보다도 거기에서 나오는 전리품을 탈취하는 데에 더 마음이 급급해있었습니다(삼상 15:18-19). 그는 탐심으로 하나님이 금하시는 것을 취했습니다.

사울은 두 번째 책망에도 자신의 죄를 모르고 하나님의 명령대로 했다고 변명합니다. 그는 반복하여 자신이 순종하였고 다만 아각을 끌어오고 가장 좋은 것을 가져온 것은 하나님을 위한 것이라고 말합니다. 그는 좋은 것으로 사무엘의 하나님께 제사 드리려고 양과 소를 끌고 왔다고 합니다(삼상 15:20-21). 그는 자신의 하나님이 없고 사무엘의 하나님만 있었습니다. "사무엘이 이르되 여호와께서 번제와 다른 제사를 그의 목소리를 청종하는 것을 좋아하심 같이 좋아하시겠나이까? 순종이 제사보다 낫고 듣는 것이 숫양의 기름보다 나으니"(삼상 15:22). **사무엘은 세 번째로 사울을 책망합니다.** 신앙생활은 내 힘 내 열심으로 하나님께 제사 드리는 것이 아닙니다. 하나님께 무엇을 해드리는 것이 아닙니다. 열심히 헌신하는 것이 아닙니다. 신앙생활은 하나님께서 무엇을 원하시는가에 귀 기울여 하나님의 음성을 잘 듣고 뜻대로 순종하는 것입니다.

"이는 거역하는 것은 점치는 죄와 같고 완고한 것은 사신 우상에게 절하는 죄와 같음이라 왕이 여호와의 말씀을 버렸으므로 여호와께서도 왕을 버려 왕이 되지못하게 하셨나이다 하니"(삼상 15:23). 하나님께서는 불순종하여 말씀을 떨어뜨리고 회개치 않는 죄가 얼마나 크고 무서운 죄인가 말씀하셨습니다. 불순종하는 것은 바로 사술의 죄 즉 점쟁이에게 가서 점치는 죄와 같습니다. 회개치 않고 완고한 것은 우상숭배의 죄와 같습니다. 하나님 편에서 무서운 죄는 바로 하나님을 왕으로 모시지 않는 불순종의 죄요, 거역하는 죄입니다.

사울은 세 번째 책망에는 회개하는 것 같습니다. '내가 범죄하였나이다.' 라고 말한 것을 보면 회개한 것 같습니다. 그러나 다음 말을 보면 그는 회개치 않은 것입니다. 회개했으면 다음 말이 없어야 합니다. **그는 백성을 두려워하여 백성의 말을 청종하였다고 말했습니다.** 그는 백성에게 핑계를 댑니다. 그는 사무엘에게 나와 함께 돌아가서 여호와께 경배하게 해달라고 하였습니다. 아직도 사람들 앞에서 자신을 높여주기를 바랐습니다(삼상 15:24-25). 이렇게 사람들을 의식하는 것은 진정한 회개가 아닙니다. 회개는 하나님만 의식하고 하나님 앞에서 마음을 열고 애통하는 것입니다.

사무엘은 사울이 세 번이나 회개하지 않자 사울에게 단호하게 심판의 메시지를 전합니다. 사울이 왕이신 하나님을 버렸습니다. 하나님도 사울을 이스라엘 왕에서 버렸습니다. 사무엘은 사울과 함께 돌아가서 하나님께 경배하지 않겠다고 했습니다. 사무엘이 가려고 돌이키자 사울은 회개하기보다 사무엘의 겉옷자락을 붙잡았습니다. 그 옷이 찢어질 정도로 잡았습니다. 사무엘은 이제 사울의 왕권은 끝이 났다고 말합니다. 모든 이스라엘 나라를 사울 왕에게서 떼어 왕보다 나은 왕의 이웃에게 주었다고 했습니다(삼상 15:26-29). 하나님은 사울이 회개하지 않자 겸손한 다른 왕을 세우고자 계획하셨습니다.

사울이 끝까지 회개하지 않았습니다. 그는 마지막 사무엘에게 소원을 말합니다. 사무엘에게 "당신의 하나님께 경배하게 하소서"라고 말합니다. 사울은 하나님의 말씀대로 순종을 통한 인격적인체험이 부족하여 자신의 하나님을 만나지 못했습니다. 하나님은 그에게 사무엘의 하나님이었을 뿐입니다(삼상 15:30-31). 우리는 지식 속의 하나님을 믿는 것이 아닙니다. 우리는 살아계신 나의 하나님을 만나고 믿는 것입니다.

사무엘은 아멜렉 사람의 왕 아각을 내게로 끌어오라고 했습니다. 아각은 이제 사망의 괴로움이 지났다고 즐거이 나아왔습니다. 사무엘은 아각의 대를 끊겠다고 하였습니다. 사무엘은 즐거이 나아오는 아각을 하나님 앞에서 도끼로 찍어 쪼갰습니다 (삼상 15:32-33). 그는 하나님의 말씀에 철저히 순종했습니다.

사무엘은 자신의 거처가 있는 라마로 갔습니다. 사울은 기브아 자기의 집으로 올라갔습니다. 사무엘은 죽는 날까지 사울을 다시 가서 보지 않았습니다. 그는 회개치 않는 그를 다시 보지 않았습니다. 그는 사울을 위하여 슬퍼했습니다. 여호와께서도 사울을 왕 삼으신 것을 후회하셨습니다(삼상 15:34-35). 사무엘은 사울을 차갑게 대함으로 마지막까지 회개하기 원했습니다. 하나님께서 사울에게서 완전하게 떠나셨습니다. "사울이 여호와께 묻자오되 여호와께서 꿈으로도, 우림으로도, 선지자로도 그에게 대답하지 아니하시므로 (7) 사울이 그의 신하들에게 이르되 나를 위하여 신접한 여인을 찾으라 내가 그리로 가서 그에게 물으리라 하니 그의 신하들이 그에게 이르되 보소서 엔돌에 신접한 여인이 있나이다."(삼상 28:6-7). 하나님께서 사울에게서 떠나시니 사울은 신접한 여인을 찾기에 이릅니다.

**2. 신접한 여인을 찾는 사울 왕**(삼상28:5-7). "여호와께서 꿈으로도, 우림으로도, 선지자로도 그에게 대답하지 아니하시므로" 블레셋과의 전쟁에서 이기고자 신접한 여인을 찾고 있는 것입니다. 하나님과의 관계를 근본적으로 회복하지 못한 사울 왕은 자신을 위하여, 자신의 욕망을 위하여 신접한 여인을 찾고 있는 것입니다. 이미 믿음이 무너진 사울 왕이었기에 더 큰 실망을 하지 않겠지만 불신앙적인 모습의 끝을 보고 있다는 것입니다. 성경은 사울의 영적인 상태를 구체적으로 전하고 있습니다. 사울 왕이 신접한 여인을 찾는 선택의 과정을 통해 하나님께서 주시는 영적인 교훈을 바르게 깨닫길 소원합니다.

현실 앞에서 선택하는 사울의 진짜 모습이 신접한 여인을 찾게 하는 것입니다. 성경은 현실 앞에서 선택하는 사울의 진짜 모습, 진짜 신앙을 그대로 보여 주고 있다는 것입니다. 블레셋 사람들과 전혀 다르지 않는 모습이라는 것입니다. 하나님을 향한 믿음을 전혀 찾아 볼 수 없다는 것입니다. 하나님의 인도를 받고자 하는 마음을 전혀 찾아 볼 수 없다는 것입니다. 삼상 28:4~6절에서 사울의 모습을 정리하면 다음과 같습니다.

1)블레셋 사람들이 진 치매 사울이 온 이스라엘을 모아 진 쳤다는 것입니다. 블레셋 사람들이 진을 쳤을 때 그대로 사울 왕도 따라는 하는 모습을 강조하고 있다는 것입니다. 사울 왕이 동일하게 진을 치는 것이 중요한 것이 아니라 여호와의 뜻을 구해야 함에도 전혀 하지 않았다는 것입니다. 사울 왕 자신이 스스로 모든 것을 판단하여 진을 쳤다는 것입니다. 블레셋

과 전혀 차이가 없다는 것입니다.

2) 사울은 블레셋 사람들의 군대를 보고 두려워서 마음이 크게 떨렸다는 것입니다. 사울은 하나님의 뜻을 구하지 않고 이미 진을 쳤기에 지금도 하나님의 뜻을 구할 마음이 없다는 것입니다. 그래서 사울에게는 블레셋의 군대를 자세하게 살펴보는 것이 제일 중요한 것이었습니다. 실제 블레셋의 군사력을 확인하고 나니 두려워서 그 마음이 크게 떨린 것입니다.

사울 왕이 믿음이 없기에 잊고 있는 것이 있습니다. 이스라엘이 전쟁에서 군사력으로 승리한 적이 없다는 것입니다. 군사력이 아닌 여호와께서 인도하시는 전쟁에서만 승리하였다는 것입니다. 여호와께서 함께하지 않으시는 아이 성 전투에서는 비참하게 패배하였다는 것입니다. 사울 왕의 계산법에는 하나님이 없다는 것입니다. 오직 사울 왕의 자신의 기준으로만 판단하고 선택하고 있다는 것입니다.

3) 사울은 여호와께 뜻을 구하였다는 것입니다. 두려운 마음에 여호와께 뜻을 구하였지만 사울의 진정한 마음이 아니라는 것을 알 수 있습니다. 사울 왕은 자신의 행위에 대해 회개하는 모습이 없다는 것입니다. 하나님을 버렸던 지난 시간들에 대한 어떤 고백도 없다는 것입니다. 단지 자신이 여호와께 구하면 응답을 주실 것이라는 생각을 하고 있다는 것입니다. 여호와는 우리의 문제를 해결하는 수단이 아닙니다. 자신의 필요를 채우는 수단이 아니라 우리의 창조주이시고 주인이시라는 것입니다. 사울 왕은 제사장들을 모두 죽였고, 남은 제사장들도 다윗

에게로 다 갔습니다. 하나님의 말씀을 바르게 대언 할 선지자들도 없었다는 것입니다. 그것을 짐작할 수 있는 표현이 '우림'이라는 단어입니다. '우림'은 단독으로 사용되는 것이 아니라 항상 '우림과 둠림'으로 사용하는 것입니다.

그런데 '우림'이라는 것만 표현을 하는 것을 통해 사울 왕의 방법에는 문제가 있었음을 강조하고 있는 것입니다. 이처럼 사울 왕은 하나님께서 그 뜻을 알리실 모든 통로들을 이미 자신이 죄로 막아 놓은 것입니다. 사울 왕의 진정한 회개가 없는 상태에서 형식적인 기도는 아무 의미가 없다는 것입니다. 사울왕은 지금까지 현실에서 그렇게 선택하며 살아왔던 것입니다. 하나님을 버린 상태에서 자신의 필요를 따라 선택하였다는 것을 블레셋이라는 현실을 통해 다시 전하고 있는 것입니다.

사울 왕은 이스라엘 백성들을 위하는 것도 아니고 하나님의 영광을 위한 것도 아니었습니다. 오직 자신을 위하여 그렇게 선택을 하였던 것입니다. 성경에서 금하고 있고 심지어 자신이 그 땅에서 쫓아내었던 신접한 여인을 찾고 있다는 것입니다. 그리고 자신이 직접 가서 자신이 원하는 것을 물어 보겠다고 한 것입니다. 자신을 위하여 모든 것을 선택하며 살아가는 사람은 하나님의 말씀도, 교회 공동체도, 주의 자녀도 그리 중요하지 않습니다. 오직 자신만이 유일한 기준이라는 것입니다.

그래서 지금 사울 왕이 이러한 선택을 하는 것은 충격적인 모습이기도 하지만 영적으로는, 내면적으로는 지극히 자연스러운 일상이라는 것입니다. 하나님께서 사울 왕을 버린 이후에는 늘 그렇게 살아 왔던 것입니다. 결코 특별한 일이 아니라는 것입니다. 지금 우리가 다양한 현실에서 반응하는 그 모습, 그 태도가 우리의 미래를 만들어 가는 것입니다. 어느 날 기적처럼 우리의 모습이 성숙된 믿음의 모습으로 변화되는 일이 없다는 것입니다. 매일 매일 접하는 현실에서 반응하는 크고 작은 우리의 모습들이 우리의 인격이 되고 믿음의 모습이 된다는 것입니다.

**3. 최후를 맞이하는 사울 왕**(삼상31:1-13). 사무엘이 예언한 것처럼 사울과 그의 아들들은 길보아산 전투에서 완전히 패배하고 죽임을 당했습니다. 결국 블레셋으로부터 이스라엘을 구원하지 못한 실패한 왕의 모습입니다. 그럼에도 길르앗 야베스 주민들은 마음을 다해 이들을 위한 장사를 지냅니다.

다윗은 아말렉으로부터 모든 가족을 지켜내었지만, 사울은 이제 자기 목숨은 물론 자신의 자녀들과 이스라엘 백성조차 지켜내지 못합니다. 길보아 산에는 이스라엘 백성의 시체가 널렸고, 사울의 아들들 특히 요나단도 죽음을 맞이했습니다. 사울 자신도 블레셋 군사에게 추격당하여 위급한 지경에 이르렀습니다. 심하게 다친 사울은 옆에 있던 호위병사에게 자신을 죽여 달라고 말하지만, 그마저 거절당합니다. 마치 사사기에 나오는 아비멜렉의 마지막 모습과 같아 보입니다. 결국 그는 스스로 목숨을 버리고, 이를 지켜본 무기든 자도 스스로 죽음을 맞이합니다. 사울과 그 아들들이 한날 죽음으로, 이 모든 일이 하나님의 심판이었음을 명확하게 드러내었습니다.

어느 지역 주민들이 사울의 시신을 거두어 장례를 치러 주었습니까?(삼상31:13절). "모든 장사들이 일어나 밤새도록 달려가서 사울의 시체와 그의 아들들의 시체를 벧산 성벽에서 내려가지고 야베스에 돌아가서 거기서 불사르고"(삼상 31:12). 사울이 당한 치욕은 비참한 죽음으로 끝나지 않았습니다. 전장을 정리하던 블레셋 군사들은 우연히 사울의 시신을 보고 그의 머리를 자기들의 신당과 백성에게 알리기 위해 블레셋 사방으로 보냈습니다. 적장의 죽음을 널리 알리는 일은 백성의 사기를 높이기 위한 관행이었을 것입니다. 신당에까지 알린 것은 블레셋의 신 다곤이 여호와 하나님보다 더 강하다는 것을 대외적으로 선포하는 행위였습니다. 그런데 사울이 죽어서도 치욕을 당한다는 소식을 들은 길르앗 야베스 사람들이 야간 작전을 통해 사울의 시신을 되찾아 왔습니다.

적진을 뚫고 시신을 찾아오기가 결코 쉬운 일이 아니었겠지만, 그들은 사울이 일전에 자신들을 도와 암몬 왕 나하스를 무찔러 준 것에 대해 은혜를 갚고 있습니다. 그들은 사울의 시신을 거두어 장사지내고 그를 위해 일주일 동안 금식하며 슬퍼했습니다. 사울은 통치를 시작할 때 길르앗 야베스를 위해 암몬으로부터 큰 승리를 거두었는데, 이제 마지막 순간에 다시 그 장면을 떠올리도록 함으로 허무함을 더해 줍니다. 화려한 출발과 비참한 마지막입니다. 처음엔 열심을 내고 헌신했었는데 어느새 신앙생활이 나태해져 있고, 말씀에서 멀어져 있지는 않습니까? 우리도 자신의 신앙 행태를 점검하여 보아야 합니다.

# 17장 우상을 숭배하여 가문이 저주 받은 왕

(왕상 16:29-34)"유다의 아사 왕 제삼십팔년에 오므리의 아들 아합이 이스라엘의 왕이 되니라 오므리의 아들 아합이 사마리아에서 이십이 년 동안 이스라엘을 다스리니라 (30) 오므리의 아들 아합이 그의 이전의 모든 사람보다 여호와 보시기에 악을 더욱 행하여 (31) **느밧의 아들 여로보암의 죄를 따라 행하는 것을 오히려 가볍게 여기며 시돈 사람의 왕 엣바알의 딸 이세벨을 아내로 삼고 가서 바알을 섬겨 예배하고 (32) 사마리아에 건축한 바알의 신전 안에 바알을 위하여 제단을 쌓으며 (33)** 또 아세라 상을 만들었으니 그는 그 이전의 이스라엘의 모든 왕보다 심히 이스라엘 하나님 여호와를 노하시게 하였더라 (34) 그 시대에 벧엘 사람 히엘이 여리고를 건축하였는데 그가 그 터를 쌓을 때에 맏아들 아비람을 잃었고 그 성문을 세울 때에 막내 아들 스굽을 잃었으니 여호와께서 눈의 아들 여호수아를 통하여 하신 말씀과 같이 되었더라."

아합 왕은 이스라엘 나라를 하나님의 나라로 인정하지 않고 자신의 나라라고 생각하여 자기 마음대로 한 것입니다. 하나님의 말씀을 무시하고 자기중심적인 신앙으로 이스라엘나라를 통치하다가 명예롭지 못하게 최후를 맞이했습니다. 이스라엘 왕이라도 하나님 안에서 홀로서서 하나님의 뜻을 쫓아 나라를 이끌어가지 않으면 하나님께 버림을 당하는 것입니다. 우리는 성령 안에서 홀로서는 신앙이 되어야 아브라함의 복을 받으면서 하나님의 살아계심을 증명하며 살아갈 수가 있는 것입니다.

오므리의 아들로 이스라엘 왕에 등극한 아합이 이스라엘을 어떻게 통치해 갔는가 하는 것에 대하여 말씀을 드리고자 합니다. 아합은 유다의 아사왕 38년에 이스라엘 왕이 되어 사마리아에서 22년 동안 통치하였습니다. 그에 대하여 열왕기상 16장 30-33절에서는 "오므리의 아들 아합이 그 전의 모든 사람보다 **여호와 보시기에 악을 더욱 행하여 느밧의 아들 여로보암의 죄를 따라 행하는 것을 오히려 가볍게 여기며 시돈 사람의 왕 엣바알의 딸 이세벨로 아내를 삼고 가서 바알을 섬겨 숭배하고 사마리아에 건축한 바알의 사당 속에 바알을 위하여 단을 쌓으며 또 아세라 목상을 만들었으니 저는 그 전의 모든 이스라엘 왕보다 심히 이스라엘 하나님 여호와의 노를 격발하였더라"**고 말씀합니다.

**1. 여호와 보시기에 악을 더욱 행하여.** "오므리의 아들 아합이 그의 이전의 모든 사람보다 여호와 보시기에 악을 더욱 행하여"(열왕기상 16:30) 여기에 보면 '아합이 그 전의 모든 사람보다 여호와 보시기에 악을 더욱 행하여 느밧의 아들 여로보암의 죄를 따라 행하는 것을 오히려 가볍게 여기며'라고 말씀하셨는데, 이것이 무엇을 말하는가 하면, 아합은 자기의 선대 왕들보다도 훨씬 더 여호와 보시기에 악을 행하였는데 그가 여로보암

의 악행을 본받아 우상숭배에 빠진 것은 가장 적은 죄에 불과하였다는 것을 의미하는 것입니다.

여로보암은 이스라엘 백성이 매 절기에 예루살렘을 찾아가는 것으로 인해서 그들이 르호보암에게로 돌아설 것이 염려되어서 이스라엘 안에 예루살렘으로 가는 사람을 끌어들이기 위한 정책적 배려에서 순례하기에 편리한 두 지역에 금송아지 두 마리를 만들어 세웠는데 이스라엘 최남단의 벧엘과 최북단의 단에 세워 놓고는 이곳을 찾아 절기를 지키게 하였습니다.

그러나 이러한 여로보암의 행태는 이스라엘 백성을 죄의 길로 인도하는 것이었습니다. 이스라엘 백성이 장엄한 행렬을 이루어 금송아지를 모시고 단에까지 가서 제단을 쌓음으로써 하나님이신 여호와를 우상으로 전락시켰기 때문입니다. 이는 과거 모세가 하나님의 언약의 말씀인 십계명을 받기 위해 시내산에 올라가 있는 중에 아론과 그를 좇는 이스라엘 백성이 지은 죄악이었습니다.

여로보암은 이뿐만 아니라 전국 각처에 풍요의 신을 섬기는 사당들을 세워놓고 레위 자손이 아닌 일반 백성으로 제사장을 삼았습니다. 그것은 레위 지파 사람들이 여로보암의 혼합주의 종교정책에 타합하지 않고 남왕국 유다로 떠났기 때문에 레위 지파 사람을 대신해서 제사장직을 행할 사람을 일반인에게서 뽑아 수행하게 한 것입니다.

그런가 하면 왕이 자기 마음대로 절기의 날을 정할 수 없는데도 임의로 8월 15일(**태양력으로는 10-1월에 해당**)을 매년 성소

순례의 축제일로 정하여 예루살렘의 장막절기와 비슷하게 만들어 놓았습니다. 이때는 가을에 신년을 맞이하던 고대 이스라엘의 신년 축제에 해당되는데 매년 이때에 여로보암이 직접 벧엘로 가서 제단으로 올라가 금송아지 앞에 제물을 바치고 그가 세워 놓은 제사장들과 더불어 제사를 드릴 계획을 가졌습니다.

그리고 정해 놓은 제사의 축제일에 올라가 이스라엘 백성 앞에서 여호와께 제물을 바치려 한 그 순간에 유다에서 올라온 하나님의 사람인 한 선지자가 멸망을 예언하였으며 그를 체포하려던 여로보암의 손이 마비되는 일을 통해서 자신이 하나님께 벌을 받은 것을 깨달으면서도 여전히 죄악에서 돌이키지 않았습니다. 이러한 죄 때문에 여로보암은 그와 그의 온 집안이 망하고 그의 왕조도 무너지는 결과를 가져왔습니다.

그런데 지금 아합이 저지르고 있는 죄악은 이보다 훨씬 더 큰 죄에 속하는 악을 행하였다는 것이니 그 정도가 얼마나 심각한지를 알 수 있습니다. 아합이 여로보암의 우상숭배를 좇아서 그 또한 우상숭배를 해 나간 것은 오히려 가장 적은 죄에 속할 만큼 그보다 더 큰 죄악을 행하여 나갔는가 하는 것을 다음과 같이 말씀해 주시고 있습니다.

**2.시돈 사람의 왕 엣바알의 딸 이세벨로 아내를 삼고.** '시돈 사람의 왕 엣바알의 딸 이세벨로 아내를 삼고 가서 바알을 섬겨 숭배하고 사마리아에 건축한 바알의 사당 속에 바알을 위하여 단을 쌓으며 또 아세라 목상을 만들었다'라고 말씀하시고 있습

니다. 아합은 바알신을 섬기는 이방여자 이세벨과 결혼하였습니다. 이세벨은 베니게의 왕이자 바알신의 제사장인 엣바알의 딸이었습니다.

아합은 그렇게 바알신을 섬기는 이세벨과 결혼한 후에 아내를 위하여 수도 사마리아에 바알 사당을 짓고 제단을 만든 후 자신이 직접 그 사당에 들어가서 바알에게 제사를 드렸습니다. 그뿐만이 아니라 그는 아세라 여신상을 뜻하는 목상까지 만들어 세웠습니다. **이세벨이 들여온 바알은 태양의 신으로 섬겼는데 날씨와 성장을 지배하는 신으로 비와 풍년을 기원하였습니다. 그래서 풍요의 신으로 인식하고 있었습니다.** 그리고 바알은 달의 신으로 섬긴 아세라와 짝을 이루고 있습니다. **아세라는 다산(多産)의 신으로 인식하고 있었습니다.** 이렇게 풍요와 다산의 신을 섬김으로써 이스라엘의 번영을 꾀하고자 하였습니다.

그러나 풍요와 다산을 의식하고 있는 이 우상숭배에 깔린 저의(底意)는 사실은 육체의 정욕을 가장 잘 보여주는 것이었습니다. 이 우상숭배를 하는 자들은 육체의 욕망을 좇아서 육체적으로 섬겼기 때문입니다.

그래서 이 우상숭배에서는 인간이 색정(色情)(**남녀 간의 성적 욕망. 욕정. 정욕**)을 좇아서 음란이 자행되었습니다. 이렇게 풍요와 다산을 기원하면서 그것을 빌미로 사실은 육체의 쾌락을 즐겼습니다. 바알과 아세라 우상을 세워 숭배하는 것이 이런 것인데도 아합은 그 자신이 여기에 **빠져** 있었으며 바알과 아세라 우상을 세워 숭배하는데 온갖 악행을 일삼아 이스라엘 전체를 극도의 타락에 빠뜨려 그의 선대 왕들보다도 더 이스라엘의 하나님 여호와를 모욕하였습니다.

이스라엘 왕 아합이 악을 행하여 수도 사마리아에 바알 사당을 짓고 바알에게 제사를 드리는 죄를 짓고 이스라엘 전체가 죄에 참여한 것은 우상인 바알에게 무릎을 꿇은 것이요 이는 하나님의 백성이 하나님과 하나님의 나라를 버리고 바알과 바알의 나라에 예속된 것을 뜻합니다. 그럼으로써 이스라엘은 여호와의 종교를 믿는 사람들이 아닌 이방종교를 믿는 사람들로 더욱 굳어져 갔습니다. 아합이 이스라엘 왕이 되어서 해 나간 통치는 이렇게 하나님의 다스림을 받는 이스라엘을 하나님에게서 멀리 떠나게 하여 하나님에 대하여 완악한 마음과 그 행태를 갖게 하고 이스라엘에 사단의 위가 자리를 잡게 하는 것이었습니다.

아합 전에도 우상숭배가 있어오기는 하였습니다. 이스라엘이 남북 왕국으로 갈라지기 전인 솔로몬 통치 때에도 그의 말년에 이방신들을 들여 온 적이 있었습니다. 이스라엘이 남북으로 왕국이 갈라져 북왕국을 여로보암이 통치하던 때에도 전국 각처에 풍요의 신을 섬기는 사당들을 세워 놓기도 하였습니다. 그래서 여호와의 종교와 우상종교가 혼합되어 왔었던 것입니다. 여로보암 이후의 왕들도 여로보암의 뒤를 좇았습니다.

그런데 아합 왕은 그 어느 왕들보다도 더 악한 범죄를 저질렀습니다. 여로보암의 우상숭배가 가장 작은 죄로 여겨질 만큼 말입니다. 아합은 이스라엘 땅에서 아예 여호와 종교가 아닌 바알 종교를 일으키기 위하여 수도 사마리아에 바알 사당을 짓고 제단을 만든 후 자신이 직접 바알에게 제사를 드려갔습니다.

악한 영인 사단은 아합 왕 때에 관능의 미로 모습을 갖춘 이세벨을 이용하여서 아합을 꾀하고 그를 정복하는 것을 통해서 바알을 이스라엘에 들여오게 하여 이스라엘 전체를 하나님이신 여호와를 섬기지 않고 우상숭배를 해 나가도록 하였습니다. 사단은 구약 교회인 이스라엘에 뿐만 아니라 신약 교회에도 신(新) 이세벨을 동원하여서 두아디라 교회를 미혹하여 넘어지게도 하였습니다. 이렇게 사단은 시대를 불문하고 이세벨을 통하여 하나님의 백성들을 하나님에게서 떠나 우상숭배 하게 하는 영적 음행의 죄를 짓게 합니다. 아합은 이스라엘 왕으로서 하나님의 통치를 실현해 나가야하는 지도자의 위치에 있음에도 불구하고 그 자신이 왕의 권세를 내세워 앞장서서 이스라엘을 거룩성에서 떠나 죄의 특성인 더러움 속에 있게 하였습니다.

그런데 사단의 간계는 이스라엘 왕국에 국한하지 않습니다. 사단은 북왕국인 이스라엘뿐만 아니라 이스라엘을 전략기지로 삼고 통로로 하여서 남왕국 유다마저 침략할 계획을 갖고 있었습니다. 다시 말해서 유다 마저 바알을 숭배하는 우상숭배의 죄악에 빠뜨릴 계획을 갖고 있었던 것입니다. 그래서 이스라엘 전지파인 12지파를 다 자신에게 굴복케 할 계획이었습니다. 이는 실행이 되어서 아합과 이세벨 사이에서 태어난 딸인 아달랴가 유다 왕 여호사밧의 아들 여호람과 결혼하였고, 아달랴로 인하여 여호람과 아하시야 왕이 죄악을 저질렀습니다.

왜 이렇게까지 사단은 음흉한 계획을 갖고서 전 이스라엘을 범죄하게 하였을까요? 이는 거룩한 다윗의 씨, 그러니까 하나님의 언약의 왕국을 이루고 있는 거룩한 다윗의 자손에게서 사단의 나라를 멸망시킬 메시야가 나올 것이기에 이 일을 이루실 하나님의 큰 일을 무산시키기 위해서 다윗의 왕국에 사단의 위가 자리잡게 하여 유대인이 하나님에게서 떠나 사단을 추종하고 숭배함으로써 메시야로 오실 예수 그리스도의 씨를 끊어 놓으려 했기 때문입니다. 그래서 하나님이 일해 나가시는 구원 사역을 방해하고 막으려 했으며 그 누구도 구원을 얻지 못하게 하며 그들 위에 군림하여서 사단의 나라를 이루려고 하였습니다. 이렇게 이세벨에 의해서 이스라엘 땅에 바알을 들여오게 하여 우상숭배 하게 한 데에는 사단의 간계의 무서움이 있습니다.

아합은 바알 사당을 세우고 이스라엘 백성을 바알을 숭배하게 함으로써 전이스라엘을 우상 숭배의 길로 이끌어갈 뿐만 아니라 하나님의 구원 사역을 막는 일을 함으로써 하나님의 진노와 저주를 일으키게 하였습니다. 이러한 아합은 하나님의 말씀에서 떠나 하나님에게 불순종하며 자기 마음대로 이스라엘을 다스려 나갔는데 그러한 악한 행동을 하는 것으로 아주 중요하고도 큰 사건이 발생했습니다.

그것은 하나님께서 여호수아를 통하여 무너진 여리고성을 다시는 건축하지 못하게 할 것을 말씀하시면서 이를 따르지 않을 경우에는 집의 기초를 놓을 때에 맏아들이 죽임을 당하고 집의 문짝을 달을 때에 그의 계자(막내 아들)가 죽임을 당할 것이라고 엄중 경고하셨는데(수 6:26), 아합이 이를 어기고 벧엘 사람 히엘을 시켜 벧엘 근방의 여리고를 재건하게 한 것입니다.

이 일로 히엘은 하나님께서 경고하신 대로 성벽의 기초를 놓을 때 맏아들인 아비람을 잃었으며 성문을 달 때에 막내아들 스굽을 잃었습니다. 그래서 370여 년 전에 여호수아가 여리고 성을 완전히 멸망시키고 하나님이신 여호와의 감동을 받아 이 성을 재건하는 자는 맏아들과 막내아들을 잃을 것이라고 저주한 말씀이 그대로 이루어졌습니다. 이 사건은 우상 숭배하며 하나님의 말씀에서 떠나 사는 아합에게 하나님께서 무서운 징벌을 행하신 것입니다. 하나님의 경고대로 여리고성을 재건하는 일을 했던 히엘의 맏아들과 막내아들이 죽임을 당하였습니다.

이 사건은 아합과 전이스라엘을 두려움과 무서움에 떨게 하는 아주 중요하고도 큰 사건이었습니다. 하나님의 말씀은 아무리 370여 년이란 오랜 세월이 흘러도 변함이 없으시며 약속을 지켜 나가시는 것을 그들이 보았기 때문입니다. 그런데 아합은 지금 여리고성의 재건함으로써 하나님의 노를 격발시켜 징벌을 일으킨 것보다 더 크고 무서운 악을 행하여 죄를 짓고 있습니다. 바알을 끌어들이고 전이스라엘을 우상숭배하게 하는 이 악행은 하나님이 아닌 다른 신을 숭배하게 하는 것일 뿐만 아니라 메시야로 오실 예수 그리스도의 씨를 끊어 놓으려는 것이 되어 하나님의 구원 사역을 막는 일을 하여 이스라엘을 사단의 왕국으로 만들어 모든 하나님의 백성을 사단의 속박을 받게 하는 참으로 무서운 악을 행하는 죄를 짓는 것이기 때문입니다.

아합은 그런 자신의 죄를 여리고성을 쌓는 일을 하다가 하나님의 진노를 사고 저주를 받아 맏아들과 막내아들이 죽임을 당하여 잃은 히엘의 불행을 보고서 하나님을 두려워하고 무서워하여야 했습니다. 그래서 죄악에서 돌이켜 회개하고 이스라엘에서 바알 사당을 다 제거하고 아세라 목상을 찍어내야 했습니다. 또한 이세벨을 이스라엘 땅에서 영원히 쫓아내야 했습니다. 그래서 여호와의 종교를 하나님의 왕국인 이스라엘 땅에서 회복해야만 했습니다.

그러나~ 아합은 그렇게 하지를 않았습니다. 이 모두가 다윗과 맺은 하나님의 언약적 관계에서 떠난 데 따른 당연한 결과였습니다. 이에 하나님은 선지자 엘리야를 보내서 하나님의 심판의 메시지를 전하십니다.

우리는 지금까지 들은 설교에서 아합 왕의 죄악과 선지자 엘리야의 등장이 갖는 의미가 무엇인지를 가르침을 받았습니다. 우리는 이것이 주는 교훈에서 오늘 이 시대에 우리 성도들이 받는 교훈이 무엇인지를 참으로 진지하게 생각하여서 찾아내서 자신의 삶에 적용해 나가야 할 것입니다. 하나님과의 언약적 관계에서의 이탈, 그래서 하나님의 말씀을 순종하는 믿음으로 살아가지 않는 한에는, 사실은 우리는 마음 속에서 나오는 탐심에 이끌려 자신을 우상숭배에 두는 꼴이 될 수밖에 없습니다.

바울은 골로새서 3장 5-6절에서 땅에 있는 지체를 죽이라고 하였습니다. 음란과 부정과 사욕과 악한 정욕과 탐심, 이런 것들을 끊어버려야 합니다. 그것은 우상숭배이기 때문이요 하나님의 무서운 진노가 그런 일을 하는 사람들에게 내릴 것이라고 하였습니다. 하나님은 우리를 예수 그리스도의 구속의 은혜를 힘입게 해 주어서 죄와 완전히 끊어 놓으셨습니다. 예수님을 주인으로 믿는 우리는 예수님으로 죽고 예수님으로 살고 있습니다. 예수님의 인생을 사는 것입니다. 다시는 죄와 상관이 없는 자로 살 수 있게 해 주셨습니다. 이를 위해서 죄값을 없애 주신 것이요 죄의 형벌에서 건져 자유하게 해 주신 것입니다.

그리고 하나님의 의를 입혀 주신 것이며 하나님의 자녀 삼아 주신 것입니다. 이제는 우리는 의로운 하나님의 자녀답게 의의 사람으로 살아야 합니다. 그래서 다시는 죄인으로 있을 때의 모습을 그대로 지니고서 살아서는 안 됩니다. 그러니 음란과 부정과 사욕과 악한 정욕과 탐심, 이런 것들을 끊어버려야 합니다. 바울이 이 모든 것을 우상 숭배라고 규정하고 있는 것은 그런 생활은 우리가 이 세상에 속해 있을 때 해 왔던 것들이기 때문입니다. 그런데 지금의 우리는 어떤 자들입니까? 지금의 우리는 그때의 옛사람은 죽었습니다. 이제 완전히 새사람으로 살고 있습니다. 새사람이 되었으니 새사람에 맞는 생활을 해야 합니다. 살아계신 하나님의 성전으로 살아야 되는 것입니다. 아시겠습니까? 이 세상에 속해 있을 때의 사람의 모습으로 살지 말라고 하는 이유를 말입니다. 그것은 우상숭배로서 하나님의 무서운 진노를 사는 일입니다. 그렇기 때문에 거기에서 우리를 나오게 해 주신 것입니다. 우리는 아합에게서 하나님의 왕국의 대리인으로 세움을 입은 왕이면서도 하나님을 경외하지 않고 우상 숭배 하는 그 추악한 모습을 보았습니다. 그것은 다름 아닌 그의 탐심에서 되었으며, 쾌락을 흠모하는 것에서 발생했습니다.

**3. 최후에 가문이 멸망 받는 아합 왕.** 열왕기상 22장 29-36절은 아람왕 벤하닷과의 3차 전쟁이 시작되고 아합 왕의 최후에 대해 쓰고 있습니다. 아합이 미가야의 예언을 듣지 않고 3차 전쟁을 일으킵니다. 아람왕 벤하닷은 그동안의 패전의 치욕을 씻기 위해 군사들에게 아합 왕과만 싸우라고 명령합니다. 아합은 일반 병사의 옷을 입은 후 변장하고 출정합니다. 여호사밧이 아합 왕의 옷을 입었기에 아람 군사들의 집중 공격을 받았지만 오히려 아합은 안전합니다. 그런데 여호사밧은 살아났고 아합은 아람 군사가 우연히 쏜 화살에 부상을 당합니다. 결국 과다 출혈로 인해 죽게 됩니다

열왕기상22장 34절에 **"한 사람이 무심코 활을 당겨 이스라엘 왕의 갑옷 솔깃에 맞추었다"**고 말합니다. 누구를 맞추기 위해 쏜 것이 아니라 이스라엘 진영을 향해 그냥 쏜 것입니다. 그 화살이 아합을 맞출 확률은 거의 제로에 가깝습니다. 아합이 입은 갑옷의 중간 연결지점인 허리 쪽 솔기에 맞았다는 것입니다. 우연치고는 너무나 정확히 급소를 맞춘 것입니다. 아주 정확히 갑옷의 빈 곳에 딱 맞은 것입니다. 확률로는 어려운 사건이 벌어진 것입니다. 하나님은 "참새 두 마리가 한 앗사리온에 팔리지 않느냐 그러나 너희 아버지께서 허락하지 아니하시면 그 하나도 땅에 떨어지지 아니하리라."(마10:29). 아무리 참새 한 마리라고 해도 하나님이 허락하지 않으시면 하늘에서 떨어지지

않습니다. 결코 우연이 아닙니다. 우연같은 일들이라도 거기에는 하나님의 인도하심과 섭리가 있습니다.

우리가 모든 일을 5차원의 눈으로 바라봐야 합니다. 다윗이 3미터나 되는 골리앗과 싸울 때 다윗의 물맷돌이 날아가 골리앗의 이마에 박힙니다. 만군의 여호와께서 함께 하셔서 급소에 맞춘 것입니다. 다윗의 물매돌이 골리앗의 이마에 꽂힌 것은 결코 우연이 아닙니다. 무소부재하신 하나님, 전지전능하신 하나님께서 역사하신 것입니다. 아합이 아무리 병사들 속에 변장하고 들어갔지만 하나님의 심판의 눈을 피할 수 없습니다. 우리가 기도할 때 주님께서는 우리의 상황과 모습이 어떤 것인지 주님이 아십니다. 우리가 살아가는 발걸음을 주님께서 보고 계시고 함께 동행하십니다. 우리는 그것을 잊을 때가 많습니다. 하나님이 안 계신 것처럼 걱정하고 있지는 않습니까? 우리가 어떤 모습, 어떤 생각을 하는지 하나님은 다 아십니다. 내 안에 성령 하나님이 함께 하심을 기억하면서 담대히 살아가시길 바랍니다.

아합은 죄를 범한 후 어떻게 해야 할까요? 인간적으로 변장하고 전쟁터로 들어가고 여호사밧에게 왕복을 주어 전쟁 지휘관을 넘기면서 자신을 숨깁니다. 미가야의 예언을 직감하고 불안한 마음으로 변장하여 숨은 것입니다. 그동안 아합은 하나님에 대해 많은 것을 경험하였습니다. 갈멜산 제단에 내린 불, 3년 6개월 가뭄후에 비가 온 것, 아람과의 1, 2차 전쟁의 승리 등으로 살아계신 하나님을 경험으로 알았습니다. 그런데 그런 기적을 생각하면서도 회개를 거부합니다. 인간적인 생각으로 변장했지만 오히려 회개하고 무릎을 꿇어야 합니다. 아무리 하나님을 피한다 해도 피할 수 없습니다.

하나님은 하나님께서는 예후장군을 불러내어 북이스라엘을 바알숭배 국가로 만들었던 아합 왕과 그의 자식들 그리고 아달랴를 통하여 인척관계를 맺었던 남 유다의 왕들을 척결하게 합니다. 예후장군은 아합왕을 비롯하여 이세벨왕비를 처참하게 죽여 버리고, "예후가 들어가서 먹고 마시고 이르되 가서 이 저주 받은 여자를 찾아 장사하라 그는 왕의 딸이니라 하매 (35) 가서 장사하려 한즉 그 두골과 발과 그의 손 외에는 찾지 못한지라 (36) 돌아와서 전하니 예후가 이르되 **이는 여호와께서 그 종 디셉 사람 엘리야를 통하여 말씀하신 바라 이르시기를 이스르엘 토지에서 개들이 이세벨의 살을 먹을지라**"(왕하 9:34-37). 아합왕의 아들들과 손자들까지 다 죽여 없애버립니다.

북이스라엘을 바알신을 들여온 죄 값을 확실하게 물으신 것입니다. 그렇습니다. 우상을 직접 섬긴 죄와 우상을 들여온 죄는 그만큼 크며 하나님은 그 죄 값을 크게 물으신다는 것을 우리는 알아야 합니다.

그리하여 아합왕가가 완전히 멸문지하가 되고 새로운 왕조가 시작되었으니 그 왕조가 바로 예후(북이스라엘의 제7대왕)에 의해 시작되는 북이스라엘 제5왕조입니다. 북이스라엘의 제5왕조는 예후에 의해 시작되었던 바, 북이스라엘의 제9왕조들 가운데 가장 오랫동안 통치한 왕조가 되었고, 또한 그 후손들 가운데 3대 후손이었던 여로보암2세(북이스라엘 제13대왕) 때에는 잃어버린 북이스라엘의 모든 영토를 회복하게 되며, 무려 41년 동안 가장 오래 기간동안 통치하는 왕이 나오게 됩니다. 그것은 예후왕이 북이스라엘의 바알숭배자들을 철저히 제거했기 때문입니다. 그렇습니다. 오늘날 우리도 정말 간절히 회개하여 예후 왕처럼 우상숭배를 척결할 수만 있다면 우리의 후손이 자자손손 복을 받을 수가 있음을 알아야 합니다.

왜 우리 믿는 자들에게 이런 일이 일어날까요? 그것은 "허황된 세상 것에 집착하기" 때문입니다. 아합 왕은 길르앗 라못에 대해 지나치게 집착한 결과 그 성(城)을 되찾지도 못하고, 목숨을 잃고 말았습니다. 만일 아합 왕이 길르앗 라못을 포기할 수 있었더라면, 조금은 더 살 수 있었을지 모릅니다.

우리가 하나님의 말씀을 붙들 때, 이미 축복의 길로 들어선 것입니다. 그러나 우리가 조심할 것은 두 가지입니다. 하나는 교만하지 않는 것이고, 다른 하나는 숨어서 죄를 짓지 않는 것입니다. 이 두 가지만 조심하면, 우리는 결국 다 복(福)을 받게 될 것입니다. 그러므로 다른 사람들이 잘 되는 것을 시기하거나. 질투하지 말아야 합니다. 그리고 세상의 복에 집착(執捉)을 버려야 합니다. 그러면 언젠가는 우리 모두에게 하나님의 복이 임할 것입니다. 아합 왕의 시체를 가지고 사마리아에서 장례를 치렀는데, 비록 장례식은 성대하게 이뤄졌지만, 수레에 있던 **"아합 왕의 피는 개가 핥아 먹게"**되었습니다. 하나님께서는 아합 왕에게 많은 시간을 주셨건만, 그는 그 시간들을 하나님의 영광을 위해 전혀 사용하지 못했고, 멸망을 당하고 말았습니다.

# 18장 주인인 하나님을 망각하여 저주 받은 왕

(역대하 16:7~13) "때에 선견자 하나니가 유다 왕 아사에게 나아와서 이르되 왕이 아람 왕을 의지하고 왕의 하나님 여호와를 의지하지 아니한 고로 아람 왕의 군대가 왕의 손에서 벗어났나이다. (8) 구스 사람과 룹 사람의 군대가 크지 아니하며 말과 병거가 심히 많지 아니하더이까? 그러나 왕이 여호와를 의지한 고로 **여호와께서 왕의 손에 붙이셨나이다. (9) 여호와의 눈은 온 땅을 두루 감찰하사 전심으로 자기에게 향하는 자를 위하여 능력을 베푸시나니 이 일은 왕이 망령되이 행하였은즉 이 후부터는 왕에게 전쟁이 있으리이다** 하매 (10) 아사가 노하여 선견자를 옥에 가두었으니 이는 그 말에 크게 노하였음이며 그 때에 아사가 또 몇 백성을 학대하였더라 (11) 아사의 시종 행적은 유다와 이스라엘 열왕기에 기록되니라 (12) **아사가 왕이 된 지 삼십구 년에 그 발이 병들어 심히 중하나 병이 있을 때에 저가 여호와께 구하지 아니하고 의원들에게 구하였더라** (13) 아사가 위에 있은 지 사십일 년에 죽어 그 열조와 함께 자매"

위대한 이스라엘의 왕 솔로몬이 죽었습니다. 그러나 솔로몬의 마지막 생애 속에 보면 그가 그의 많은 아내들의 잘못된 말을 듣고 우상과 사신을 섬겼습니다. 그 결과로 하나님께서 진노하셔서 그 자손 대에 나라가 나눠지게 된 것입니다. 그래서 북방 이스라엘과 남방 유다로 나라가 갈라지게 되고 만 것입니다. 그런데 이와 같이 나라가 분리되고 난 다음에 유다에서 제3대 왕의 아사라는 훌륭한 임금님이 즉위하게 되었습니다. 아사 왕은 여호와를 섬기는 신앙부흥을 적극적으로 추진한 임금님이었습니다. 그는 먼저 그 온 전국에 모두다 사람을 보내어서 이방제단과 산당을 없이하고 주상을 회피하며 아세라신을 다 찍어 없앴습니다. 그 나라 전체 우상과 사신을 섬기는 큰집이 없도록 그렇게 만들었습니다. 그 뿐 아니라 온 전국에 임금이 직접 동행해서 하나님 여호와를 구하며 율법과 하나님의 계명을 지키고 행하도록 강조를 했습니다.

그와 함께 국방을 튼튼히 해서 헐어진 성벽들을 다시 재건하고, 또 새롭고 튼튼한 성벽들을 쌓았었습니다. 이렇기 때문에 아사 왕은 크게 유다 나라를 부흥하게 하고 하나님께서도 아사 왕의 일에 만족하게 여기셔서 주님께서 축복을 주고 은총을 주었습니다. 바로 그때였었습니다. 에티오피아의 대왕 세라가 백만 대군을 거느리고 병거 삼백 승을 가지고서 유다를 침략해 들어왔었습니다. 그래서 아사 왕은 군대를 거느리고 이 에티오피아 세라의 백만 대군을 맞이하여 싸우러 나갈 때 도저히 인간적인 계산으로서는 싸워서 이길 승산이 없었습니다. 아사는 그 에티오피아의 백만 대군 앞에서 소리를 높여 하나님께 외쳐 기도하기 시작한 것입니다.

역대하 14장 11절에 보면 그의 기도가 기록돼 있습니다. "**여**

호와께 부르짖어 가로되 여호와여 강한 자와 약한 자 사이에는 주밖에 도와줄 이가 없사오니 우리 하나님 여호와여 우리를 도우소서 우리가 주를 의지하오니 주의 이름을 의탁하옵고 이 많은 무리를 치러 왔나이다 여호와여 주는 우리 하나님이시오니 원컨대 사람으로 주를 이기지 못하게 하옵소서" 이와 같이 간절히 부르짖어 기도한 결과 하나님께서 그 기도를 들으시고 주께서 에티오피아의 군대를 치매 이 유다왕 아사는 에티오피아의 백만 대군을 쳐서 한사람도 고향으로 살아서 돌아가지 못하게 다 진멸하고 병거 삼백 승을 파괴했습니다. 대 승리를 얻어서 그 전리품은 산을 쌓아 놓은 것처럼 그렇게 많았었습니다. 이래서 대 승전을 하여 영광을 돌리고 나팔 불고 북 치고 춤추며 그들은 유다로 돌아왔습니다.

온 국민이 함께 모여서 하나님께 감격하고 감사하여 무려 소 700마리와 양 7천 마리를 가지고서 여호와 하나님께 거대한 제사를 드렸었습니다. 그리고 전 국민이 합쳐서 진심으로 여호와를 찾기로 일대 결단을 내리고 누구든지 여호와를 경외하지 않은 사람은 죽이기로 작정했습니다. 어느 정도 아사 왕이 결심하고 여호와를 섬기기로 작정했던지 그 어머니 태후가 이날 이후에 아세라상을 만들었습니다. 그러자 그 어머니 태후의 위를 폐하고 아세라상을 찍어서 기드론 시냇가에 가서 물에 떠내려 보냈었습니다. 이와 같이 하매 하나님께서 하늘 문을 열고 축복을 해주셔서 그 나라가 태평성대하고 국민들이 잘 살고 하는 일마다 잘 되었었습니다.

그래서 무려 20년 동안 어떠한 이웃나라도 감히 유다를 넘나보지 못하고 20년 태평성쇠를 누렸습니다. 여기에 문제가 있는 것입니다. 20년 동안 아무 일이 없이 나라가 부강하고 태평 성세하니 그만 아사가 하나님을 찾아 기도하는 신앙이 시들해버리고 만 것입니다. 20년이 지나고 난 다음에 그 북방인 이스라엘 왕 바아사가 군대를 가지고서 유다를 침략하니까 이제는 옛날에 에티오피아의 군대에 비교하면 아무 것도 아닌데도 불구하고 마음속에 두려움이 들어와서 여호와께 부르짖거나 기도하여 하나님의 말씀을 구하지 아니하고 그는 곧장 뛰어가서 성전에 있는 금과 은, 왕궁에 있는 금, 은을 취하여 가지고서 이것을 아람 왕에게 보내서 아람 왕 벤하닷의 군대를 고용했습니다.

그래서 이스라엘을 치기 위해서 아람 왕 벤하닷의 군대가 움직이니 이스라엘이 그 벤하닷과 싸운다고 해서 유다 치는 것을 그치고 만 것입니다. 그러자 그 나라에 선지자가 와서 왕을 꾸짖었습니다. "왕이여! 어떻게 그렇게 망령한 일을 하느냐 20년 전에 에티오피아의 백만 대군이 왔을 때 당신이 군대가 많아서 이겼느냐 무장이 많아서 이겼느냐, 여호와를 의지했기 때문에 여호와께서 돌봐주셔서 이겼지 않느냐 그런데 이제 와서 어찌하여 망령되게 성전의 금과 은, 왕궁의 금과 은을 취하여서 믿지 아니하는 저 아람 왕을 돈주고 사서 이스라엘을 치게 해서 이 난국을 모면하려고 하느냐" 그러자 아사는 대노해서 이 선지자를 잡아 가지고서 옥에 가두고 백성들 중에 몇 사람을 학대했습니다. 그런 일이 있고 난 다음에 3년 후에 아사의 발에 병이 났는데 이 병이 굉장히 심했습니다. 아마 요사이 필자가 추측 건데 당뇨로 인하여 발의 뼈가 썩는 질병이 생겼나 봅니다. 아사왕이 하나님을 주인으로 모셨다면 자신의 주인이신 하나님께 자신의 병을 어떻게 치유해야 할 것인지 하나님께 물어보아야 함에도 불구하고 하나님께 물어보지 아니하고 자기 생각대로 백방으로 의사를 불러서 치료해도 낫지를 않았습니다. 그리고 난 다음 2년 후에 아사는 쓸쓸히 죽었습니다.

이렇게 위대한 아사 왕의 신앙이 그 나중에 가서 이렇게 비참하게 신앙이 타락되고 신앙을 잃어버리고 비참하게 죽음을 맞이하게 되었는가? 그 이유를 우리가 알아보고 우리 스스로의 마음에 경계를 가지는 것이 필요한 것입니다.

**1. 하나님을 찾는 습관이 되지 않았다.** 아사 왕의 신앙이 타락했던 이유는 20년 태평세월에 하나님께서 주인이시라는 것을 망각했다는 것입니다. 이것이 우리들의 신앙생활에 중대한 문제인 것입니다. 우리는 하나님께 늘 축복을 간구합니다. "주님이여 평안을 주시옵소서" "마음의 평안, 가정의 평안, 생활의 평안, 그리고 부귀영화를 주시옵소서" 이런 기도를 간구합니다. 그러나 실상은 하나님께서 하늘 문을 열고 축복을 부어주면 그래서 내가 평안하고 생활에 부요하게 되면 사람들은 의례히 하나님의 주인되심을 망각하는 것입니다. 이스라엘 백성이 광야를 지나서 젖과 꿀이 흐르는 가나안땅에 들어가서 태평성세하게 잘 살 때 그들은 보이지 않지만 살아계신 여호와를 버리고

이방 신을 따라가 버리고 만 것입니다. 사람이 괴롭고 고통스러울 때 하나님을 저버리지 않습니다. 평안하고 좋은 환경에서 사람들은 하나님을 버리고 세상으로 흘러 들어가게 되는 것입니다. 이렇기 때문에 우리에게 다가오는 고난은 신앙의 밥이라는 것을 알게 되시기를 주의 이름으로 축원합니다.

밥을 먹지 아니하고 건강을 유지할 수 없는 것처럼 신앙에는 종종 고난의 밥을 먹고 괴로움의 물을 마셔야 사람들이 회개하고 깨어지고 하나님을 찾아 기도해서 신앙이 튼튼해진다는 것을 알아야 되는 것입니다. 이렇기 때문에 반드시 우리 예수 믿는 신앙생활 가운데 우리의 환경에 다가오는 고난이 우리에게 늘 손해만 나는 것이 아닙니다. 이러므로 하나님께서는 한편으로 우리에게 은총과 축복을 주시면서 참으로 사랑하는 자녀는 한편으로 고난과 괴로움을 허락하여 주시므로 말미암아 이 고난과 괴로움을 통하여 자기가 깨어지고 하나님께서 부르짖어 하나님을 찾도록 만들어주시는 것입니다. 육신의 환경의 평안은 하나님을 찾을 필요를 느끼지 않습니다. 그렇기 때문에 예수님께서도 현실적인 생활 가운데 등 따스하고 배부르고 아무런 고난도 체험하지 않은 사람에게는 화가 있다고 말했습니다.

누가복음 6장 24절로 26절에 보면 "그러나 화 있을찐저 너희 부유한 자여 너희는 너희 위로를 이미 받았도다 화 있을찐저 너 이제 배부른 자여 너희는 주리리로다 화 있을찐저 너희 이제 웃는 자여 너희가 애통하며 울리로다 모든 사람이 너희를 칭찬하면 화가 있도다 저희 조상들이 거짓 선지자들에게 이와 같이 하였느니라" 여기에서 예수님께서는 지금 벌써 부유하고 지금 벌써 배부르고 지금 좋다고 웃고 지금 모든 사람들이 다 와서 칭찬을 받고 그래서 현실에 만족하는 사람에게는 화가 있도다. 왜? 이런 사람은 현실은 만족하고 집착해서 그만 아사 왕처럼 20년 태평세월에 하나님을 잃어버리고 기도하는 법을 잃어버리고 영적으로 죽어버린 이런 위험 속에 떨어질 수밖에 없기 때문인 것입니다. 이러므로 오늘날 우리의 환경 가운데 비오는 날 있고, 바람 부는 날 있고, 눈오고 추운 날 다가오고, 그래서 슬픔이 다가올 때 반드시 하나님께서 우리를 버렸기 때문에 우리가 이런 고난당한다고 생각해서는 안 됩니다. 하나님께서는 자기의 사랑하는 자를 불러서 채찍하고 징계하는 것입니다.

이렇기 때문에 우리의 생활 가운데 반드시 좋은 일만 계속 다가오면 안 되는 것입니다. 성경에는 영혼이 잘됨같이 범사에 잘되며 강건하라고 말했는데 영혼이 잘되려면 우리에게 햇빛 비치는 날만 있어서는 안됩니다. 평안한 날만 있어서는 안 되는 것입니다. 영혼이 잘되기 위해서는 비오는 날이 있어야 되는 것입니다. 바람 부는 날이 있어야 되는 것입니다. 눈 오는 날이 있어야 되는 것입니다. 시험과 환난이 다가와서 우리가 눈물 흘리며 금식하며 주님께 몸부림치며 부르짖어 기도하는 이러한 날이 우리에게 있어야 되는 것입니다. 고난은 우리를 멸하기 위해서 오는 것이 아니라 우리의 삶의 밥이 되는 것입니다. 이렇기 때문에 아사 왕이 타락한 이유는 20년 동안 너무 태평세월을 지나는 동안에 그만 그들은 아침에 늦게 일어나며 저녁에 늦게

까지 연락을 취하고 그리고 이 세상에 취해서 너무 세상만 즐기다가 하나님을 향한 신앙을 잃어버리고 만 것입니다.

**2. 인간적인 방법만을 간구했다.** 또 아사 왕이 타락한 이유는 문제에 부딪쳤을 때 인간적인 방법을 사용했습니다. 신앙을 잃어버렸기 때문에 기도하는 법을 잃어 버렸기 때문에 이제 문제가 오니까 하나님의 신령한 믿음의 방법을 취하지 아니하고 인간적인 욕심의 방법을 취하였습니다. 갑자기 이스라엘 왕 바아사가 쳐들어오니까 하나님 앞에 나와서 부르짖어 기도할 것을 잊어버리고 허둥지둥하여서 자기의 수단과 명철을 이용했었습니다. 유다나라는 아사왕의 나라가 아니고 하나님의 나라입니다. 적군이 쳐들어 왔을 때 하나님께 기도하여 하나님의 방법을 강구하여 하나님께서 싸우시도록 해야 했습니다. 아사왕이 결정적인 실수를 한 것입니다. 자기의 힘과 능력으로서는 유다를 지킬 수가 없었기 때문에 이웃인 **아람 왕 벤하닷**에게 성전에 있는 하나님께 예물로 드린 헌금도 가리지 아니하고, 왕국에 있는 헌금도 가리지 아니하고 이것을 취하다가 벤하닷에게 주어서 "당신의 아버지와 우리의 아버지가 서로 한 동맹을 하고 화친한 것처럼 당신과 나도 화친하자. 그러므로 이 은, 금을 드릴 테니 이걸 받아서 이스라엘의 병정을 쳐다오. 그래서 군대가 철수하게 해다오." 이렇게 인간적인 간청을 하게 되는 것입니다. 그럴 때 선지자 하나니가 와서 엄격하게 꾸짖었습니다.

역대하 16장 7절로 9절에 보면 "때에 선견자 하나니가 유다

왕 아사에게 나아와서 이르되 왕이 아람 왕을 의지하고 왕의 하나님 여호와를 의지하지 아니한 고로 아람 왕의 군대가 왕의 손에서 벗어났나이다. 구스 사람과 룹 사람의 군대가 크지 아니하며 말과 병거가 심히 많지 아니하더이까? 그러나 왕이 여호와를 의지한 고로 여호와께서 왕의 손에 붙이셨나이다. 여호와의 눈은 온 땅을 두루 감찰하사 전심으로 자기에게 향하는 자를 위하여 능력을 베푸시나니 이 일은 왕이 망령되이 행하였은즉 이후부터는 왕에게 전쟁이 있으리이다." 이와 같이 하나님께서는 아사 왕이 신앙이 타락해서 문제를 당하였을 때 하나님께 기도하고 하나님께 의지하여 하나님의 방법을 사용하지 아니하고 인간적인 수단과 방법을 쓴 것에 대해서 엄히 경고한 것입니다. 우리 예수 믿는 사람들은 세상 사람과 다릅니다. 우리는 흑암의 권세에서 건져내어 하나님의 사랑의 하늘나라로 옮겨졌습니다.

성경에 예수께서 말씀하기를 "사람이 떡으로만 살 것이 아니요 하나님의 입으로 나오는 모든 말씀으로 살 것이라"고 하였었으며, 성경에 말씀하기를 "나의 의는 믿음으로 말미암아 살리라 뒤로 물러가면 내 마음이 저를 기뻐하지 아니하리라"고 말씀한 것입니다. 이렇기 때문에 우리는 세상 사람과 다릅니다. 세상 사람들이 생각하는 자기중심적인 지혜와 지식이나 경험을 따라서 살아서는 안 됩니다. 하나님의 자녀답게 살아야합니다. 그런 것을 참작은 할지 몰라도 우리가 최후의 문제의 결단을 내릴 때는 하나님께 나아와 기도해서 하나님의 말씀과 성령으로 인도를 받아야 합니다. 말씀을 따라 살아야 되고 우리는 하나님의 입으로 나오는 말씀과 함께 믿음으로 살아야 되는 것입니다. 잠언서 3장 5절로 7절에 보면 "너희 마음을 다하여 여호와를 의뢰하고 네 명철을 의지하지 말라 너는 범사에 그를 인정하라 그리하면 네 길을 지도하시리라 스스로 지혜롭게 여기지 말찌어다. 여호와를 경외하며 악을 떠날찌어다." 이것이 우리 믿는 사람하고 믿지 않는 사람과 삶을 살아가는 다른 방향인 것입니다. 안 믿는 사람이야 자기를 의지하고 자기 명철과 지혜와 지식을 의지하지 그리고 자기 스스로 지혜롭게 결정해서 나갑니다.

그러나 믿는 사람은 그렇지 않습니다. 우리는 하나님의 지혜와 하나님의 지식과 판단력과 명철을 가지고서 살아야 되는 것입니다. 내 마음대로 하지 말고 범사에 여호와를 인정하고 그 발 앞에 엎드려 기도하고 여호와께서 마음속에 말씀하도록 해야 되는 것입니다. 우리는 하나님을 주인으로 모시고 인생을 살아갑니다. 성경은 말씀하기를 "돈을 탐하지 말고 있는 바를 족한 줄 알아라. 내가 네게 말하노니 과연 내가 너희를 떠나지 아니하고 과연 내가 너희를 버리지 아니하리라"고 말씀한 것입니다. 이러므로 우리는 하나님을 주인으로 모시고 인생을 살아가는 사람인 것입니다. 이러므로 우리의 생활 가운데 여러 가지 어려운 문제가 다가오더라도 아사와 같이 그만 황망히 미처 하나님께 기도하고 의지하지도 아니하고 인간의 수단과 방법을 취하여 인간적인 일로써 문제를 해결하면 오늘날도 하나님은 그 사람을 미워하십니다. 하나님은 슬퍼하십니다. 그러한 사람을 하나님께서는 떠나고 저버리고 마는 것입니다. 오늘 이 시간에 우리는 하나님 입으로 나오는 말씀으로 살고 하나님을 의인으로서 믿음으로 살아서 우리의 길을 항상 하나님께 맡기고 하나님의 명철로써 하나님의 능력으로 살게 되시기를 주의 이름으로 축원합니다.

**3. 하나님께서 주인이심을 망각했다.** 아사 왕이 타락한 것은 아사 왕이 하나님의 말씀을 듣지 않았기 때문에 그는 타락했습니다. 역대하 16장 10절에 보면 "아사가 노하여 선견자를 옥에 가두었으니 그는 그 말에 크게 노하였음이라 그때 아사가 또 몇 백성을 학대했다"고 말하고 있는 것입니다. 우리가 잘못하면 하나님 성령께서 선지자 입을 통해 우리에게 말씀합니다. 혹은 기도할 때 성령이 고요하고 잠잠하게 영속에 말씀하십니다. 하나님 말씀을 읽을 때 말씀이 두날 가진 금같이 영혼 속에 들어가서 심장과 골수를 쪼개면서 말씀하고 교회 출석할 때 강단에서 설교하는 목사의 입을 통해서 갑자기 자신에게 마치 벌거벗은 것처럼 자신의 잘못을 드러내놓는 것입니다.

이럴 때 하나님의 말씀이 들어올 때 괴롭지마는 하나님의 말씀에 귀를 기울이고 회개할 줄 알아야 되는 것입니다. 하나님께서 우리에게 말씀할 때 언제나 좋은 것만 말하지 않습니다. 우리가 잘못된 것은 잘못되었다고 말합니다. 좋은 의사는 진실로 우리가 병들었을 때 병들었다고 가르쳐 주는 것이 좋은 의사인 것입니다. 병이 들었음에도 불구하고 "당신은 건강하다. 당신은 괜찮다. 당신은 산다."고 거짓말을 해서 그 사람으로 하여금 거짓을 믿고 준비 없이 죽어가도록 해서는 안 되는 것입니다. 이와 같이 하나님께서는 귀에 듣기 좋은 소리만 하지 않습니다.

잘못된 것은 예리하게 하나님께서 우리 심령에 말씀의 검을 넣어서 찢을 건 찢고 수술할 건 수술하는 것입니다. 아프기 때문에 그러므로 사람들은 하나님 말씀을 듣지 않으려고 말씀의 귀를 막고 등을 돌릴 때가 있는 것입니다. 바로 아사 왕이 기회가 있었는데 그는 기회를 저버린 사람인 것입니다. 왜냐하면 선견자가 와서 아사 왕을 꾸짖을 때 아사 왕은 만일 다윗과 같은 사람이었다면 보좌에서 내려와서 무릎을 꿇고 통곡하고 자복하고 "하나님이여 내가 범죄 하였나이다"라고 했으면 하나님께서 그를 복구해 주었을 것입니다. 하나님께서 꾸짖을 때는 버리려고 꾸짖지 않습니다. 돌이키려고 꾸짖는 것입니다. 아예 버린 사람은 하나님께서 절대로 꾸짖지 않습니다. 꾸짖음이 있을 때는 아직 버림받지 않았다는 증거인 것입니다. 그러나 꾸짖음이 있을 때 이를 듣기가 괴로워서 하나님을 저버리면 그는 하나님께 저버림을 받습니다.

하나님 말씀을 왜 우리가 늘 듣고 보고 읽어야 되냐 하면 말씀이 들어오면 우리의 생활 속에 회개가 되는 것입니다. 말씀 안 읽고는 마음에 회개 안 됩니다. 그만 세상에 먼지 묻고 티끌 묻고 세상에 취하는데 자기 스스로가 아나요? 자기 얼굴에 때가 묻은 것 자기 스스로 모릅니다. 거울을 들여다봐야 아는 것처럼 말씀의 거울을 들여다볼 때 자기의 잘못된 것이 드러나기 때문에 항상 회개하여 새사람이 될 수 있는 것입니다. 우리들은 한번 믿었다고 해서 완성되지 않습니다. 우리는 매일같이 우리의 두루마기를 빨아야 됩니다. 매일같이 회개하여 거룩함에 이르도록 해야 되는 것입니다. 이러기 위해서는 말씀의 거울을 들여다보고 말씀으로 내 자신을 살펴보아야 되는 것입니다.

또 말씀을 듣거나 읽지 아니하고 마음속에 믿음이 생겨나나요? 어림없습니다. 믿음은 들음에서 나며 들음은 그리스도의 말씀으로 말미암습니다. 말씀 없이 인간적으로 아무리 믿습니다. 고함쳐도 그런 믿음은 헛 믿음인 것입니다. 밥을 먹지 않고 나는 기운이 있습니다. 나는 기운이 있습니다. 하고 외쳐본들 그에게 기운이 있을 리가 만무한 것입니다. 이와 같이 하나님의 말씀은 영의 양식이 되는 것입니다. 성령으로 말씀을 먹지 아니하고 영의 양식을 취하지 아니하고 신앙의 힘을 얻은 사람 없습니다. 그렇기 때문에 말씀을 꼭 귀를 기울이고 그것을 받아들이면 신앙에 힘이 생기고 하나님 앞에 가까이 나갈 수 있는 자리에 들어서게 되는 것입니다.

이러므로 우리는 끊임없이 말씀을 듣고 읽음으로 우리의 영적인 양식을 받아들여서 영혼이 영양실조에 걸리는 일이 없어야 됩니다. 또 우리가 말씀에 귀를 기울이고 성령 안에서 말씀을 읽어야 우리의 생활이 헌신 할 수 있는 것입니다. 우리가 이 세상에 자꾸 취합니다. 세상의 세속이 와서 우리를 자꾸 점령합니다. 이런 생활 가운데서 우리 자신을 끊임없이 주님 가까이 또 더 가까이, 또 더 가까이 성령의 인도함을 받기 위해서는 말씀을 읽어야 되는 것입니다. 왜? 말씀은 흡입력이 있어서 우리들의 심령을 부여잡아서 예수 그리스도 안으로 끌어들이는 위대한 힘을 가지고 있는 것입니다. 이렇기 때문에 말씀을 읽어서 그 말씀에 붙잡히어서 하나님의 깊은 은혜 속에 들어가야 되는 것입니다. 쉬지말고 성령으로 기도해야 합니다.

**4. 하나님께 물어보는 습관이 되지 않았다.** 그가 발에 병이 들어서 병이 점점 심해졌습니다. 그런데 그가 의사들을 불러서 열심히 치료했습니다. 깨달아야 할 것은 예수를 믿고 성령으로 거듭난 우리는 하나님께서 우리의 주인이시고 우리의 모든 것들은 하나님의 소유입니다. 하나님을 주인으로 모신 성도답게 질병이나 문제가 생겼을 때 하나님께 물어보아 하나님의 방법으로 해결을 해야 합니다. 성경에 의사에게 치료받지 말란 말은 없습니다. 왜? 건강한 자에겐 의원이 쓸데없고 병든 자에게는 쓸데 있다고 성경은 말했습니다. 그래서 성경에는 의원이 쓸데없단 말 안 했습니다. 우리 사람이 병들면 의원으로부터 치료받을 수 있는 것은 최대한도로 받아야 되는 것입니다. 그러나 성경은 말하기를 의원에게만 의지하라고 말하지 않았습니다. 우리가 병든 자에게는 의원이 쓸 데 있지마는 그러나 의원의 치료를 받으면서도 간절히 하나님께 기도하라고 말씀한 것입니다. "믿음의 기도는 병든 자를 구원하리니 주께서 저를 일으키시리라 무슨 죄를 범하였을지라도 사하심을 얻으리라 그러므로 너희 죄를 서로 구하며 병 낫기를 위하여 기도하라"고 명령하고 있는 것입니다. 그런데 아사는 발에 병이 들어 병이 점점 심해

지는데 주인이신 하나님을 무시하고 의원에게만 의지했습니다.

역대하 16장 12절의 말씀대로 "아사가 왕이 된지 삼십 구 년에 그 발이 병들어 심히 중하나 병이 있을 때 저가 여호와께 구하지 아니하고 의원들에게 구하였더라." 이것이 그가 죽은 이유인 것입니다. 그가 의원들에게 치료받은 것이 나쁜 것이 아닙니다. 의원만 구하고 자신의 주인이신 하나님께 구하지 않았기 때문에 하나님께서 역사하시지 아니하므로 의원의 힘으로 못 고쳤습니다. 오늘날 의사들에게 다 물어보십시오. 병을 의사가 고치냐고 물어보십시오. 한 사람의 의사도 병은 내가 고친다고 말하지 않습니다. 나는 최선을 다하여 병이 낫도록 도와만 주지 고치는 것은 하나님께서 고친다고 다 고백하는 것입니다. 아사가 주인이신 하나님께 치료의 방법을 물어보는 기도를 하지 않았기 때문에 하나님의 은혜를 받지 못하고 죽고 만 것입니다.

성령으로 시작했다가 육체로 마치는 이유는 평소에 하나님을 주인으로 모시고 성령 안에서 홀로서는 습관이 되지 않았기 때문입니다. 평안에 빠져 하나님께서 주인이신 것을 망각하고 문제가 있을 때 하나님을 찾지 않고 하나님의 방법으로 해결치 않고 자신의 방법 만을 사용하여 결국 죽음을 당한 것입니다. 성도들도 하나님의 말씀을 멀리하고 기도하지 않으므로 성령으로 시작했다가 육체로 마치는 아사와 같은 비극적인 상황 속에 떨어지는 것입니다. 오늘 이 시간에 하나님을 주인으로 모시고 성령 안에서 홀로서는 것이 습관이 되지 않아서 성령으로 시작했다가 육체로 열매 맺어 아사 같이 저주받지 않기를 바랍니다.

# 19장 사람의 미혹을 받지 말아야 홀로 선다.

(마 24:4-5)"예수께서 대답하여 이르시되 너희가 사람의 미혹을 받지 않도록 주의하라. 많은 사람이 내 이름으로 와서 이르되 나는 그리스도라 하여 많은 사람을 미혹하리라."

예수님은 사람의 미혹을 주의하라고 하십니다. 사람에게 미혹을 당하면 성령 안에서 홀로설 수가 없습니다. 하나님께서는 영이시라 보이지 않으니 카리스마 있는 사람을 추앙하게 되기 쉽습니다. 사람의 미혹을 잘 받는 사람은 보이는 사람에게 소망을 둠으로 인하여 마음에 만족을 찾지 못합니다. 이리저리 방황을 잘합니다. 사람들의 자그마한 소리에 현혹이 잘 됩니다. 주변에 능력이 있다는 사람에게 눌려서 살아가게 됩니다. 자연스럽게 자신 안에 계신 성령하나님과의 관계는 멀어지게 됩니다. 홀로서기는 성령 안에서만 이룰 수가 있는 것입니다. 사람의 미혹을 받지 말고 홀로 선다고 하니까, 사람들과 상대를 하지 말라는 말이 아닙니다. 결혼도 하지 않고 직장생활도 하지 않고 사업도 하지 말라는 말이 아닙니다. 결혼해서 부부 생활을 하더라도 홀로서기가 되어야 가정생활이 원활하게 지탱이 되는 것입니다. 한쪽으로 의존적이 되면 원만한 가정을 이끌어 갈 수가 없는 것입니다. 우리는 세상에서 직장에서 학교에서 사람들과의 관계를 하게 되어있습니다. 사람들과의 관계에도 홀로서기가 되어야 단체에 유익을 끼쳐서 단체가 서게 하는 사람이 됩니다. 세상을 살아가고 문제를 당할 때 사람들의 말에 좌우되지 말고 여러 사람들의 말을 듣고 종합하여 최종적으로 성령하나님의 소리를 듣고 결정하고 움직이는 사람이 되어야 홀로설 수가 있는 것입니다.

본문 말씀은 제자들 모두는 사전에 서로 의논하고 감람산에 이르러 은밀하게 묻는 것입니다. 마가복음의 병행구절(막 13:1-4)에서는 제자들 중의 실세인 베드로와 야고보와 요한과 안드레가 종용히 묻습니다. 베드로와 안드레는 친 형제이며 야고보와 요한 역시 친 형제입니다. 그들은 다른 제자들보다 예수를 가장 먼저 만난 사람들입니다. 그러나 누가복음의 병행구절(눅 21:5-7)에서는 특정인이 아닌 어떤 사람이 묻는 것으로 기록되어 있습니다. 이러한 제자들의 우문(愚問)에 대한 예수님의 첫 대답이 "너희가 사람의 미혹을 받지 않도록 주의하라"는 것입니다. 실상인즉 "너희 마음 안의 돌 성전이 돌 위에 돌 하나도 남지 않고 무너지는 그 때가 이르면 사람의 미혹을 받지 않도록 주의하라"는 말씀입니다. 쉽게 설명하면 육신의 눈으로 보이는 사람에게 소망을 두지 말라는 말씀입니다. 보이는 사람에게 소망을 두고 따르다가 그가 보이지 않으면 스스로 설수가 없기 때문입니다.

자신의 주인이신 보이지 않는 하나님께 소망을 두어야 보이는 사람이 떠나거나 사망하여 보이지 않더라도 실망하지 않는 다는 말입니다. 육신의 눈에 보이는 예수님이 돌 위에 돌 하나도 남지 않고 다 무너지는 때(예수님이 십자가에서 해 받고 죽으시면)는 눈에 보이는 예수 그리스도를 통하여 얻어 보겠다는 제자들이 낙심하는 때를 비유하여 말씀하신 것입니다. 실제로 예수님이 십자가에서 해 받으시자, 눈으로 보이는 예수님께 소망을 두었던 제자들은 모두 희망을 잃어버리고 본업으로 돌아갔습니다.

부활하신 예수님이 찾아가셔서 베드로에게 2번을 사랑하느냐고 물으신 3번째, "내가 주님을 사랑하는 줄을 주님께서 아시나이다. 예수께서 이르시되 내 양을 먹이라"(요21:17하). 말씀하시며 이제 주님을 의지하지 말고 주님을 대신하여 "내 양을 먹이라"고 사명을 확인하여 주십니다.

예수님께서 베드로에게 사명을 주시는 그 때에 이르러서야 보이는 눈으로 세상이 원하는 것으로 기쁨을 누리지 아니하고, 하나님이 원하시는 것으로 기쁨을 누리게 되는 것입니다. 그 기쁨은 누구도 빼앗을 자가 없는 영원한 기쁨이 되는 것입니다. 그 기쁨은 하나님을 사랑함에서 발원한 기쁨이기 때문입니다. 그 기쁨 이외의 어떠한 기쁨으로도 거룩함에 이르지 못할 것이기 때문에 우리 모두의 소망이 되어야 합니다. 그렇지만 제자들의 관심사인 "주의 임하심과 세상 끝 날"에 대한 소망은 현재로써는 스승의 생각과 도저히 같을 수 없는 평행선입니다.

"지금은 너희가 근심하나 내가 다시 너희를 보리니 너희 마음이 기쁠 것이요 너희 기쁨을 빼앗을 자가 없으리라. 그 날에는 너희가 아무 것도 내게 묻지 아니하리라. 내가 진실로 진실로 너희에게 이르노니 너희가 무엇이든지 아버지께 구하는 것을 내 이름으로 주시리라. 지금까지는 너희가 내 이름으로 아무 것도 구하지 아니하였으나 구하라. 그리하면 받으리니 너희 기쁨이 충만하리라."(요 16:22-24). 그 때가 되면 아버지께 구하는 모든 것을 받을 수 있고 기쁨이 충만하리라고 예언하시지만, 바로 그 때에 오히려 육적인 눈에 보이는 사람의 미혹을 받지 않도록 주의하라고 경계하십니다. 쉽게 말하면 제자들이 예수 그리스도와 같은 능력이 있을 때에 사람의 미혹(추종)을 받는다면 그는 적그리스도요 루시퍼가 될 것이기 때문입니다.

사람의 미혹이란 다른 사람이 나를 미혹한다는 뜻만이 아니라, 나 스스로 세상 사람들이 좋아하는 미혹에 빠진다는 의미도 포함됩니다. 즉 세상 사람들이 추종하는 인물이 되어 재물과 권력과 명예와 능력의 미혹에 빠질 것임을 말씀하신 것입니다. 그 미혹을 피하려고 예수님은 그를 추종하는 허다한 무리들을 얼마나 자주 피하셨습니까? 그 미혹을 피하려고 세례 요한의 옥에 갇힘과 죽음의 소식을 접하고도 말없이 멀리 피하셨던 것입니다. 예수께서 사람이 원하는 미혹에 빠졌다면 유대의 임금이 되었지 절대로 십자가에 못 박히지 않았을 것입니다. 예수께서는 하나님께로부터 받는 기쁨이 무엇인지 알기 때문에 세상으로부터 받는 기쁨을 취하지 않았던 것입니다. 예수의 기쁨을 마귀라도 빼앗을 수가 없었던 것입니다. "많은 사람이 내 이름으로 와서 이르되 나는 그리스도라 하여 많은 사람을 미혹하리라."(마 24:5).

하나님은 "사람을 두려워하면 올무에 걸리게 되거니와 여호와를 의지하는 자는 안전하리라."(잠 29:25). 고 말씀하셨습니다.

천사장 루시퍼가 자기의 자리를 떠나 하나님과 견주려 할 때 그는 사탄이 되었습니다. 섬김의 자리를 버리고 군림의 자리를 탐하였기 때문입니다. 스승인 예수께서 제자들에게 경계하신 것이 그 때에 이르러 루시퍼와 같이 섬김의 자리를 버리고 군림의 자리를 탐할 것을 경계하셨던 것입니다. 예수 이후 신약 시대인 지금까지 얼마나 많은 자칭 예수가 출현했습니까?

오늘 예수께서 우리들에게 강력한 메시지를 전하고 있는 것입니다. 너희 안의 율법 신앙, 즉 돌로 지은 예루살렘 성전이 돌 위에 돌 하나도 남지 않고 무너지고, 하나님의 생명의 복음이 들릴 때에 사람의 미혹을 받아 너 스스로 세상 사람들이 원하는 영광을 취하지 말고 십자가를 지라 하시는 것입니다. 그 때에 사람의 미혹을 받는 자들이야말로 히브리서 기자가 강조하였던 한 번 빛을 받고 하늘의 은사를 맛본 사람들인 것입니다(히 6:4-6).

우리 모두는 말세에 거짓 선지자가 많이 일어나 사람들을 미혹할 것이라고만 알았습니다. 즉 거짓 선지자가 나를 미혹하는 것이지, 내가 거짓 선지자가 되어 많은 사람을 미혹하게 될 것이라는 것은 조금도 깨닫지 못하였던 것입니다. 예수께서 제자들에게 그 때에 이르러 "사람의 미혹을 받지 않도록 주의하라"고 말씀하신 이유가 여기에 있습니다.

제자들과 예수께서 대화하고 있는 지금, 제자들은 철저히 사람의 미혹을 받고 있습니다. 스승인 보이는 사람인 예수를 통하여 사람의 영광을 취하려고 하고 있습니다. 그와 마찬가지로 세상의 모든 사람들은 정도의 차이만 있을 뿐 사람의 미혹을 받고 있고, 그 재미와 소망으로 살아가고 있습니다. 그런 사람들에게 사람의 미혹을 받지 말라고 경계하시는 것이 아닙니다.

지금 그들에게는 아무리 경계한들 쇠귀에 경 읽기일 뿐이기 때문입니다. 그러나 하나님의 말씀을 배우고 묵상하고 상고하는 자들에게는 율법 신앙의 종말의 때가 있을 것이며, 그 때에 또 사람의 미혹을 받는다면 다시 새롭게 하여 회개하게 할 수 없으므로 사람의 미혹을 받지 말라고 하시는 것입니다.


**1. 사람을 두려워하면 올무에 걸린다.** 많은 수의 크리스천들이 사람을 통하여 하나님의 뜻을 알려고 신령한 사람을 의지하는 경향이 많습니다. 하나님은 성령으로 거듭난 성도는 자신의 몸인 성전에 계시는 성령으로 뜻을 알려주십니다. 세상 사람과 믿음이 약한 사람은 천사(하나님의 사람)를 통하여 뜻을 알려주십니다. 예수를 믿고 성령으로 거듭난 사람은 성령으로 직접 뜻을 전해주십니다.

이는 사도행전 10장의 고넬료 가정의 성령체험을 생각하면 쉽게 이해가 됩니다. 백부장 고넬료의 믿음에 대해 기록하고 어떤 축복을 받았는지를 구체적으로 설명하고 있습니다. 백부장 고넬료는 이방사람이라고 기록되어 있습니다. 그는 유대 민족도, 이스라엘 사람도 아니었습니다. 그러나 그는 이방인으로서 최초의 기독교인이 되어서 성령을 받고 주변 사람들을 전도함으로 큰 역사를 일으킨 인물이 되었습니다.

백부장 고넬료는 로마 장교요, 이방인이었지만 경건한 사람이었습니다. 그의 집안 식구들 모두가 하나님을 경외했습니다. 그는 항상 하나님께 기도하는 신앙을 가졌습니다. 그리고 어려운 백성들을 많이 구제해서 주변사람들에게 칭찬과 존경을 받았습니다. 어느 날 고넬료는 제 구 시쯤 되어 기도하던 중에 환상을 보게 되었습니다. **"하나님의 천사가 나타나서** 그의 기도와 구제가 하나님 앞에 상달되고 기억하신바 되었으니 사람을 욥바에 보내서 **베드로라 하는 시몬을 청해서 말씀을 들으라"** 고 했습니다. 그는 즉시 하나님의 말씀에 순종하여 집안 하인과 군졸을 욥바로 보냈습니다.

욥바에 있던 베드로도 지붕에 올라가서 기도하다가 환상을 보았습니다. 하늘에서 큰 보자기 같은 그릇이 내려오는데, 그 속에는 부정한 짐승들이 가득 들어있었습니다. 그런데 그 때 하늘에서 그것을 먹으라는 음성이 들렸습니다. 베드로는 "그럴 수 없습니다. 저는 깨끗하지 않은 부정한 것들을 먹은 적이 없습니다." 라고 대답하였습니다. 레위기 11장의 부정한 것들을 말합니다.

그러자 하나님께서 "내가 깨끗하다 한 것을 네가 속되다 하지 말라."고 하셨습니다. 베드로는 세 번이나 똑같은 환상을 보았지만 그것이 무엇을 뜻하는지 알 수 없었습니다. 그 때 마침 고넬료가 보낸 사람들이 도착을 했습니다. 그들을 만난 베드로는 자신이 본 환상의 의미를 깨달았고, "그들을 따라가라는 성령의 음성을 직접(행10:19-20)" 들었습니다. 그래서 베드로는 그들을 따라 가이사랴에 있는 고넬료의 집으로 갔습니다.

고넬료는 가족과 친척, 친구들까지 모두 불러모아놓고 예배 드릴 준비를 하고 기다리고 있었습니다. 베드로가 도착하자 고넬료는 베드로에게 달려가 엎드려 절을 하였습니다. 베드로는 고넬료에게 일어나라고 한 뒤 예배를 드렸습니다. 고넬료의 집에 모인 사람들은 하나님께서 보낸 베드로가 전하는 말씀을 듣고 은혜를 받고, 성령 충만을 받아서 방언으로 기도하고, 하나님을 높이며 찬양했습니다.

정리하면 고넬료는 천사가 하나님의 뜻을 알려주었습니다. 베드로는 성령께서 직접 뜻을 알려주셨습니다. 성령으로 거듭난 크리스천은 이제 자신의 주인으로 계시는 성령으로부터 계시를 받아 하나님의 뜻을 알아야 합니다.


**2. 사람을 의지하고 주님 떠나면 저주다.** 필자가 말하려고 하는 깊은 뜻은 능력이 있는 사람만 의지하여 사람에게 심령을 정비하고 정화 받으려고 하지 말라는 것입니다. 하나님께 기도하여 하나님께서 만나게 하는 사람을 통하여 능력을 받으라는 말입니다. 자신이 능력이 있다는 사람을 결정하여 능력을 받으려고 하지 말고 성령께서 감동하시어 만나게 하는 사람을 통해 전

이 받으라는 말입니다. 하나님께서 만나라는 사람을 통하여 하나님과 관계를 열면서 자신의 능력으로 만들라는 것입니다.

그 사람에게 역사하시는 성령님은 뒷전이고 능력 있는 보이는 사람만을 의지하지 말라는 것입니다. 하나님은 능력은 필요한 분들에게 모두 주셔서 사용하면서 살아계신 하나님을 증명하게 하십니다. 그렇기 때문에 능력을 받으려면 먼저 자신 안에 주인으로 계시는 성령님께 기도하라는 것입니다. 기도하다가 보면 성령님이 감동하십니다. 어디를 가라고 하시든지, 서점에 가라하시든지, 누구를 찾아가라고 하시든지, 국민일보 광고를 보는 순간 가보라는 감동을 하시든지… 그러면 지체도 하지 말고, 거리가 멀다고 생각도 하지 말고, 여건을 고려하여 합리를 가지고 분석하지 말고 찾아가는 것입니다. 분명하게 성령님께서 그곳에서 능력을 받게 하시려고 감동하시고 찾아가게 하신 것입니다. 자신이 찾아가지만 실상은 자신의 주인이신 성령님이 데리고 가시는 것입니다.

그러면 그곳에서 자신이 목적한 능력을 받을 때까지 기다리는 것입니다. 능력은 어떻게 받느냐 입니다. 첫째로 포기하지 않는 신앙이 필요합니다. 신앙은 타협이 아닙니다. 열왕기하 2장에 나오는 엘리사를 보시고 교훈을 얻으시기를 바랍니다. 일단 결심한 엘리사의 마음은 요지부동입니다. 길갈에서 엘리야가 엘리사에게 "청컨대 너는 여기 머물라 여호와께서 나를 벧엘로 보내시느니라." 말합니다.

그 때 엘리사가 "여호와의 사심과 당신의 혼의 삶을 가리켜 맹세하노니 내가 당신을 떠나지 아니하겠나이다"(왕하2:2)하고 주장하였습니다. 이와 같은 엘리야의 권면과 엘리사의 주장은 벧엘에서도, 여리고에서도, 요단에서도 반복되었던 것입니다. 길갈은 육체를 처리하는 세상입니다. 베델은 하나님을 만나는 장소입니다. 여리고는 성령의 권능으로 영적인 전투를 하는 곳입니다. 요단은 자신은 없어지고 예수님으로 살아가는 장소입니다. 엘리사의 마음은 시종일관 필사적이었습니다. 엘리야의 능력이 자기에게 임할 때까지 포기하지 않았습니다.

엘리야의 영감의 갑절이 자기에게 주어질 때까지 자기 선생을 따르겠다는 것이 엘리사의 비상한 결심이었습니다. 포기하지 않겠다는 것입니다. 능력을 받으려는 분들도 이러한 포기하지 않는 믿음이 중요합니다. 어떠한 고난과 어려움이 있다 해도 포기하지 않고, 끝까지 믿음을 갖고 주님을 따라가는 모두가 되기를 바랍니다.

둘째로 하나님을 직접 만나야 합니다. 열왕기하 2장 11절 읽어보면 "두 사람이 행하며 말하더니 홀연히 불 수레와 불 말들이 두 사람을 격하고 엘리야가 회리바람을 타고 승천하더라." 죽지 않고 승천한 사람이 몇 명입니까? 3명입니다. 에녹, 엘리야, 예수님, 엘리사는 요단 강변에서 하나님이 엘리야를 데려가시는 것을 목격합니다.

하나님은 회오리바람으로 엘리야를 데려가십니다. 11절의

"불 수레와 불 말들"은 엘리야가 타고 가는 것이 아닙니다. 그 것들은 엘리야와 엘리사를 갈라놓는 역할을 합니다. 불 수레와 불 말은 하나님의 임재를 상징합니다. 엘리사는 엘리야에게서 무엇을 얻기를 원했습니다. 엘리사는 끝까지 엘리야를 붙들려 고 했습니다. 그러나 하나님은 엘리사에게 말씀하십니다. "왜 엘리야만 계속해서 바라보느냐! 이제는 나를 보아라. 나를 만나 거라. 엘리야가 한 시대에 내가 준 사명을 감당했듯이, 이제는 내가 네게 사명을 맡긴다. 나를 만나는 사람이 내 사명을 감당 할 수 있다." 자신이 직접 성령의 음성을 듣고 순종해야 합니다.

엘리야의 승천 직전에 엘리사는 하나님의 임재를 체험합니 다. 하나님 임재의 체험이 엘리사를 선지자로 세웁니다. 이제 엘리사는 자신이 하나님의 사람으로 행동해야 한다는 것을 깨 닫게 됩니다. 성도는 하나님을 직접 만나야만 합니다. 만나지 않고 체험하지 않고 누군가에게 듣고, 배워서 알 수가 없습니 다. 이 시간 구경만 하는 것이 아니라, 한 사람 한 사람 하나님 을 만나길 바랍니다. 체험 있는 신앙을 가지기를 바랍니다.

셋째로 하나님만 바라보고 의지해야 합니다. 열왕기하 2장 14절을 보면 "엘리야의 몸에서 떨어진 그 겉옷을 가지고 물을 치며 가로되 엘리야의 하나님 여호와는 어디 계시니이까 하고 저도 물을 치매 물이 이리저리 갈라지고 엘리사가 건너니라" 공동번역에 보면 이렇게 표현되어 있습니다. "엘리야의 겉옷 으로 물을 쳤으나 물이 갈라지지 않았습니다." "그래서 엘리야의 하느님 야훼여, 어디계십니까?" 하면서 물을 치자 물이 좌우로 갈라졌습니다.

그리하여 엘리사가 강을 건너는데" 엘리사가 엘리야의 흉내를 내어 겉옷을 들고 스승의 힘을 빌어 요단강을 칠 때 물이 갈라지지 않았습니다. 그러나 엘리사는 이제 직접 하나님을 찾았습니다. 자신이 하나님을 직접 찾고, 하나님께 기도합니다. 이말은 엘리사가 이젠 다른 것을 의지하지 않고 오직 하나님만을 주인으로 의지한다는 것입니다. 성령 안에서 홀로선 것입니다.

이제 사람을 통해서 하나님을 만나려고 하지 말고 직접 만나 체험하기 바랍니다. 직접 하나님을 찾고 만나야 합니다. 당신은 지금 무엇을 의지합니까? 세상의 힘, 지식, 기술, 능력, 지혜, 돈, 건강을 의지합니까? 무엇보다 우리의 의지할 것은 하나님밖에 없음을 믿기를 바랍니다. 직접 하나님을 의지하기를 바랍니다.

그런데 문제가 무엇인가하면 자기 생각대로 찾아가고, 자기 생각대로 돌아온다는 것입니다. 한마디로 자기 마음대로 한다는 것입니다. 기본이 되지 않은 것입니다. 이런 분은 능력은 커녕 성령의 사람으로 변화되지도 못합니다. 자신이 예수를 믿을 때 죽지 않고, 자신이 그대로 살아있기 때문에 성령님께서 자신을 통하여 아무것도 하실 수가 없습니다.

영이신 성령님이 육체인 자신을 통하여 무엇을 하실 수가 있겠습니까? 하나님께서 분명하게 말씀하셨습니다. "그리스도의 사랑이 우리를 강권하시는 도다. 우리가 생각하건대 한 사람이 모든 사람을 대신하여 죽었은즉 모든 사람이 죽은 것이라.

그가 모든 사람을 대신하여 죽으심은 살아 있는 자들로 하여금 다시는 그들 자신을 위하여 살지 않고 오직 그들을 대신하여 죽었다가 다시 살아나신 이를 위하여 살게 하려 함이라(고후 5:14-15)" 분명하게 "자신을 위하여 살지 않고 오직 그들을 대신하여 죽었다가 다시 살아나신 이를 위하여 살게 하려 함이라고"하셨습니다. 예수님을 위하여 살게 하려고 부르신 것입니다. 예수님께서 하신 일을 하게 하려고 부르신 것입니다. 예수님은 영이십니다. 육체가 죽지 않고 예수님을 위하여 살아갈 수가 없습니다. 그래서 예수님을 믿을 때 죽었다가 다시 살아나 예수님으로 살도록 하시는 것입니다. 이제 자신의 인간적인 생각이나 지혜나 열심으로 살지 말아야 합니다. 성령의 지배와 인도를 받아야 합니다. 그래야 성령 안에서 홀로서야 합니다.

**3. 성령 안에서 홀로서야 주님의 복 받는다.** 하나님은 이스라엘 백성들을 애굽에서 이끌어내어 광야를 걷게 한 것은 애굽에서의 종살이를 치유하고, 보이지 않는 하나님을 보이는 하나님과 같이 동행한다는 믿는 믿음의 사람으로 바뀌어서 하나님과 교통하며 살게 할 목적이었습니다. 애굽에서 나와 가나안을 가는 여정에 살아계신 하나님께서 동행하신다는 것을 믿게 하기 위하여 여러 가지 기사와 기적을 보이셨습니다.

그런데 일부 이스라엘 사람들은 보이지 않는 살아계신 하나님께는 안중에도 없고 지팡이를 든 모세만 믿고 바라보고 가나안을 향해서 걸어갔습니다. 모든 것을 하나님께서 하신다는 믿음이나 생각 없이 주인정신이 아닌 노예정신을 가지고 졸졸 따라왔습니다. 마치 지금 일부 목회자와 성도들과 같이 능력 있는 담임목사만 바라보고 자신의 주인이신 살아계신 하나님은 변방에 모시고 믿음 생활하는 것과 같았습니다.

모세가 시내산에 십계명을 받으러 올라가서 40일을 보이지 않을 때(그러나 실제적으로 자신들의 눈으로 보이지 않았지만 하나님은 자신들과 함께하고 있었습니다.) 자신들을 이끌고 갈 눈에 보이는 신을 만든다고 금을 모아 금송아지를 만들기도 했습니다. 하나님의 진노로 금송아지 우상과 함께 죽을 고비에서 모세의 기도로 살았습니다. 이들은 보이는 사람이나 초막에 있다고 믿는 신을 살아계신 하나님보다 더 믿었습니다.

현대교회 크리스천들도 자신 안에 주인으로 계시는 하나님께서 보이지 않으니, 보이는 사람을 우상으로 모시면서 믿음 생활하는 크리스천이 있습니다. 드디어 가데스바네아에서 12 정탐꾼을 가나안 땅을 정탐하라고 보냈는데 정탐을 하고 돌아온 10명이 하나님께서 함께 하신다는 믿음이 없이 자신들이 주인 된 인간적인 생각의 결론을 알려준 것입니다.

그래서 똑같은 사물을 경험할 때에 그것을 바라보는 사람의 마음의 태도에 따라서 다 틀립니다. 자신이 주인 되어 마음이 지옥인 사람은 자신의 능력과 비교하여 사물을 바라보게 되고, 하나님께서 주인 되어 성령 안에서 홀로선 사람은 하나님의 눈과 생각으로 바라보고 판단하고 결정하는 것입니다. 주변 사람을 의식하는 성도는 예수 안에서 홀로 설수가 없는 것입니다.

# 4부 태어날 때부터 홀로서는 것이다.

## 20장 믿음이 있어야 홀로서며 살아가는 것이다.

(히 11:6)"믿음이 없이는 하나님을 기쁘시게 하지 못하나니 하나님께 나아가는 자는 반드시 그가 계신 것과 또한 그가 자기를 찾는 자들에게 상주시는 이심을 믿어야 할지니라"

믿음이란 하나님은 보이지 않지만 살아계시며 예수 믿는 자신을 통하여 살아계심을 나타내면서 일하신다는 것을 믿는 것입니다. 성령하나님을 주인으로 모시고 광야의 길을 걸어간다는 믿음이 중요합니다. 이스라엘 사람들이 에굽에서 나와 광야를 걸어갈 때 낮에는 구름 기둥, 밤에는 불기둥으로 동행하셨습니다. "여호와께서 그들 앞에서 가시며 낮에는 구름 기둥으로 그들의 길을 인도하시고 밤에는 불기둥을 그들에게 비추사 낮이나 밤이나 진행하게 하시니 (22) 낮에는 구름 기둥, 밤에는 불기둥이 백성 앞에서 떠나지 아니하니라."(출 13:21-22). 이를 믿어야 광야 같은 세상을 살아가면서 성령하나님 안에서 홀로 서기 할 수가 있습니다. 성령하나님께서는 영이시라 보이지 않으니 동행하시면서 자신을 통해서 역사하신다는 믿음이 있는 성도만 성령하나님과 동행하면서 홀로서기 할 수가 있습니다.

인생은 어차피 홀로서기라고 말합니다. 옛날 어른들이 지적한 것처럼, 삶이란 끝없이 길을 재촉하는 마부와 같은 모양입니다. 출발점에서 종점까지, 탄생에서 죽음까지 우리의 등에 짐을 잔뜩 지고는 쉴 새 없이 채찍질하며 길을 걷게 합니다.

때로는 같은 길을 가는 인연을 만나 어깨동무를 하기도 하고 즐길 때도 있습니다. 하지만 인생의 끝까지 함께 길을 갈 수 있는 사람은 거의 없거나 극소수에 불과합니다. 그래서 사람은 혼자 걷는 법을 배워야만 합니다. 아니 어렸을 때부터 몸에 익숙해져야 합니다. 예수님을 주인으로 모시고 성령 안에서 홀로서기가 습관이 되어야 합니다. 물론 삶의 여정에는 크고 작은 잔치가 하나씩 하나씩 이어지나 화려한 불꽃과 아름다운 무대, 활기찬 음악과 춤은 잔치가 끝나면 끝나지 않습니까? "인생은 어차피 혼자서 걸어야 하는 길이며 누구나 어둠속에서 고독한 길을 걸어야 함을 인정하고 받아들여야 합니다." 이를 알고 인생을 살아가는 사람이 성공합니다.

그래서 인생을 성공하려면 인생은 어차피 홀로서기라는 것을 깨달아야 합니다. 그래야 성령하나님을 찾고 성령하나님 안에서 홀로서서 살 수가 있는 것입니다. 예수님을 믿는 순간 예수님과 함께 십자가에서 죽었다는 믿음이 중요합니다. 그리고 다시 사망권세를 깨뜨리고 부활하신 예수님의 인생을 살아간다는 것을 믿는 사람만 광야 같은 세상을 성령하나님 안에서 홀로서며 즐겁고 행복하게 살아갈 수가 있는 것입니다.

하나님을 믿는 믿음으로 모든 일에 성공과 실패가 결정이 됩니다. 우리 자녀들을 어려서부터 하나님을 향한 믿음이 있는 자녀가 되도록 훈련해야 합니다. 하나님은 믿음을 보시고 역사하시기 때문입니다. 저는 지난 23년간 성령치유 사역과 성도들을 영적으로 바꾸는 사역을 했습니다. 사역을 하면서 느낀 것은 믿음이 가장 중요하다는 것입니다. 믿은 대로 역사가 일어나기 때문입니다. 가끔 믿음에 관하여 질문을 받곤 합니다. "과연 믿음이 뭐냐?"는 것입니다. 이에 대하여 히브리서 기자가 명쾌한 해답을 줍니다. "믿음은 바라는 것들의 실상이요. 보이지 않는 것들의 증거"라고(히 11:1)합니다. 믿는 믿음대로 보이는 것이 나타난다는 것입니다. 눈에 보이지 않지만 하나님께서 자신을 통해서 하실 것이라고 믿으니 그대로 이루어진다는 뜻입니다. 그러므로 믿음이 없이는 하나님의 기적을 체험할 수가 없습니다.

믿음이 없이는 하나님을 기쁘시게 할 길이 없고(히11:6), 우리 자신이 믿음 안에 있는가 우리 자신을 시험하고 우리 자신을 확증해야 하겠기에(고후13:5), 우리는 자신의 믿음 상황을 점검하고, 믿음의 정의부터 꼼꼼하게 따져 볼 필요가 있습니다.

**1. 예수로 죽고 예수로 산다를 믿어야 합니다.** 이를 밝히 깨달으려면 갈라디아서 2장을 정독해야 합니다. 갈라디아서는 예수님을 믿으면서도 왜 변화된 삶을 살지 못하고 쉽게 율법주의에 빠져 종교생활을 하거나 이단에 넘어지는지를 깨우쳐 줍니

다. 한마디로 예수님과의 친밀히 동행하지 않기 때문입니다. 갈라디아서 1장에서 교인들이 그렇게 빨리 다른 복음을 따라간 일에 대하여 사도 바울이 탄식하였습니다(갈1:6). 현대도 마찬가지입니다. 많은 성도들이 예수님께서 살아계시나 보이지 않으니 예수님을 따르지 않고 보이는 사람과 세상의 교훈을 따라 살고 있습니다. 예수님이 동행하신다는 것을 믿는다고 하지만 실제는 보이는 사람의 교훈이나 세상 풍조를 따라 삽니다. 이런 신앙수준이기에 세상이나 이단들에게 쉽게 빠지는 것입니다.

사도 바울은 자신이 처음 예수님을 믿을 때부터 사람에게서 배우지 않고 보이지 않지만 살아계시는 예수님을 의지하고 순종하며 배웠다고 했습니다(갈 1:11. 16-17). 갈 2장에는 이 말씀을 더 분명하고 강하게 증거하고 있습니다. 갈 2:2에서 사도 바울은 회심 후 14년 만에 '계시를 따라' 예루살렘에 올라갔다고 했습니다. 예루살렘을 방문한 일이 자신의 계획대로 한 것이 아니라 철저히 주님의 이끄심을 따라 행하였다는 것입니다. 성령 안에서 홀로서며 살았다는 것입니다.

사도 바울이 예루살렘을 방문한 목적은 당시 유대 그리스도인들 중에는 '구원을 받으려면 예수님을 믿을 뿐 아니라, 할례도 받아야 한다.'고 주장하는 이들이 많았기 때문이었습니다. 이것은 이방인들에게 복음을 전하는데 치명적인 걸림돌이었습니다. 이 문제를 해결하기 위하여 사도 바울이 예루살렘 교회를 방문하여 사도들을 만난 것입니다. 예루살렘 회의에서 사도들은 사도 바울의 요청을 받아들여, 이방인들에게 예수 그리스도의 속죄의 복음을 믿고 가난한 자를 돌보는 것 외에 어떤 율법을 지키는 것도 요구하지 않기로 결정하였습니다.

사도 바울은 그리스도 안에서 의롭다함을 받았지만 여전히 자기 속에 죄악의 본성이 있음을 고백합니다(갈2:16-17). 이처럼 여전히 자신 안에 존재하는 죄의 본성으로 인하여 많은 그리스도인들이 방황하며 율법도 지켜야 구원받는다는 말에 미혹을 받습니다. 그러나 사도 바울은 죄의 본성이 있음에도 의롭게 사는 복음의 비밀이 예수님 안에 있음을 확신하고 있습니다. 그것이 갈2:19-20의 '나는 죽고 예수로 사는 복음'입니다. '죽었다'는 것은 '모든 관계가 단절되었다. 더 이상 어떠한 영향도 받지 않는다'는 것을 의미합니다. '율법을 향하여 죽었기에' '율법으로부터 벗어날 수 있는' 것입니다. 정말 상상할 수도 이해할 수도 설명할 수도 없는 은혜입니다. 그러므로 예수 믿고 죄 사함 받았다는 고백만 하지 말고, "내가 그리스도와 함께 십자가에 못 박혔나니 이제는 내가 산 것이 아니요, 내 안에 그리스도께서 사신 것이라" 고백하며 선포하며 찬송하며 살아야 합니다.

'나는 죽고 예수로 산다.' 이 믿음에서 율법생활과 은혜생활이 갈라집니다. 율법 생활이란 죄와 교만과 성질을 힘들여 누릅니다. 그 정도만 되어도 이겼다고 생각하지만 사실은 죄악을 억누른 것에 불과한 것입니다. 속으로 찡그리고 겉으로 웃습니다. 성질이 나오는 것을 힘써 누릅니다. 겉으로 겸손한 척합니다. 이렇게 함으로 예수 믿는 것이 힘들고 참 기쁨을 모르고, 마음의 상처와 육신의 병도 생깁니다. 그러나 은혜 생활은 자아를 십자가에 못 박고, 다시 사신 예수님으로 사는 생활 입니다. 성령하나님 안에서 홀로 서며 사는 것입니다. 주님과 친밀히 동행하는 기쁨과 사랑의 삶입니다. 과거에는 감출수록 좋았습니다. 그러나 이제는 드러낼수록 좋습니다. 전혀 두려움이 없습니다. 그리스도께서 자신의 주인이 되시기 때문입니다. "십자가에 못박혔다." "내가 산 것이 아니라"는 고백은 얼마나 힘든 길을 가는가를 말해 주는 것이 아니라, 나를 위하여 십자가에서 죽으신 사랑하는 예수님을 만난 기쁨과 감격이 있다는 것입니다. 사도 바울은 예수 그리스도께서 "…나를 사랑하사 나를 위하여 자기 몸을 버리신 하나님의 아들…"이라고 고백했습니다.

사도 바울은 스데반집사를 죽였던 장본인이고 교회를 핍박하던 자였습니다. 그런데 하나님께서는 자신을 사랑하셔서, 자신의 모든 죄를 예수님께 대신 지우셔서 죽게 하시고 오히려 자신을 이방인을 위한 사도로 세워 주신 것입니다. "나를 사랑하사" 믿어지지 않는 은혜요 사랑인 것입니다. 사도 바울은 예수님의 이 은혜를 깨닫고, 자신을 예수님께 드렸던 것입니다. 예수님의 인생을 산 것입니다. 우리도 정말 사도 바울처럼 하나님의 특별한 사랑을 받고 있는 것일까요? 그렇습니다. 우리 중에 어느 누구도 예외가 아닙니다. 주님께서 엄청난 사랑으로 우리를 기다리고 계십니다. 우리는 예수님으로 죽고 예수님으로 살아서 성령하나님 안에서 홀로서며 살아가고 있는 것입니다.

**2. 하나님 말씀을 듣고 순종하라.** 요한복음 11장 39절에 보면 예수님께서는 마르다와 마리아를 나사로의 무덤에 데리고 가서 돌을 옮겨놓으라고 말씀하셨습니다. 아무리 말씀을 듣고 믿음이 생겨도 그것을 행동으로 옮기지 않으면 하나님께서는 역사 하시지 않습니다. 하나님께서는 성도의 그 행하는 믿음에 따라 기적을 나타내십니다. 많은 사람이 말하기를, 하나님이 내 병 고쳐주시면 봉사하겠습니다. 하나님께서 나에게 축복과 은혜를 주시면 그때 하나님께 충성하겠습니다. 하는데 그것은 정반대인 것입니다. 우리가 하나님의 말씀을 받고 우리가 눈에는 아무 증거 안 보이고 귀에는 아무 소리 안 들리고 손에는 잡히는 것 없어도 믿음으로 실천할 때 역사하여 주시는 것입니다. 왜냐하면 행함이 없는 믿음은 죽은 믿음이기 때문인 것입니다. 그러므로 행동하기 위해서는 참으로 어려운 결단 즉, 무거운 돌을 옮겨놓아야만 되는 것입니다.

사렙다의 과부 이야기를 보십시오. 이스라엘에 3년 6개월 동안 비가 오지 않았습니다. 수많은 사람과 짐승이 굶어죽었습니다. 그때 사렙다의 한 과부는 이제 마지막 남은 가루와 기름을 가지고 과자를 구워 그 아들과 함께 먹고 죽으려고 했습니다. 그때 엘리야가 나타났습니다. 엘리야가 "네가 뭘 하느냐?" 하기에 "나는 나무를 주워서 마지막 **빵** 하나를 구워먹고 자식과 죽으려고 합니다." "그렇게 하거니와 내가 말하는 것은 네가 그것으로 **빵**을 구워서 물 한 대접하고 내게 가져오면 내가 먹고 마시고, 그 다음 하나님께서 네게 복을 주어서 이 가뭄이 끝날 때까지 너의 밀가루 통에 밀가루가 떨어지지 아니하고 기름병에 기름이 사라지지 아니하리라" 이 레마를 주셨습니다. 레마는 하나님께서 기적을 일으킨다는 말씀입니다. 레마 말씀에 순종할 때 기적 같은 역사가 일어납니다. 이것은 하나님께서 사렙다의 과부에게 직접 주신 것입니다. 다른 사람들에게 준 것이 아닙니다. 사렙다의 과부가 이 레마를 받았습니다. 이제 믿을 수 있는 이유는 생겼습니다. 하나님이 말씀을 주셨지만, 그 믿음의 돌을 옮겨놓는 것은 심히 어렵습니다.

마지막 한웅큼 남은 밀가루와 기름으로 빵을 구웠는데 그 어린아이가 영양실조가 되어 눈은 휑하니 들어가고 배는 통통 부었고 마른 막대기 같이 마른 어린아이가 밥 달라고 치맛자락을 잡고 부르짖는데 그 소리를 멀리 하고 떡을 구워서 엘리야에게 준다는 것은 여간한 마음의 결단이 아닙니다. 그녀는 이것이냐 저것이냐 많이 번뇌했습니다. 그러나 하나님의 레마를 받았기 때문에 그것을 믿고, 그녀는 결단을 내려서 떡을 구워서 엘리야에게 주었습니다. 엘리야가 그것을 다 받아서 먹고 물을 마시고 난 다음 하나님의 역사는 시작되었습니다. 그때로부터 시작해서 밀가루 통에 밀가루가 떨어지지 아니하고 기름병에 기름이 마르지 아니하는 역사가 일어나게 된 것입니다. 행동하는 믿음 위에 하나님의 기적이 일어나게 되는 것입니다. 이 레마는 행동하는 믿음에 따라 역사가 일어나는 것입니다. 레마를 듣고 행동하지 않으면 기적은 일어나지 않습니다.

아무리 레마를 받아도 그 레마를 받고 난 다음 그걸 따라 행동하지 아니하면 그 레마는 죽어버리고 마는 것입니다. 그래서 이들에게 먹을 것을 주기 위해서는 믿음의 돌을 옮겨놔야 합니다. 믿음을 행동으로 옮겨야 됩니다. 믿음이란 행함으로 증명되는 것입니다. 아무리 하나님께로부터 계시(레마)를 받아도 실천하는 믿음으로 나타나지 않으면 소용이 없습니다.

마르다와 마리아는 진퇴양난에 빠졌습니다. 마리아와 마르다는 오라버니 무덤가에 섰습니다. 그런데 주님께서는 이미 네 오라버니가 살리라 돌을 옮겨놓으라고 레마를 주셨습니다. 이 말씀을 받아도 실천할 것이냐 안 할 것이냐는 마르다와 마리아에게 달렸습니다. 마르다와 마리아는 자기들의 경험을 통해서 생각할 때 죽은지 나흘 만에 썩은 냄새가 나는 시체가 살아나는 것을 본 적이 없습니다. 이성적으로 생각할 때 어리석기 짝이 없는 일입니다. 전통적으로 생각할 때도 그런 일은 있을 수가 없습니다. 많은 유대인들이 그들을 주목하고 있습니다. 그들이 만일 어리석게 행동했다면 완전히 미친 사람으로 낙인찍히고 말 것입니다. 그러므로 그들은 고민했습니다. 주여! 죽은 지 나흘이 되어 썩은 냄새가 나는데요? 어찌 이 말을 하십니까? 예수님은 "네가 말씀대로 행동하는 믿음을 가지면 하나님의 영광을 보리라고 하지 않았느냐?" 그들은 결단을 내려야 했습니다. 믿음이란 결단입니다. 이런 믿음이 있을 때 성령 안에서 홀로설 수가 있는 것입니다. 믿는 자를 통해서 하나님의 영광이 나타나는 것입니다. 그 두 자매는 말씀에 결단을 내렸습니다. 눈에는 아무 증거 안 보이고 귀에는 아무 소리 안 들리고 손에는 잡히는 것 없어도 사람들이 다 미쳤다고 말하고 자기 이성에 배반되고 경험에 반대될지라도 살든지 죽든지 흥하든지 망하든지 성하든지 쇠하든지 주님 말씀에 순종하자! 그래서 그들은 달려들어서 돌을 옮겨놓았습니다. 이것이 바로 행동하는 믿음인 것입니다. 결단이 있어야 합니다. 레마를 들었으면 반드시 순종해야 기적이 일어납니다. 많은 성도들이 문제를 놓고 하나님께 기도합니다.

무어라고 기도하느냐! 하나님께서 문제를 해결하여 달라고 기도합니다. 우리는 바르게 알아야 합니다. 하나님은 절대로 직접 우리의 문제를 해결하여 주시지 않습니다. 기도할 때 하나님께서 알려주신 방법대로 순종하고 행동할 때 문제가 해결이 되는 것입니다. 자신의 순종을 통하여 문제가 해결되는 것입니다. 하나님은 분명하게 "믿는 자들에게는 이런 표적이 따르리니 곧 그들이 내 이름으로 귀신을 쫓아내며 새 방언을 말하며, 뱀을 집어올리며 무슨 독을 마실지라도 해를 받지 아니하며 병든 사람에게 손을 얹은즉 나으리라 하시더라"(막 16:17-18).

마르다와 마리아는 마음에 결단을 내렸습니다. 레마를 받았으니 나는 그대로 행동하겠다! 행동하는 믿음! 순종하는 믿음! 이것 굉장히 중요한 것입니다. 수많은 사람들이 하나님의 말씀을 받고도 그대로 행동하지 않습니다. 언제나 주저주저 합니다.

이것이냐 저것이냐를 분명하게 결단하지 않습니다. 예스일까! 노일까! 대답을 분명하게 하지 않습니다. 하나님께 대해서는 예스! 죄에 대해서는 노! 분명하게 말할 줄 알아야 합니다. 죄가 유혹할 때 따를까 말까 하면 떨어집니다. 죄가 유혹하면 노! 사탄아! 죄야! 나는 너를 안 따라간다! "예수님의 이름으로 명하노니 떠나가라." 하나님이 말씀으로 명하시면 예스! 예! 따라갑니다! 결단이 분명해야 합니다! 분명한 결단을 못 내리는 사람은 행동하는 믿음으로 설 수가 없는 것입니다.

**3. 믿고 행하면 성령 안에서 홀로 서게 된다.** 우리 주님께서 행동하는 믿음을 가진 사람에게 뭐라고 말합니까? 믿으면 하나님의 영광을 보리라! 믿음이 하나님의 영광의 문을 여는 열쇠인 것입니다. 마르다와 마리아는 단호한 믿음의 결단을 하고 필사적으로 실천했습니다. 우리 자녀들이 믿음으로 실천하려할 때 다른 사람들이 도와줄 줄 알아요? 아무도 안 도와줍니다. 자신이 직접 행동해야 합니다. 마르다와 마리아가 그 돌을 옮겨놓으려고 달려들었는데 유대인들은 전부 비웃습니다. 저들이 이제 미쳤구나! 역사에 기록된 일이 없는 일을 하는 것을 보니 완전히 돌았구나! 아무도 도와주지 않습니다. 이 두 자매가 돌에 매달려서 넘어져 엉덩방아를 찧고, 또 당기다가 엉덩방아를 찧고, 손가락이 할퀴어서 피가 나고, 발등이 찢겨서 피가 납니다.

아무도 도와주지 않습니다. 예수님도 안 도와줍니다. 왜냐하면 본인이 믿음의 실천이 있어야 그 위에 예수님이 기적을 행할 수 있기 때문인 것입니다. 기어코 그들이 몸부림을 치다가 돌이 굴러 떨어졌습니다. 무덤 문이 열렸습니다. 그들이 할 일을 다 했습니다. 이제 그 이상은 그들은 하지 못합니다. 돌을 굴리기까지는 믿음으로 할 수 있지만 그 이상은 못합니다. 성도가 하나님의 음성(계시)을 들은 대로 순종하면 성령하나님께서 역사하시어 문제가 해결이 되는 것입니다. 문제는 자신이 해결하는 것이 아닙니다. 자신이 할일은 순종하는 것입니다. 반드시 하나님이 알려준 대로 순종해야 문제가 풀리는 것입니다.

많은 사람들이 하나님이 할 일까지 걱정합니다. 내가 이렇게 믿고 난 다음 하나님이 실패하면 어떡하지? 자기가 하나님보다 높습니까? 사람들은 생각하기를 자기가 못하는 것은 하나님도 못한다고 생각합니다. 감기! 나도 고칠 수 있으니까 하나님도 고칠 수 있다. 암! 내가 못 고치니 하나님도 못 고친다! 무슨 하나님을 자신의 수준 인 줄로 생각합니까?

하나님은 사람이 할 수 없는 일을 하시는 것입니다. 내가 못하는 일을 하기 때문에 하나님이신 것입니다. 그러므로 사람이 행동하는 믿음으로 순종하고 나면 그 다음은 하나님이 책임져 주시는 것입니다. 마르다와 마리아가 돌을 옮겨놓고 난 다음에 썩은 냄새가 굴에서 확 났습니다. 그 때에 예수님이 굴 앞에 서서 하나님께 기도하고 나사로야 나오라! 부르시매 죽은 나사로가 수족을 동인 채로 나왔습니다.

하나님이 하실 일은 하나님이 하시는 것입니다. 우리가 하나님께 말씀을 받고 실천하려고 할 때, 동일한 레마를 받지 못한 남편이 비웃을 것이고, 아내가 비웃을 것이고, 자식이 반대할 것이고 이웃이 반대할 것입니다. 자신이 믿음을 실천할 때 심한 외로움과 고통을 느끼게 될 것입니다. 행동하는 믿음! 결단하는 믿음을 가질 때는 고독함이 따라옵니다. 어려움이 따라옵니다. 자기 혼자 그 믿음의 싸움을 승리해 나아가야 하는 것입니다.

모세는 하나님을 믿고 430년 동안 종살이하던 3백만 이스라엘 백성을 이끌고 나왔습니다. 이스라엘 백성을 이끌고 나오는 것까지는 모세가 할 수 있지만, 홍해수를 가르고 쓴 물을 달게 하고, 만나가 내리게 하고, 메추라기가 날아오게 하는 것은 모세가 못합니다. 그것도 없으면 이스라엘 백성은 광야에서 다 죽었을 것입니다. 그러나 모세가 하나님을 믿고, 자신이 할 일은 하나님께 물어보고 하나님의 말씀대로 순종하고 난 다음에는 하나님이 하나님의 일(기적)을 행하셨습니다.

모세가 할 일은 하나님께서 하라는 대로 행동하는 것입니다. 그러면 하나님께서 홍해수도 가르고 쓴 물도 달게 하고, 만나도 내리고, 메추라기도 주고, 바위에서 물이 솟아올라서 이스라엘 백성을 가나안까지 이끌어 가는 것입니다. 하나님의 레마를 듣고 내 할 일을 내가 하면, 하나님이 하실 일은 하나님이 하시는 것입니다. 여호수아가 여리고 성을 7일 동안 돌았습니다. 여리고를 도는 것은 할 수 있지만 무너뜨리는 것은 못합니다.

하나님께서 여리고를 7일 동안 돌라고 했으므로, 믿음으로 여리고를 돌고 자기 할 일을 다 했을 때, 순종하는 믿음을 보시고 난 다음에는 하나님이 하셨습니다. 하나님이 여리고 성을 무너뜨린 것입니다. 이러므로 레마를 받고 난 다음에는 행동하는 믿음을 실천하였으면 그 다음에는 하나님이 영광을 나타내 줄 것을 믿어야만 하는 것입니다.

저는 항상 이렇게 말합니다. 예수를 믿는 우리가 세상을 살아가면서 당하는 문제는 하나님의 문제라는 것입니다. 왜냐하면 우리는 예수를 믿을 때 십자가에서 죽었습니다. 동시에 예수로 태어났습니다. 그러므로 지금 사는 것은 내가 사는 것이 아니고 자신 안의 예수님이 사시는 것입니다. "내가 그리스도와 함께 십자가에 못 박혔나니, 그런즉 이제는 내가 사는 것이 아니요. 오직 내 안에 그리스도께서 사시는 것이라. 이제 내가 육체 가운데 사는 것은 나를 사랑하사 나를 위하여 자기 자신을 버리신 하나님의 아들을 믿는 믿음 안에서 사는 것이라"(갈2:20).

그러므로 우리 앞에 있는 문제는 죽은 사람인 자신의 문제가 아니고, 다시 살아난 예수님의 문제라는 것입니다. 문제를 만나거든 하나님께 기도하여 문제의 해결 방법을 알아내야 합니다. 하나님께서 알려주신 방법대로 행동하고 순종할 때 문제가 해결이 되는 것입니다. 그렇기 때문에 우리가 세상을 살아갈 때에 하나님의 음성을 듣고 순종하지 않으면 안 되는 것입니다. 그래야 성령 안에서 홀로 서며 살아갈 수가 있습니다. 우리는 바르게 알아야 합니다. 예수를 믿고 교회에 들어와 믿음 생활을 하면서 성령으로 세례를 받고, 내면의 상처를 치유하고, 자아를 부수고, 혈통에 역사하는 귀신을 축사하고, 말씀을 묵상하고, 성령으로 기도하는 모든 것이 하나님의 음성(말씀)을 듣고 순종하기 위하여 심령을 준비하는 영적인 활동이라는 것입니다.

성도는 하나님의 음성(말씀)을 들을 수 있는 영적인 수준을 갖추려고 부단하게 노력을 해야 합니다. 예수를 믿었으면 땅의 사람은 죽고 하나님의 자녀로 태어났습니다. 이제 사람의 말을 듣고 움직이는 것이 아닙니다. 하나님의 자녀답게 하나님의 음성(말씀)을 듣고 순종해야 합니다. 하나님의 음성(말씀)을 듣고 순종할 때 기적을 체험하게 되는 것입니다.

문제를 만나거든 당황하지 말고 하나님께 기도하시기를 바랍니다. 하나님! 이 문제를 어떻게 해결해야 합니까? 응답하실 때까지 기도해야 합니다. 하나님은 영이시기 때문에 우리가 하나님과 같은 영적인 상태가 되어야 응답이 들리기 때문입니다. 하나님께서 응답하신 대로 행동에 옮기면 문제가 해결이 되는 것입니다. 행여나~ "하나님! 이 문제를 해결하여 주시옵소서. 주시옵소서." 하고 아뢰는 나약한 기도를 한다면 절대로 문제가 해결되지 않는 것입니다. 성경에 보면 모든 믿음의 선진들은 하나님께 기도하여 하나님께서 하라는 대로 순종하여 문제를 해결했습니다. 신약 성경에 보면 예수님께서도 독단으로 일을 하시지 않고 하나님의 뜻을 좇아 순종하셨습니다.

# 21장 태어날 때부터 홀로서기를 실습하라.

(약 4:14)"내일 일을 너희가 알지 못하는 도다. 너희 생명
이 무엇이냐 너희는 잠깐 보이다가 없어지는 안개니라."

우리는 태어나면서 부터 홀로 서기를 배웠습니다. 어머니 뱃
속에서 나올 때 홀로 나왔습니다. 영원한 천국도 홀로가야 합
니다. 광야 같은 인생을 살아가는 과정에서 홀로서기를 해야
할 때도 많습니다. 성령 안에서 홀로설 수 있어야 외로움을 극
복할 수 있습니다. 성령님과 동행하면서 대화하면서 지낼 수가
있기 때문입니다. 이를 깨달아 인정해야 홀로서는 것이 무엇인
지 알고 성령하나님 안에서 홀로 서며 인생을 즐길 수가 있는
것입니다.

성령 안에서 홀로서기를 바르고 잘 할 때 진정한 나를 알 수
있습니다. 성령님이 자신을 알게 하시기 때문입니다. 어찌 보
면 홀로서기는 세상을 살아가는 생존기술이라고 할 수가 있습
니다. 성령 안에서 홀로서야 남들로 부터 자유로워지는 용기도
생기고 홀로 설 수 있어야 하나님을 주인으로 모시고 하나님과
함께 혼자도 잘 살 수 있습니다. 무엇에도 구애받지 않고 살 수
도 있게 됩니다. 나이가 들어서 노인이 되면 홀로서기는 일반
적 현상이지만 홀로서기가 말처럼 쉬운 것은 아닙니다.

준비 없이 우울한 독방에 독거노인으로 살아가는 모습들을
보면 처량함을 느끼게 됩니다. 텅 빈 방에서 홀로 있을 때를 생

각해 보시기를 바랍니다. 성령하나님께서 함께하고 계신다는 믿음이 없이 홀로 있을 때 외로움은 말할 수 없을 것입니다. 고독은 홀로서기와 다른 개념이지만 홀로 있으면 고독감을 느끼는 것은 당연한 것입니다. 그래서 홀로서기에는 고독훈련이 강조됩니다. 성령하나님 안에서 기도하면서 고독훈련을 잘 하는 성도는 홀로 있어도 외롭지 않을 것입니다.

우리나라는 2035년이 되면 인구의 34%가 홀로 사는 1인가구로 예상된다고 합니다. 세상에서 많은 사람, 군중 속에서 살아가지만 홀로 살아야 한다는 말입니다. 그래서 홀로서기는 노후를 대비하는 것 못지않게 중요한 요소입니다. 홀아비, 과부로 살아갈 비율이 점차 높아집니다. 어떤 부부라도 같은 날 영원한 천국에 가는 경우는 드물기 때문입니다.

시대가 백 세 시대라고 하여 노년기가 길어지는 것과도 무관치는 않습니다. 늙어가면서 부부의 사랑이 식어간다지만 노년에 홀로서기는 그렇게 쉬운 일이 아닙니다. 대부분의 노인 남성은 홀로 서기가 어렵다고 합니다. 그래서 남성들은 더욱 성령 안에서 홀로서는 훈련을 어려서부터 해야 합니다.

노인 남성들의 가정 내 자립지수는 57.9점이라고 합니다. 아내 없이 한달 이면 폐인이 될 수도 있다는 것입니다. 아내가 없으면 하루 생활조차도 하기 어렵습니다. 게다가 70세가 넘으면 대부분 집에서 머물게 됩니다. 공원산책도 홀로 빙빙 돌다가 곧바로 들어옵니다. 자녀 손자들과도 대화가 없으니 소외감만 커집니다. 노년의 외로움은 상실감을 내포하게 되어있습니다.

어느 누구를 막론하고 홀로서기는 중요한 관심사고 이는 어려서부터 관심을 가져야 합니다. 홀로서기는 준비가 아니고 홀로서는 것입니다. 예수님을 주인삼고 홀로서며 사는 것입니다.

**1.어려서부터 홀로서기를 실습하라.** 미리준비하고 익혀두자는 것입니다. 저는 배우는 것을 즐겨합니다. 군대에서 명퇴하고 나오기 전에 시간을 6개월을 줍니다. 그 시간에 컴퓨터를 배웠습니다. 지금 아주 유용하게 사용하고 있습니다. 그러다 보니 지금 당장 필요 없는 일도 종종 배우게 됩니다. 책을 만드는 인디자인도 컴퓨터로 독학 하며 배웠습니다. 필자는 아무리 어려운 문제가 있더라도 회피하지 않고 직접 해보려고 합니다. 이렇게 하다가 보니 많은 지식들을 터득하게 되었습니다. 어떤 일이라도 할 수 있다는 자신감이 생깁니다. 이런 습관이 들으니 인생길에 무슨 일을 만나더라도 할 수 있다는 자신감을 가지고 일을 할 수 있었습니다. 그러면 주변에서 쓸데없는 것을 배운다고 종종 비아냥거림을 받곤 합니다. 그러나 당장 필요 없을 것 같던 일이 언젠가 반드시 해야만 할 상황이 꼭 오게 됩니다. 필자에게 무형의 재산이 되었다는 것입니다.

반드시 해야 할 일이 생기면 그때 가서 미리 해둘 걸… 미리 배워 둘 걸… 후회하면 무슨 소용 있습니까? 미리 살펴서 준비하는 자에게 기회는 반드시 오는 법입니다. 자녀들에게 배우는 습관을 들이는 것은 정말로 중요합니다. 그런데 왜 배우지 못합니까? 근시안적이 되어서 당장 필요하지 않으면 기피하는 습관이 되었기 때문입니다.

홀로서려면 문제가 있을 때 신령한 사람에게 찾아가서 상담이나 예언을 받아야 한다는 것도 잘못된 신앙이라는 것을 알아야합니다. 지금은 성령이 역사하는 교회시대입니다. 그렇기 때문에 자신 안에 계신 성령님에게 상담도 하고 예언도 듣고, 하나님의 음성도 들어 하나님의 뜻을 알고 따라가야 합니다. 머리로 아는 말씀을 가지고 성령의 인도를 받는 것이 아니고 성령의 음성과 보증의 역사를 보고 성령님을 따라가야 합니다. 하나님이 살아계시기 때문입니다. 살아계신 하나님의 음성을 듣고 따라가려면 하나님과 같은 영적인 상태가 되어야 합니다.

하나님과 같은 영적인 상태가 되려면 성령으로 기도를 해야 합니다. 성령으로 기도하려면 먼저 성령으로 세례를 받아야 합니다. 지금 성령이 역사하는 교회시대를 살아가는 성도들은 무엇보다도 성령으로 세례를 받는 것이 중요합니다. 성령으로 세례를 받아야 살아계신 성령의 역사로 체험하며 믿음생활을 할수가 있습니다. 성령으로 세례를 받으려면 성령의 역사가 있는 교회에 가야 빨리 성령으로 세례를 체험하게 됩니다. 지금은 성령께서 하늘에서 임하시는 것이 아니고 성령으로 세례를 받은 사람을 통하여 전이되기 때문입니다. 자신 안에 계신 성령님에게 상담도 하고 예언도 듣고, 하나님의 음성도 들어 하나님의 뜻을 알아내는 것은 어려서부터 습관이 되어야 합니다.

홀로서려면 실패를 두려워하지 말아야 합니다. 실패는 또 다른 기회이고 시작이라는 것입니다. 실패하지 않고 성공하는 사람은 드물 것입니다. 많은 사람들이 계획을 세울 때 미리 실패할 것을 두려워합니다. 이미 시작도 하기 전에 미리 실패를 걱정하고 있으니 성공할리 없는 것입니다. 사람은 생각하는 대로 이루어지기 때문입니다. 그렇기 때문에 생각이 중요합니다. 실패를 걱정할 시간이 있다면 어떻게 성공 할 것 인가를 먼저 고민해야 할 것입니다. 몰입하여 성령으로 기도하다가 보면 하나님께서 성공방책을 주십니다.

그래서 실패를 두려워하는 것이 아니라, 계획하고 하나님께 기도하며 당당히 맞서 나간다면 그만큼 성공에 이르는 길도 빨라 질 것입니다. 계절도 봄, 여름, 가을, 겨울이 있는 것처럼, 우리네 삶의 여정에도 이렇게 사계절이 있는 것입니다. 저는 이렇게 말을 합니다. 실패했으면 실패한 원인을 분석하여 보강하여 다시 시작, 도전을 하라는 것입니다.

전문가들의 말에 의하면 인생의 황혼기를 여유 있고 풍요하게 맞이하려면 30대부터 적절한 은퇴 준비를 해야 한다고 합니다. 20여 년 뒤의 복지 환경이 지금보다 나을 것이라고 확신할 수 없으므로 차근차근 은퇴를 준비하는 것은 선택이 아닌 필수라는 것입니다. 노후를 대비한 자금 운용과 평생 직업을 찾아내는 것이 바로 그것입니다.

이는 다른 사람이 그렇게 했으니 따라하는 것은 위험한 일입니다. 직접 본인이 시간을 가지고 결정해야 합니다. 물론 평생할 수 있는 직업을 가졌다면 아주 복이 많은 것입니다. 대다수의 사람들이 은퇴를 하면서 노후를 생각하는 경향이 많습니다.

또 갑자기 배우자가 영원한 천국에 간 다음에 우왕좌왕하면서 제2의 인생을 준비하는 경우도 많습니다.

　필자가 잘 아는 여 집사는 남편이 직장생활하면서 벌어다가 주는 돈으로 생활하다가 아니 전업주부로 생활을 했다는 것입니다. 자녀들은 2명이었는데 모두 고등학교를 다니고 있었다는 것입니다. 부부의 나이는 모두 40대 중반이었습니다. 그런데 갑자기 남편이 간장에 질병이 발생하여 질병 진단을 받고 6개월 만에 영원한 천국에 가버린 것입니다. 홀로설 수 있는 준비도 없이 남편이 세상을 떠난 것입니다. 여 집사님이 자녀들과 홀로서서 생활하려하니 겁이 나더라는 것입니다. 그래도 돈이 있어야 살아갈 수가 있으니 재산을 정리하니 5억 정도가 되었다는 것입니다. 주변에 사람들의 말을 듣고 투자를 했다가 3년 만에 모두다 털렸다는 것입니다. 집을 얻어서 살수도 없을 정도가 된 것입니다. 이는 남의 일이 아닐 것입니다.

　중년이란 젊지도 늙지도 않은 인생의 중간 단계로, 10~20대의 자녀와 연로한 부모 사이에 있습니다. 또한 중년은 10대들의 거침없는 행동에 마음 죄어야 하고 한편으로는 노부모를 잘 모셔야 하는 부담을 안고 살아가는 세대이기도 합니다. 중년의 범위는 상당히 유동적입니다. 여러 견해를 종합하면 대략 40~59세 사이의 나이의 사람으로 간주합니다. 대한민국의 국어사전에서는 중년을 40~50대 안팎의 나이대로 간주합니다. 인간의 네 번째 과정인 중년은 50세~64세입니다. 필자가 인생을 살아보고 내린 결론은 중년은 45세~64세가 타당합니다.

**2.나이가 들어간다고 초조해하지 말라.** 필자가 인생의 뒤를 돌아보면 인생은 정말로 짧습니다. 언제 지나갔는지 금방 지나갑니다. 생활과 하는 일이 바쁘다가 보니까, 늙어간다고 서럽게 생각할 시간이 없습니다. 솔직한 말입니다. 중년에는 노화가 진행되는 육체적 변화와 더불어 심리적 변화로 여러 가지 갈등을 느끼게 마련입니다. 특히 하얗게 센 머리를 염색할 때마다 늙어간다는 비애가 절실해집니다. 조금만 걸어도 다리의 힘이 달리고, 걸음걸이도 예전만 못합니다. 필자는 특수부대 출신입니다. 그래도 중년이 넘어 노년에 들어서니 걸음걸이가 빠르지 못한 것을 스스로 느낄 수가 있습니다. 그래서 요즈음 만보기를 차고 1만보를 걸으려고 노력하고 있습니다. 다리에 힘 체력이 있어야 성도를 돌보기 때문입니다. 결국 자신에게 서서히 노화가 진행 중이라는 사실을 깨달으면서 불안과 두려움이 엄습합니다.

이런 신체적 변화를 자연스러운 것으로 받아들이지 못하고 성형수술을 하는 사람도 있습니다. 여성들은 예쁜이수술도 한다고 합니다. 예쁜이수술이 정확하게 무엇인지 모르나 산부인과 의사들의 말로는 상당수가 한다는 것입니다. 그러나 자연스러운 노화를 받아들이지 않고 회피하려다 보면 좋지 않은 결과를 초래하게 될 수도 있습니다. 중년의 위기는 어차피 인생의 한 부분 아닐까요? 다만 사람에 따라 그 농도의 차이가 있을 뿐입니다. 중년의 위기에 대응하는 방법은 사람마다 다릅니다. 따라서 중년의 위기를 푸는 열쇠는 각자가 가지고 있습니다. 그러나 무엇보다 지혜롭게 위기를 해결해 나가려는 마음가짐이 중요합니다. 남편들이여 직장에서 사업장에서 받은 상처와 스트레스를 집에 와서 아내들이나 자녀들에게 풀지 말라는 것입니다. 수십 년 동안 살을 맞대고 살아온 만큼 그런 언어적, 물리적 폭력에도 이혼을 요구하지는 않으리라는 것을 잘 알고 짜증을 낸다는 사실…. 직장에서 받은 스트레스를 푼다는 사실… 짜증내는 남편이라면 누구도 이 말에 반박할 수 없을 것입니다. 물론 맞는 말입니다. 아내는 어떤 어려움에도 자신의 자리를 지키고 싶어 합니다. 그러나 요즘은 세상이 많이 달라졌습니다. 배우자로 인한 고통을 참으며 자신을 희생해야 한다는 생각은 시들해졌다는 의미입니다. 고통과 희생으로 얼룩진 삶이 아무런 보상도 없이 이대로 끝나 버릴 것 같은 두려움, 그러면서 계속 이대로만 살 수 없다는 생각이 들면 굳이 이렇게 살 필요가 없다는 결론을 내릴 수 있습니다. 황혼이혼이 심심찮게 벌어진다는 것은 무엇을 의미할까요? 자녀에게 의무를 다하고 나면, 자녀들이 장성하여 둥지를 떠나고 나면 여지없이 배우자마저 버릴 수 있다는 교훈을 마음에 새겨야 할 것입니다.

제발 아내에게 직장에서 사업하며 마음에 쌓인 상처 스트레스를 풀지 맙시다. 아내들이여 남편에게 짜증을 발설하지 말기를 바랍니다. 그것은 뒤늦게 황혼기에 결별로 가는 원인이 될 수 있습니다. 정작 배우자와 이혼하면 정신적·육체적 외로움과 생활 리듬의 파괴, 건강의 불균형, 자녀 교육 문제, 경제적 어려움의 고통이 뒤따른다고 생각해 보시기를 바랍니다. 배우자에게 짜증내는 것과 스트레스를 발하는 것을 삼가야 할 일입니다.

어려서부터 성령 안에서 홀로서는 훈련이 중요하다고 생각합니다. 기독교 신앙이 좋은 것입니다. 어차피 인생은 홀로서기이기 때문입니다. 누구에게나 다가오는 것은 노년의 홀로서기는 피할 수가 없는 것이니 일찍이 대비하자는 것입니다. 당해가지고 껄껄하지 말고 짜증내며 주변사람들을 피곤하게 하지 말고 미리 알고 대비하는 성도가 지혜로운 자입니다.

중년의 공통된 특징은 가족 등 가까이 있는 사람들에게 짜증을 내거나 불만을 토로하는 것입니다. 특히 중년 남성은 아내에게 쉽게 불만을 토로하고 화도 많이 냅니다. 가슴에 꽉 찬 뭔가 모를 응어리를 어딘가에 쏟아 붓고 싶은 충동이 이는 것은 중년이면 누구나 마찬가지일 터입니다.

내면의 세계를 말씀과 성령으로 터치하여 치유하는 전문 목회자로서 이는 인생을 살아오면서 마음 안에 쌓인 상처로 발생하는 것입니다. 누구나 가지고 있을 수가 있습니다. 상처의 발산은 힘과 권위가 있는 쪽에서 조금 약한 쪽에다가 발산하는 것입니다. 그래서 여성들이 울화병이 많이 발생하는 것입니다. 이를 알고 사전에 말씀과 성령으로 치유하는 것이 건강한 노년을 홀로서며 살기 위해서 좋은 것입니다. 내면세계를 알고 대처해야 성령 안에서 홀로서면서 인생을 즐길 수가 있습니다.

**3.될 수 있으면 늙도록 할 수 있는 직업을 선택하라.** 중년 이후 성공적인 홀로서기를 하려면 보수적인 사고를 해야 합니다. 성공한 중년은 위험에 초점을 맞추지 않습니다. 대신 그들은 기회에

중점을 두게 됩니다. 그들은 홀로서기를 위한 방법을 체계적으로 분석해 기회를 포착한 다음 그것에 초점을 맞추게 됩니다.

기업의 구조조정이 상시화 됨에 따라 직장인은 언제 있을지 모르는 자발적, 비자발적 퇴직에 대처해야 하는 상황입니다. 필자는 만42살에 군대에서 명퇴했습니다. 더구나 필자와 같이 퇴직 시점이 40대 이하로까지 낮아지지 않습니까? 필자는 명퇴가 축복이 되었습니다. 한번 몸담은 기업에서 뼈를 묻던 시대는 지났습니다. 평생직장은 가고 평생직업의 시대가 온 것입니다. 지금부터라도 자신의 몸값을 높이려는 노력을 통해 퇴직의 소용돌이를 뚫고 이후의 삶을 여유 있게 만들지 않으면 안 됩니다. 일하는 노인은 경제적 안정은 물론 소외감도 덜 느끼며 질병에 걸리는 비율도 낮다고 합니다. 섬에서 사시는 노인들이 오래 장수하며 사신다고 합니다. 이유는 늙도록 뇌와 팔과 다리 몸을 움직이며 일을 하기 때문입니다.

진정한 은퇴 준비는 바로 여기서부터 출발해야 합니다. 즐기며 일할 수 있는 직업을 찾아야 하는 것입니다. 주변에서는 50대 이후 사업을 시작해 성공했다든지, 팔순의 노인이 마라톤 코스를 완주했다는 등의 성공신화를 들을 수 있습니다. 그러나 자신도 이런 성공신화를 이루겠다고 생각하는 것은 바람직하지 않습니다. 성공신화를 위해서는 10년 이상의 엄청난 노력과 스트레스가 필요합니다. 과연 그것이 올바른 일일까요? 여생에서 바람직한 것은 무엇인가를 생각해 봐야 합니다. 중년의 자아정체성을 추구할 때는 주변의 시선을 의식하지 말고 자신이 잘할 수 있고, 홀로서기 할 수 있는 하나님께서 인도하시는 일, 자신이 재능을 활용하는 일을 하는 것이 중요합니다. 진정한 행복은 자신이 하고 싶은 일을 평생토록 하는 것입니다. 중년도 경험만 갖고 있을 것이 아니라 새롭게 익히고 배우면서 무장할 필요가 있습니다. 말은 그렇지만 어디 그게 쉬우냐고 반문할 수 있습니다. 당연합니다. 하지만 지금 이런 고민을 하는 사람과 안 하는 사람의 미래는 천양지차라고 할 수가 있습니다.

**4. 가족이 동의해야 하고 건강이 따라줘야 한다.** 가족동의가 중요합니다. 이미 말한 것처럼 중년의 위기는 직장에서의 위협으로부터 출발합니다. 국내경제의 흐름뿐만 아니라 세계경제가 기능에 입각한 냉엄한 구조조정을 원합니다. 예전에는 사회복지 차원에서 고비용인 50대를 안고 있을 수밖에 없었으나 이제는 그렇지 않습니다. 선진국에서는 구조조정이 더 심하나 그들은 어린 시절부터 이에 익숙해져 있습니다.

중년에 대한 대비도 없고, 독립심도 없고, 사회가 여성을 필요로 하지 않는다고 생각하고, 힘한 일을 하는 것을 사회적 매장으로 생각하는 중년 여성에게 남편의 갑작스러운 퇴직은 받아들이기 힘들지만 받아들일 수밖에 없습니다. 물질에 쪼들리니 남편에게 짜증을 내는 것입니다. 게다가 자녀들은 중년을 맞은 부모의 어려움을 이해하지 못하고 예전과 다름없이 용돈을 달라고 합니다. 미숙한 여성일수록 이럴 경우 남편에게 다시 일하라고 등을 떼밉니다. 남편은 자존심 때문에 다니던 직장보다 근무 여건이나 보수 면에서 낫지 않으면 일하지 않으려고 하는데, 이렇게 등까지 떼밀리면 더욱 고민에 빠집니다.

중년에는 가족들로부터 받는 스트레스로 건강이 악화하기도 합니다. 40~50대를 전후해 체력 감소는 물론 각종 성인병을 하나쯤은 가지게 됩니다. 이러한 변화는 중년 이후에 더욱 심각한 상황으로 발전할 가능성이 있습니다. 그럴 경우 여러 가지 질병에 시달리는 것은 물론 의료비 지출이라는 부담까지 안게 됩니다. 노후에는 젊은 시절보다 더욱 건강이 소중합니다. 평소 한두 가지 운동을 익혀 건강을 관리하는 것은 안락한 노후를 위한 소중한 투자입니다. 이는 어려서부터 습관이 되어야 합니다. 건강관리는 순간 되지 않기 때문입니다.

**5. 집안에서 살림하는 법을 배워두라.** 중년이나 노년에 혼자 된 남성은 불쌍합니다. 필자가 홀아비가 되어보니 절실하게 느낍니다. 뭐 하나 스스로 할 수 있는 것이 별로 없었기 때문입니다. 밥하고 빨래하고 청소하는 것까지는 그렇다고 칩시다. 자신의 옷가지 하나 제대로 챙겨 입을 줄 모르는 사람도 숱할 것입니다. 그러니 혼자되는 것을 견딜 수 없습니다. 아직 아이들이 어린 경우 그들을 뒷바라지하는 일도 막막하고, 아이들이 이미 출가했더라도 아들·며느리를 계속 불러들일 수 없는 노릇입니다. 홀로 된 남성이 삶의 새 희망을 찾기는 커녕 기력마저 찾기 어려운 처지에 빠지는 것은 순식간의 일입니다.

자~ 지금부터 살림살이를 아내에게만 맡기지 말자는 것입니다. 청소와 설거지 돕는 일부터 시작해 하나하나 익혀 가면 됩니다. 특히 전기밥솥·인덕션·김치냉장고·전자레인지·진공청소기·세탁기 등 가전제품의 작동법을 배워 두면 유용합니다. 위성방송시대에 TV 채널마저 제대로 돌리지 못하는 중년 남성이 있다하니 무엇부터 먼저 숙달할지 본인이 결정해야 합니다.

밥을 짓고 간단한 반찬을 장만하는 방법을 젊어서 배우자는 것입니다. 요즘 반찬 가게에 가면 김치·젓갈·국은 물론 온갖 포장된 반찬을 사다 먹을 수가 있습니다. 찌개도 물을 부어 끓인 다음 함께 포장된 양념을 털어넣으면 되도록 상품화돼 있으니 굳이 요리법까지 익힐 필요는 없을 것입니다. 밥도 컵반이 있습니다. 이 정도가 되면 다음은 본인의 취미와 능력에 따라 아내 이상의 수준으로 높일 수 있습니다. 빨래 등 다른 집안일도 그렇게 익혀 가야 합니다. 공과금 내는 것도 스스로 해볼 필요가 있습니다. 요즘은 온라인 뱅킹이 자리 잡은 만큼 한두 번만 해 보면 다음부터는 무난하게 일을 처리할 수 있습니다.

물론 이는 홀로서기의 방편입니다. 그러나 아내가 옆에 있더라도 이를 배우고 익혀 솔선수범해 보라는 것입니다. 당장 부부 금실부터 달라질 것입니다. 우선 아내가 외출해 늦거나 여행을 가고 없어도 두렵지 않습니다. 아내는 그런 남편에게 얼마나 잘하겠습니까? 아내와 남편의 역할을 놓고 이해를 나누다 보면 이런 이점도 있습니다. 지금 좋고, 나중에도 편리하고….

남녀공히 생리적인 문제를 스스로 해결할 수 있는 방도를 찾으라는 것입니다. 남자나 여자나 모두 생리적인 문제로 인하여 질병(우울증·전립선문제)이 발생하기도 하기 때문입니다.

**6. 재정에 대한 준비를 잘해야 한다.** 노년에 준비해둔 재산도 없고 건강하지도 못하면 가족에게 버림받고 쓸쓸한 노후를 보낼 수 있다는 생각을 해야 합니다. 돈이 있어야 홀로서기를 할 수가 있습니다. 전통적 효의 가치관을 굳게 믿고 준비하지 않거나 정부의 노인복지대책만 믿고 있다가는 노인거지가 되기 십상입니다. 30~50대에 어떻게 준비할 것인가에 대한 해답은 바로 여기에 있습니다. 노후를 즐길 수 있는 재산을 만들어야 하는 것입니다.

돈을 버는 일은 중년의 생애에서 대단히 중요합니다. 재정적 독립은 중년 이후 자존심의 원천이며 사회 구성원들 사이에서 인정받는 것은 물론 좋은 관계를 형성해 나갈 수 있는 기본이 됩니다. 홀로서며 살기를 위해 가장 먼저 필요한 것은 노후생활자금 마련입니다. 최근 많은 사람이 금융기관의 연금신탁이나 보험에 가입해 은퇴 이후를 대비합니다. 주택연금이라는 것도 생각해볼 수가 있습니다. 자녀들이 노후를 책임져줄 수가 없습니다. 다들 자기 살아가기가 버겁기 때문입니다.

요즈음 자녀들이 부모를 대상으로 상속 소송했다는 말도 매스컴에서 종종 들립니다. 노후 생활하기가 버거우므로 좀 더 여유가 있을 때 안정적 재테크를 통해 자산을 관리하는 것이 적극적인 노후 준비가 될 것입니다. 자산의 증식에 지나친 관심을 갖다 보면 가장 중요한 안정적 자산관리를 소홀히 해 회복 불능의 상태로 비참한 노후를 맞을 수 있기 때문입니다.

　결론적으로 누구든지 어떤 성도이든지 홀로서기를 피해갈 수가 없습니다. 그래서 하나님은 성령 안에서 홀로서도록 인도하시는 것입니다. 앞에 설명한 여러장을 읽으시면서 깨달으셨을 것입니다. 필자가 이제 배우자 사모를 영원한 천국에 보내고 나니 절실하게 몸에 와서 닿습니다. 그렇다고 이 나이에 재혼을 할 수도 없습니다. 재혼을 그리 쉽게 생각하면 안 됩니다. 필자는 배우자 사모하고 41년을 살았습니다. 그렇게 오래 살았는데도 둘이 맞추지 못한 부분들이 있습니다. 그런데 하물며 인생황혼기에 재혼한다고 생각해보시기를 바랍니다. 서로를 맞추기 위해서 시간 다 보낼 것입니다. 맞추지 못해서 스트레스를 많이 받아서 정한 수명대로 살지 못할 수도 있을 것입니다. 필자는 어찌하든지 홀로 살아가려고 다짐합니다.

　그래서 지금 살아가고 있는 부부가 서로 위로해주고 보살펴주고 잘해주면서 스트레스나 상처받지 않도록 하면서 남은여생을 살아가는 것이 최고의 축복이라는 것입니다. 사모가 갑자기 떠나고 나니까, 배우자가 몸이 아프고 불편 할지라도 옆에 있어만 주면 행복이라는 생각이 마음을 주장합니다. 교회에서 일을 하다가 퇴근 시간이 되면 사모가 기다리지 빨리 일을 마치고 집으로 가야하겠다. 하고 생각하면 사모가 떠난 것입니다. 일을 하다가도 사모생각이 나서 눈물을 흘리고 설교하다가도 사모 생각이 나서 눈물을 흘립니다. 우리 옆에 있을 때 잘합시다. 떠나가니 못해준 것만 생각이 나서 서러워 눈물이 끊어질 날이 없습니다.

# 22장 홀로서려면 자신의 처지를 비관 말라.

(눅 2:52)"예수는 지혜와 키가 자라가며 하나님과 사람에게 더욱 사랑스러워 가시더라."

요즈음 젊은이들이 하는 말이 금 수저 흙 수저라는 말을 많이 합니다. 어느 대학을 나왔느냐를 가지고 인생을 평가합니다. 필자는 젊은이들이 이렇게 말하는 것 조금 불편하게 듣고 있습니다. 어느 대학을 나온 것이 중요한 것이 아니고 인생은 계속 성장하기 때문에 인생을 어떻게 살았느냐, 살고 있느냐가 중요하기 때문입니다. 특히 삼포세대라고 합니다. 연애·결혼·출산이라는 전통적인 가족 구성에 필요한 세 가지를 포기한 세대를 지칭하는 신조어이라고 합니다. 이렇게 표현하는 자체가 이미 자신을 포기한 것입니다. 젊은이들이 성령하나님 안에서 할 수 있다는 자신감과 자부심을 가져야 합니다. 필자는 금 수저라도 자신이 하기에 달려있다고 생각합니다. 성령하나님 안에서 홀로서기가 되면 금 수저로 인생을 살아갈 수가 있을 것입니다. 그러나 성령하나님과 관계를 뒤로 하고 자기 위주로 살아간다면 얼마가지 않아 흙 수저로 전락하지 않는 다고 장담할 수가 없습니다.

옛말에 '부자 3대를 못 간다'는 옛 속담이 있습니다. 부자 가문의 재산은 저절로 대물림되지 않습니다. 세심한 계획과 청지기 의식이 없으면 힘겹게 모은 재산은 1~2대 만에 탕진되기 쉽습니다. 가문의 큰 재산과 영광이 일순간에 사라질 수가 있습니다. 흙 수저도 마찬가지입니다. 성령하나님 안에서 성령의 인도를 받으면 얼마가지 않아 금 수저로 바뀐 인생을 살게 될 것입니다. 포기하지 말고 믿음을 가져야 합니다.

요셉을 보시기를 바랍니다. "여호와께서 요셉과 함께 하시므로 그가 형통한 자가 되어 그의 주인 애굽 사람의 집에 있으니"(창 39:2). 형들의 시기로 광야에서 우물 구덩이에 빠졌지만 극적으로 구출되었습니다. 하나님은 고난을 통해 요셉에게 하실 일이 있습니다. 하나님은 고난을 통해 요셉을 훈련시키시고 변화시키십니다. 그를 노예로 팔려가게 하시고 억울한 누명을 쓰고 감옥에 갇히기도 하심으로 그 고난을 통해 훗날 애굽 전체를 다스리는 총리가 되도록 요셉을 연단시키십니다. 요셉에게 닥친 고난은 요셉을 애굽 총리로 우뚝 세우기 위한 하나님의 친절한 배려였고 이것이 바로 요셉의 형통함이 되었습니다. 이와 같이 하나님은 고난을 통해 우리들에게 하실 일이 있습니다. 문제는 하나님을 주인으로 모시고 성령하나님 안에서 홀로서기가 되었느냐, 그렇지 못했느냐가 문제입니다.

사무엘을 생각하여 보시기를 바랍니다. 사무엘의 이름은 '여호와께 구했다'라는 뜻입니다. 사무엘의 이름처럼 어머니 한나의 기도로 하나님의 응답을 받아 이 땅에 태어난 은혜의 사람입니다. 성경이 말하는 복된 사람은 스스로 얻지 않고, 기도로 구하여 사는 사람입니다. 한나는 하나님께 받은 아들을 하나님께 드렸습니다. "그러므로 나도 그를 여호와께 드리되 그의 평생을 여호와께 드리나이다 하고 그가 거기서 여호와께 경배하니라"

(삼상 1:28). "아이 사무엘이 점점 자라매 여호와와 사람들에게 은총을 더욱 받더라"(삼상 2:26). 사무엘은 평생을 하나님의 은 혜로 살았던 사람입니다. 어릴 때 사무엘은 하나님께서 사무엘 아~ 사무엘아~ 하며 부르실 때 엘리가 부르는 줄 착각했습니다 (삼상3:4-5). 자라면서 하나님의 부르심과 음성을 직접 들으며 선지자가 되었습니다(삼상3:10-20). 이스라엘은 계속 전쟁에 서 블레셋에게 패하였습니다. 그러나 미스바 성회를 통해 하나 님의 은혜로 블레셋에 대승하게 되었습니다. 그 은혜를 기억하 기 위해 사무엘은 미스바와 센 사이에 감사의 기념비를 세웁니 다. "사무엘이 돌을 취하여 미스바와 센 사이에 세워 이르되 여 호와께서 여기까지 우리를 도우셨다 하고 그 이름을 에벤에셀 이라 하니라"(삼상 7:12). 감사의 기념비 이름이 '에벤에셀'입니 다. 그 뜻은 '하나님이 여기까지 도우셨다'입니다. 사무엘의 삶 은 과거나 현재, 지금까지 하나님의 도우심, 전적인 하나님의 은 혜로 살았다는 것입니다. 그래서 남은 미래의 삶도 하나님의 은 혜의 자리를 떠나지 않겠다는 다짐의 기념비입니다. 이것이 사 무엘이 하나님과 동행함으로 형통의 복을 받게 된 것입니다.

다윗을 보시기를 바랍니다. 우리가 다윗처럼 인생이라고 하 는 전투에서 승리하기 위해서는 어떻게 해야 하는지 말씀하고 있습니다. 다윗의 출생내력을 보면, 특이한 점이 몇몇 발견이 됩 니다. 우선 눈에 띄는 것은 삼상 16:10에서는 이새의 8번째 아 들로 나오는 반면, 대상 2:15에서는 7번째 아들로 나옵니다. 7 째냐 8째냐가 중요한 것이 아니고, 육신의 아버지에게 인정받지 못하여 집이나 지키고 양이나 치는 목동이었습니다. 그런데 하나님에게 택함을 받습니다. "이새를 제사에 청하라 내가 네게 행할 일을 가르치리니 **내가 네게 알게 하는 자에게 나를 위하여 기름을 부을지니라.**"(삼상 16:3).

이후에 골리앗을 죽이고, 사울왕의 시기로 죽을 고비를 많이 넘깁니다. 그러나 성령하나님 안에서 홀로서기 훈련을 받습니다. 삼하8:6절에 보면 **"다윗이 어디로 가든지 여호와께서 이기게 하시느니라"**고 했습니다. 다윗이 모든 전투에서 승리할 수 있었던 것은 하나님께서 다윗을 통해서 싸우셔서 이기게 된 것입니다. 그러므로 우리도 인생 전투에서 승리하기 위해서는 하나님이 나와 함께 하셔야 합니다. 성령하나님 안에서 홀로서기가 되어야 한다는 것입니다. 하나님께서 나의 주인이 되셔야 하나님께서 자신을 통해서 싸우시는 것입니다. 믿음도 중요합니다.

다윗이 전쟁에서 계속적으로 승리할 수 있었던 것은 승리하고 있을 때 하나님을 더욱 의지했다는데 있습니다. 자신의 형통을 바라보며 도취하지 않았습니다. 더욱 하나님을 의지하며 그분께 영광을 돌렸습니다. 우리 성도의 삶도 마찬가지입니다. 모든 일이 형통하고 잘 풀릴 때에 더욱 하나님을 의지하며 감사하고 찬양해야 합니다. 우리도 성령하나님 안에서 홀로서기가 되면 흙 수저가 금 수저 되는 일은 식은 죽을 먹는 것과 같습니다. 어려서부터 흙 수저냐 금수저냐를 따져서 미리 겁먹고 자포자기하는 것은 자기 인생을 스스로 망하게 하는 습관입니다. 우리도 우리의 인생의 주관자가 되시며 우리의 영원한 산성이 되신 성령하나님 안에서 홀로 서며 승리하여 살아계신 하나님을 증명하며 하나님께 영광 돌릴 수 있어야 하겠습니다.

**1. 절대로 자신의 처지를 비관하지 말라.** 필자의 초등학교 시절의 가정생활을 정말 어렵고 힘든 나날이었습니다. 밥을 굶는 것을 먹는 것 같은 세월을 살았습니다. 특히 제가 살던 산골에는 겨울에 눈이 그렇게 많이 오고 추웠습니다. 하나님은 어린 저를 고난을 통해 단련하셨습니다. 지금 생각하면 12월이 지나고 1월이 되면 그때부터 하루에 2끼 정도 먹고 산 것 같습니다. 그것도 김치를 넣어 끓인 죽을 먹고 살았습니다. 그리고 어떤 때는 고구마만 먹고 살 때도 있었습니다. 그리고 어떤 때는 김치만 먹고 살 때도 있었습니다. 보리밥이라도 매일 먹는 사람이 부러웠습니다. 그러던 어느날 제가 3일을 굶고 학교에 가다가 도로 옆에 있는 개울에 쓰러졌습니다. 그런데 다행이도 저의 외 할아버지가 길을 가시다가 발견하여 저를 끄집어냈습니다. 그리고 왜 거기에 스러져 있느냐고 물어서 밥을 3일동안 굶어서 힘이 없어 쓰러졌다고 하니까, 야! 이놈아 힘이 없으면 집에 가만히 누워있지 학교는 어떻게 간다고 나와서 쓰러져 있느냐 하면서 집에다 데려다 주었습니다.

그때 저의 외할아버지 심정이 어떠했겠습니까? 아마 가슴이 메어졌을 것입니다. 자우지간 그때 할아버지를 만나지 않았으면 얼어 죽었을지도 모릅니다. 어느 날의 일입니다. 그날도 밥을 먹지 못하여 학교를 가지 못했습니다. 그때 당시 학교에서 저같이 어렵고 형편이 어려운 가정의 아이들을 위하여 학교에서 강냉이 죽을 쑤어서 점심에 나누어 주었습니다. 학교라도 가면 점심에 강냉이 죽이라도 얻어먹는데 힘이 없어서 못가니 식구들이 방안에 누워서 잠만 잡니다. 그런데 잠을 자다가 제가 꿈을 꾸었습니다. 꿈에 학교에서 강냉이 죽을 먹으니까 그렇게도 맛이 있었습니다. **아이고, 배부르다 하며 깨었는데 꿈이었습니다.** 얼마나 섭섭했는지 모릅니다.

어느 날 2월정도 된 것 같습니다. 그때 눈이 정말 많이 왔습니다. 저의 식구들이 먹을 것이 없어서 모두 굶고 있었습니다. 그러자 아버지가 어디를 다녀오겠다고 하시면서 집을 떠나 가셨습니다. 그때는 어디를 가셨는지 잘 몰랐는데 며칠이 지나고 오셨습니다. 오시면서 그 귀한 쌀을 한 가마를 가지고 오셨습니다. 어머니가 그것으로 밥을 지으시는데 그때 저의 4째 동생의 베개 속의 보리쌀을 넣고 만들었습니다. 그 보리쌀을 섞어서 밥을 지었는데 그 보리쌀이 썩은 것 인줄 모르고 넣어서 먹고 식구들이 다 토하고 고통을 겪은 적이 있습니다. 지금 생각하면 다 추억이고 하나님이 저를 강하게 하시려고 연단하고 단련하신 것이라고 생각합니다.

초등학교 다닐 때 기성회비를 내지 못해서 담임 선생님께서 너 같은 놈은 공부할 자격도 없다고 공부시간에 공부하지 말고 토끼풀이나 뜯어 오라고 해서 토끼풀을 뜯는 날이 많았습니다. 어린 제가 피눈물을 흘리면서 토끼풀을 뜯었습니다. 다짐 한 것이 "나는 절대로 우리 부모와 같이 무능하지 않겠다." 하며 이를 깨물며 인생을 치열하게 살았습니다. 그래서 나이 19살에 고향과 친척과 아버지 집을 떠나 군대로 피난을 갔습니다. 군대 가서 하나님의 인도와 역사로 육군 소위로 임관이 된 다음에 공부시간에 공부하지 말고 토끼풀이나 뜯어 오라고한 선생님을 찾아가 만났습니다. 부들부들 떠시더라고요, 불쌍해서 아무 말을 하지 않고 건강하게 오래오래 사시라고 하고 헤어졌습니다.

우리 외 가집 사람들과 저의 가정을 잘 아시는 분들이 하시는 말씀이 그런 험악한 환경에서 저와 같은 사람이 나오기가 쉽지 않았다는 것입니다. 깡패나 사기꾼이나 도적놈이 되었다면 마땅했는데 원래 타고난 심성이 착해서 개천에서 용이 났다고 합니다. 결혼할 때 주변 사람들이 우리 사모에게 그렇게 말했다고 합니다. 저는 결단코 말하고 싶은 것은 성령하나님께서 함께 하시면서 홀로서며 살도록 인도하셨기 때문입니다.

필자는 다른 사람들과 같이 인생을 쉽게 막살지 않았습니다. 그렇게 호락호락한 사람이 아닙니다. 정말 이빨을 깨물면서 인생을 살았습니다. 지금 윗니와 아랫니가 모두 갈려서 볼품이 없습니다. 지금은 정말 잘 살지요, 저역시도 잘 삽니다. 아이들 둘다 서울에 있는 대학을 보내 졸업을 시켰지요, 고등학교와 유치원 교사가 되었습니다. 서울 중심부에서 살면서 서초구에서 목회하고 있지요, 비교적 건강하도록 하셨지요, 하나님께서 영적인 목사로 바꾸어 주시어 영-혼-육을 치유하며 영적인 글을 써서 책도 쓰고 있지요, 성도들을 성령 안에서 홀로서며 하나님의 축복 속에서 살아가도록 치유하는 목회를 하고 있습니다.

필자는 지금까지 하나님밖에 도와줄 분이 없다는 믿음으로 하나님께 딱 달라붙어서 무엇을 하든지 하나님 안에서 홀로서기 할 수 있도록 기도하여 말씀대로 계획하고 추진하여 지금까지 실패한 일이 것의 없이 살아왔습니다. 모두가 성령하나님 안에서 홀로설 수가 있다는 믿음을 가지고 실행하며 살았기 때문입니다. 저의 인생을 살아주신 하나님께 모든 영광을 돌립니다.

**2. 사람은 어려울 때 가장 많이 성장한다.** 19세기 네덜란드 위트레흐트 기술학교에서 한 학생이 사소한 일로 퇴학을 당하게 되었는데 이유는 선생님의 얼굴을 우습게 그린 친구를 밝히라는 학교의 지시에 대해 끝까지 거부하다가 졸업을 앞두고 퇴학을 당했습니다. 지금 생각하면 너무 과한 결정이라 생각되지만, 그때는 그런 일들이 가능했던 시기였습니다.

중퇴 학력 때문에 대학을 갈 수 없던 학생은 더욱 열심히 공부해서 고등학교 졸업장이 필요 없는 스위스의 취리히 연방 공과대학에 입학했습니다. 그리고 스위스에서 대학을 졸업한 그는 자신이 태어난 독일로 돌아와 취업하려 했지만 과거 퇴학당했었다는 이유로 어떤 곳에서도 그에게 일자리를 주려고 하지 않았습니다.

하지만 그는 취업이 되지 않아 남는 시간을 오히려 학문연구에 계속 투자했습니다. 무직의 시간을 자기 계발의 시간으로 활용한 것입니다. 그렇게 연구에 매진하던 그는 이후 여러 대학교의 강사와 교수로 일하게 되었으며 1900년에는 뮌헨대학교 교수가 되었습니다.

그는 뮌헨대학교에서 X선을 발견한 공로로 1901년 최초의 노벨 물리학상을 받았던 '빌헬름 콘라트 뢴트겐'입니다. 사람은 누구나 역경을 겪게 마련입니다. 하지만 그것을 정면으로 돌파할 수 있다면, 어쩌면 당신을 더 크고 위대하게 성장시키는 밑거름일지도 모릅니다. "어려울 때 우리는 가장 많이 성장한다는 것을 기억하라." -조지 워싱턴-

**3. 성령 안에서 홀로 서며 성장해야 한다.** 우리가 저마다 탁월한 개인이자 책임 있는 시민으로 홀로 설 수 있을 때, 지속 가능한 공동체의 자율적 구성원으로 더불어 설 수 있습니다. 홀로 서야 더불어 설 수 있고, 더불어 서야 홀로 설 수 있습니다. 자신이 가정에서 홀로 설 수 있을 때 가족과 더불어 설 수가 있는 것입니다. 자신이 직장에서 홀로 설 수 있을 때 직장의 동료들과 더불어 설 수가 있는 것입니다. 자신이 홀로 서며 성장해야 다른 이도 성장하는 것입니다. 변화는 성장이고, 성장은 적응력입니다. 그런 관점에서 변화는 적응력의 다른 표현입니다. 이것을 깨달은 자신은 새로운 변화를 추구하고 성장하고 적응력을 키워 가는데, "왜 저들은 변하지 않을까?" 의문과 답답함이 생깁니다. 섬김의 모범을 보이면 언젠가 저들도 마음이 움직이고 섬김의 자리에 함께 있을 것입니다. 엄청난 변화를 기대하지 않습니다. 그저 마음이 움직이고 작은 섬김의 액션이 일어날 것을 기대할 뿐입니다. 점점 시간이 흘러가는데, 그 믿음과 소망은 점

점 더 희미해집니다. 새로운 변화는커녕 누군가의 섬김을 당연히 생각하고 그것을 즐기고 안주합니다. 포기해야 할까? 아니면 더 기다려야 할까? 어디에 문제가 있고, 어떻게 해야 할까? 답답함을 토로합니다. 그래도 주님 앞에 엎드려 고백합니다. "하나님의 때에 변화가 일어날 것을 믿고 인내하며 기다립니다." 이것이 반복되면서 지쳐 포기하고자 합니다. 다른 곳에서 새롭게 시작하면 훨씬 더 잘 할 수 있을 것이라 생각합니다. 상식적으로 생각하면 그것이 훨씬 더 현명한 방법일 수 있습니다. 그럼에도 무엇인가 붙들고 있는 강력한 힘을 거부할 수 없습니다. 그것은 자신의 의, 고집이 아닌 거룩한 사명과 같은 것입니다.

그 거룩한 사명 앞에 잠잠히 머무르는 것입니다. 그때 성령 하나님이 말씀합니다. "사람들은 잘 변화하지 않지만, 너는 이렇게 변화하고 성장하고 적응력을 키우고 있잖아!" 어렴풋이 느끼고 있었지만, 자신의 성장과 적응력의 확장에 대해서 깊이 생각하지 않았던 것입니다. "아, 그렇구나! 내가 성장하고 있었구나! 다양한 사람들과 상황에 적응력을 키워가고 있었구나! 다른 사람의 변화와 성장보다 나의 변화와 성장이 훨씬 더 시급 했던 것이구나!" 이것을 깨닫고 겸손히 주님 앞에 엎드리니 사람들과 상황을 새롭게 볼 수 있는 눈이 열리게 됩니다. "내가 성장해야 함께 하는 이들도 성장할 수 있다." "다른 사람의 변화와 성장을 요구하기 전에 나의 변화와 성장에 관심을 갖고 그것을 보여줘야 하는구나!" 그러고 나니, 자신도 성장하고 함께 하는 이들도 성장합니다.

자녀의 변화와 성장을 원한다면, 아빠와 엄마가 변화하고 성장해야 합니다. 부모가 성장한 만큼 자녀도 성장하는 것입니다. 부모가 끊임없이 성장할수록 자녀들 역시 계속해서 자라갑니다. 담임목사가 성장해야 성도님들도 성장합니다. 담임목사가 성장을 멈추고, 안주하고 게을러지면 교회 공동체, 모든 조직도 멈추고 퇴보합니다. 이러한 비례 관계가 항상 적용되는 것은 아닙니다. 그 비례의 속도와 양은 차이가 있습니다. 때로는 예외적인 경우도 있을 수 있습니다. 그러나 적어도 "부모가 성장해야 자녀도 성장하고, 목사가 성장해야 성도들도 성장할 수 있다."는 것은 기본적인 하나님의 뜻입니다. 그러니 먼저 가장 기본적인 하나님의 뜻에 순종하는 것이 옳은 것입니다. 일단 해 보고, 끊임없이 자신의 성장에 관심을 갖고 집중해 보아야 합니다. 그것도 하지 않은 채 다른 사람들이, 자녀들이 그리고 성도님들이 "변화가 없고, 성장이 없다."고 섣불리 말하지 말아야 합니다. 요셉은 **"그런즉 나를 이리로 보낸 이는 당신들이 아니요 하나님이시라 하나님이 나를 바로에게 아버지로 삼으시고 그 온 집의 주로 삼으시며 애굽 온 땅의 통치자로 삼으셨나이다"**(창 45:8)

자신에 대한 자존감을 가져야 합니다. 우리가 인생의 여러 가지 목표를 이루어 성공하기 위해서는 자존감과 자신감을 가지고 있어야 합니다. 자존감은 스스로를 존중하는 마음으로 인정받고 존중받은 경험에서 생깁니다. 아이 때에는 부모님이나 선생님 등 주변의 영향력 있는 사람들로부터 존중받고 인정받은 경험에서 생기지만, 성인이 되어서는 스스로 홀로서며 자신에 대한 이미지를 만들어 갈 수 있어야 합니다. 자신에 대한 이미지는 신체에 대한 자아이미지와 자신의 능력에 대한 자아이미지가 중요한 영향을 주게 됩니다. 매일매일 거울을 보며 자신에게 자신의 신체상에 대한 긍정적인 이미지를 심어주는 훈련을 하시기를 바랍니다. 그리하면, 거울효과에 따라 자신의 신체이미지가 자연스럽게 긍정적으로 변화되는 것을 느끼게 될 것입니다.

자신의 능력에 대한 자아이미지를 높이기 위해서는 자신이 일생의 업으로 삼고자하는 것에 전문가가 되어야 합니다. 어떤 분야에 전문가가 되기 위해서는 무엇보다 독서가 아주 중요합니다. 자신이 정한 분야에 관한 책100권을 정하여 읽기 시작하라. 1주일에 1권씩 읽기 시작하다가 어느 정도 속도가 붙으면 1주일에 2권을 읽을 수 있게 됩니다. 필자는 성령으로 치유 목회를 하기 위해서 밤잠을 설쳐가며 치유와 성령의 역사에 대한 책을 밤을 세워 읽었습니다. 아마 200여권을 읽었을 것입니다.

또한, 인터넷, 논문 등을 통하여 자신의 분야에 대한 자료를 검색하여 자료를 수집하고 닥치는 대로 우선 읽어야 합니다. 그리고 그 분야의 대가를 찾아 그 분의 강의를 듣고 복사하듯이 꾸준히 배워나가야 합니다. 그렇게 하다보면 어느덧 나도 그분과 비슷하게 전문가가 되어 갈 것입니다. 이것을 행동으로 옮겨야 합니다. 이것이 필자가 지금까지 추구하던 방식입니다.

성령님의 인도 따라 홀로 서며 살아야 하나님의 은혜로 지혜와 지식과 체험이 계속 성장하게 됩니다. 가만히 현실에 안주하면 성장은 커녕 퇴보합니다. 필자는 처음, 경기도 시흥시화에서 개척을 했습니다. 개척당시 신도시가 형성되고 있었기 때문에 내 노력으로 내 능력으로 교회를 자립하고 성장시키려고 했습니다. 벌침도 놓았습니다. 아파트전도도 수 없이 신발 바닥이 다 달아서 떨어지도록 다녔습니다. 월요일부터 금요일까지 안산 시화에 있는 병원이란 병원은 다 다니면서 능력전도를 했습니다. 그런데 생각과 같이 교회가 자립되지 않고 재정에 문제가 생겨서 당시 퇴직금을 받아서 장만한 아파트 22.5평을 전세로 주고 교회 뒤에 방을 만들어 자녀들과 4년을 살았습니다. 그래도 교회가 자립되지 않아서 결국은 아파트를 처분했습니다.

하루는 전도를 하고 돌아와 하도 힘이 없고 마음이 무거워서 하나님께 하소연을 하면서 기도하다가 깜박 깊은 경지에 들어갔습니다. 하나님께서 찬양으로 위로하시며 저를 깨우쳐주셨습니다. 찬송가 369장(통일 487장)입니다. "죄짐 맡은 우리 구주 어찌 좋은 친군지 걱정 근심 무거운 짐 우리 주께 맡기세 주께 고함 없는 고로 복을 받지 못하네 사람들이 어찌하여 아뢸 줄을 모를까/ 시험 걱정 모든 괴롬 없는 사람 누군가 부질없이 낙심 말고 기도드려 아뢰세 이런 진실하신 친구 찾아볼 수 있을까 우리 약함 아시오니 어찌 아니 아뢸까/ 근심 걱정 무거운 짐 아니 진자 누군가 피난처는 우리 예수 주께 기도드리세 세상 친구 멸시하고 너를 조롱하여도 예수 품에 안기어서 참된 위로 받겠네! 아멘" 이 찬송으로 위로를 받고 아~ 내가 홀로 열심히 해서 내 힘으로 교회를 자립성장 시켜 보겠다고 하며 목회를 하려고 하니까, 이렇게 힘이 들고 안 되는 구나~ 그때부터 "근심걱정 무거운 짐 우리 주께 맡기기" 위하여 하나님께 기도했습니다. 어떻게 목회를 해야 하느냐고, 계속 질문했더니 성령께서 감동하시기를 성령의 불의 역사가 일어나는 성령치유사역을 하라는 것입니다.

순종하고 성령치유집회를 하기 시작을 했습니다. 슬슬 재정이 회복되기 시작을 했습니다. 4년 동안 교회 뒤에서 살던 삶을 청산하고 아파트 32평을 월세로 얻어서 나오게 되었습니다. 그때 정말로 뛸 듯이 기분이 좋았습니다. 아이들이 너무나 좋아했습니다. 그런데 어느날 기도하는데 서울로 올라가라는 것입니다. 당시 서울에서 성도들이 다수가 와서 은혜를 받았는데 그분들도 서울로 가야 한다는 것입니다. 그래서 사람 말을 듣고 행동에 옮길 수 없으니 하나님께 주야를 막론하고 기도를 했습니다. 하나님~ 서울은 넓은데 어디 입니까? "사당역부근이다." 그래서 현장을 확인하고 서울로 올라온 것입니다. 서울에 올라오니 노회 선배 목사님들이 미쳤다는 것입니다. 서울은 눈감으면 코 베어가는 곳인데, 서울이 어디인데 서울로 갔냐는 것입니다. 몇 개월도 못 버티고 망해서 다시 시화로 온다는 것입니다. 노회에 가면 망해서 다시 시화로 왔느냐고 물어보기도 했습니다.

서울로 올라와 한동안 고생을 많이 했습니다. 한 달에 300-500만 원 정도가 마이너스가 발생했습니다. 사모가 어떻게 해야 하느냐고 걱정이 태산 같았습니다. 그래서 필자가 이렇게 말했습니다. 하나님께서 서울로 가라고 해서 왔으니 하나님께서 책임을 지실 것입니다. 내가 지금 밖에 나가서 막노동을 해서 돈을 벌겠습니까? 아니면 직장에 취직을 해서 돈을 벌겠습니까?

하나님께서 시키시는 대로하면 재정을 해결해 주실 것입니다. 그렇게 말하고 계속 성령치유목회를 하니 몇 개월 가지 않아서 재정을 회복시켜주셨습니다. 성령치유사역하면서 체험한 것들을 글로 적어서 출판도 하게 되었습니다. 출판도 하나님께서 기도하여 하나님께서 알려주신 지혜대로 했습니다. 알려주신 지혜는 필자가 글을 쓰고, 인디자인을 인터넷으로 독학하여 배워서 책 표지 디자인하고, 책 내용물 전부를 직접 디자인하라는 것입니다. 인쇄만 인쇄소에서 하라는 것입니다. 이렇게 하니 책을 출판할 수가 있는 것입니다. 책 출판이 그리 쉽지 않습니다. 지금 책이 팔리지를 않습니다. 지금 서울로 온지 18년이 되었는데 큰 교회는 되지 않았어도 잘 지내고 있습니다. 필자가 제일 듣기 싫은 말이 전화해서 지금 코로나19 시대에 교회가 잘 운영되느냐 입니다. 잘 운영되고 있습니다. 성도님들 한분도 이탈하지 않았습니다. 하나님을 주인으로 모시고 성령님을 따라 홀로서기가 되어야 자신이 발전합니다. 성령하나님께서 하신다고 믿고 하라는 대로 순종하면 성령하나님께서 저를 통하여 하십니다.

결론적으로 자신이 계속 성장하려면 자신을 알아야 합니다. 자신의 부족을 알아야 배우려고 하기 때문입니다. 배워야 계속 성장할 수가 있기 때문입니다. 하나님은 **"만일 누구든지 무엇을 아는 줄로 생각하면 아직도 마땅히 알 것을 알지 못하는 것이요"**(고전 8:2).라고 말씀하십니다. 가슴에 새겨야 계속 성장할 수가 있을 것입니다. 그래야 하나님을 주인으로 모시고 성령 안에서 홀로서기 하며 세상을 살아갈 수가 있습니다.

# 23장 홀로서려면 잘 할 수 있는 일을 하라.

(창39:2-3)"여호와께서 요셉과 함께 하시므로 그가
형통한 자가 되어 그의 주인 애굽 사람의 집에 있으니,
그의 주인이 여호와께서 그와 함께 하심을 보며 또 여호
와께서 그의 범사에 형통하게 하심을 보았더라"

홀로서며 살아가는 사람들은 대체적으로 자신이 하고 싶고
잘 할 수 있는 일을 하면서 살아가는 자들입니다. 하나님께서
자신에게 허락한 재능을 가지고 광야 같은 세상을 살아가면서
하나님을 주인으로 모시고 성령 안에서 홀로 서며 하나님의 영
광을 나타내라는 것입니다. 하고 싶고 잘 할 수 있는 일을 하라
는 것입니다. 필자가 23년이란 세월동안 개별적으로 치유를 하
면서 체험한 바로는 하나님께서 자신에게 허락한 재능은 뒤로
하고 엉뚱한 일을 하다가 인생을 끝내는 분들이 계십니다.

신앙이 돈독한 사람이라면, 하나님이 사용하시는 사람이 되려
면 무슨 일을 해야 하는가 하는 심각한 고민을 한, 두 번 한 적이
있을 것입니다. 예전에는 열정적이고 성실한 신앙을 보여주는
사람이라면 으레 신학교에 들어가 목회자가 되는 게 당연한 일
처럼 생각되었기 때문입니다. 목회자가 되라고 권면하는 사람들
은 '사명자'라는 말을 즐겨 썼습니다. 사명자는 하나님의 종으로
사명을 받아서 하나님이 사용하시는 사람이 되었다는 뜻일 것입
니다. 하나님이 부르시는 종은 다른 일을 해서 안 된다고 못 박

기도 했으며, 하나님의 명령을 듣지 않으면 재앙이 미칠 것이라고 은근히 위협을 하기도 합니다.

그래서 자의반 타의반으로, 생계를 위해 종사하던 자영업을 그만두거나 잘 다니던 회사에 사표를 쓰고 신학교에 입학해서 목회자의 길로 들어섰던 사람들은 다 어떻게 되었을까 궁금하기만 합니다. 어느 통계에 의하면 신학교 졸업생 중에 약 20%만이 현직 목회자로 남아있다고 합니다. 1년에 수만 명씩 졸업생이 나오는 추세를 얼추 따져보면 적지 않은 신학교 졸업생이 목회 직을 포기하고 도로 세상으로 나갔음을 알 수 있습니다. 그들을 하나님이 불러주셨다면 남은 인생을 당연히 책임져주셔야 하지 않았을까요? 그렇지만 안타깝게도 신학교에 들어가면서 뒤죽박죽인 삶으로 전락해 버린 사람도 적지 않습니다. 사모가 알바해서 생활하는 분들이 적지 않습니다. 필자는 참으로 안타까운 전화를 많이 받습니다. 이는 하나님께서 자신에게 주신 재능을 포기하고 사람의 말이나 자신의 뜻을 좇아 살다가 귀한 인생을 뒤죽박죽인 삶으로 시간을 허비한 것입니다.

하나님은 예수로 죽고 예수로 사는 자녀들이 모두 사명자로 하나님의 영광을 나타내는 도구가 되기를 원하십니다. 우리 자녀들이 하나님의 영광의 도구가 되기 위하여 부모님들은 하나님께서 자녀에게 준 재능을 찾아 발전시키도록 해야 합니다. 엔리코 카루소는 나폴리의 한 가난한 집에서 7남매의 3째로 태어났습니다. 그의 집안은 넉넉지 못하여 그의 어린 시절은 음악과는 무관한 가정환경이었습니다. 그러나 이처럼 열악한 환경에도 불구하고 카루소는 음악에 대한 관심과 애정을 가지고 있었습니다. 그의 어머니는 가난한 집안 형편에도 불구하고 카루소에게 격려를 해주고 배울 수 있는 자신감을 넣어주었습니다. 그는 공장에서 일을 하며 돈을 벌어 레슨을 신청했습니다. 그러나 그의 노래를 듣던 선생님은 그에게 자네는 성악가로서 자질이 없네, 너의 목소리는 마치 덧문에서 나는 바람소리 같다. 문풍지 소리 같다. 자네는 전혀 성악가로서 자질이 없으니까 그 길을 가지 말라고 했습니다.

카루소가 낙심천만해서 집에 돌아오니 어머니가 단호하게 이렇게 말했습니다. "너는 세상에서 가장 아름다운 목소리를 가지고 있다. 그러니 너는 틀림없이 위대한 성악가가 될 거야. 엄마는 널 믿는다. 누가 뭐라고 말해도 너는 위대한 성악가가 된다." 카루소는 어머니의 말에 용기를 얻어 혼자 열심히 노래 연습을 했습니다. 나폴리 대성당의 소년 성가대원으로 노래를 하다가 그 곳에서 그의 천부적인 성악 소질이 발견되어 오페라까지 설 수 있게 되었고, 그는 세계적인 오페라 가수가 된 것입니다. 어머니 덕분입니다. 어머니가 격려해 주므로 그는 하나님이 주신 재능 달란트를 개발할 수가 있었던 것입니다. 그러므로 우리에게 격려해 주는 어머니, 아버지, 형제들이 있다는 것은 굉장히 하나님께 감사해야 되는 것입니다.

미국의 발명왕 에디슨도 무려 1천 93개의 특허를 가진 천재인데 그의 학력은 초등학교 1학년 밖에 못 다녔습니다. 호기심이 많은 에디슨은 학교에 들어가서 여러 가지 실험을 하다가 말썽을 일으키고, 엉뚱한 질문을 하여 선생님을 당혹하게 만들었습니다. 선생님이 하나 더하기 하나는 둘이라고 하니까 손을 들고 선생님 아닙니다. 하나 더하기 하나는 하나가 될 수 있습니다. 어떻게 될 수가 있느냐? 고양이 플러스 쥐는 한 마리밖에 안됩니다. 에디슨 말도 맞거든요. 자꾸 그런 질문을 하니까 선생님이 이놈은 바보라. 교육 못시키겠다고 어머니를 불러서 내보냈습니다. 그 어머니는 이렇게 말했습니다. "선생님! 우리 아이의 장점보다 단점을 먼저 보셨군요. 우리 아이는 바보가 아니고 천재적인 소질을 가진 아이입니다."

그래서 어머니가 그를 지지하고 격려하며 그를 가르쳐서 1년에 6학년을 마치게 하고 그에게 소질이 있는 과학책을 어머니가 계속 읽도록 해주어서 발명가의 길로 인도했습니다. 에디슨이 발명1호를 들고 어머니에게 갔을 때 그의 어머니는 이렇게 말했습니다. "나는 네가 남다른 애라는 것을 잘 안다. 정말 잘 커줘서 고맙구나." 에디슨은 그 어머니가 단점보다는 장점을 보고 격려를 해준 것입니다. 어머니의 이러한 격려로 그는 세계에서 가장 많은 것들을 발명한 발명왕이 될 수가 있었던 것입니다. 우리 자녀들은 부모님의 격려를 받고 필사적인 노력을 해야 되는 것입니다. "내게 능력 주시는 자 안에서 내가 모든 것을 할 수 있느니라"(빌 4:13). 하나님이 우리에게 재간을 주셨으면 그것을 이룰 수 있도록 능력도 주셨기 때문에 필사적으로 노력해야 되는 것입니다. 노력도 아니 하고 애쓰지도 않고 일을 이루는 사람은 없습니다. 반드시 뼈가 으스러지도록 노력해야 되는 것입니다.

**1. 자신의 재능을 자신이 발견하게 하라는 것이다.** 아이에게 "넌 이다음에 뭐가 되고 싶니?"라고 물으면 대부분 다음과 같이 대답합니다. "저희 아빠(엄마)가 판사 되래요." "사장님 되래요." "의사가 되래요." "전문대 나와서 기술이나 배우래요." 그런데 너는 무엇이 되기를 원하느냐? 라고 되물으면 "모르겠어요"라는 응답이 나와 말문을 닫게 합니다.

자기는 무엇이 될 지 생각해 본 적이 없고, 그저 엄마가, 아빠가 무엇이 되라고 하기에 그것이 되어야 할 줄로 알고 있는 것입니다. 그런데 아이들은 얼마 가지 못하여 자신이 판사나 의사, 사장님이 되는 것이 어렵다는 걸 알게 됩니다. 그때부터 문제가 발생합니다. 자녀들이 조금 눈치가 생기고 철이 드는 사춘기 무렵에 문제가 발생하기 시작을 합니다. 자신들의 처지를 알게 된 아이들은 마땅히 무엇이 되어야 할지 몰라 방황하고, 자녀들을 의사나 판사로 만들고 싶었던 부모들은 그런 자녀들을 용납하지 않는 경우가 많습니다.

매년 11월 중순 경에 수능이 끝난 학생들과 부모들의 마음이 바쁠 때입니다. 아직 결과가 발표되지는 않았지만, 공부를 어느 정도 했던 학생들은 자신의 점수를 대략 알 것이고, 부모들은 자녀를 어느 대학에 보내야 할지 모든 정보들을 활용하여 탐색 작전에 들어갈 것입니다.

이번 2020년 11월에 치른 수능은 문제가 쉬워 눈치작전이 더 치열해질 것이라고 합니다. 그런데 참 희한한 일입니다. 내 인생의 상당 부분이 결정될 대학을 지원하는데 왜 그렇게 눈치가 필요한 것일까요? 내가 좋아하는 분야나 내 적성에 맞는 분야를 선택한다면 소신껏 지원해도 될 텐데 말입니다. 이것이 큰 문제입니다. 수능이 끝날 때까지 자신의 적성에 맞는 분야를 결정하지 못했다는 것입니다.

필자가 고등학교에서 우등하는 학생들을 관찰하여 보니 모두가 특색이 있었습니다. 모두 중학교 다닐 때 자신이 무엇이 되겠다는 꿈이 있었다는 것입니다. 꿈을 품고 꿈을 이루려고 노력하니 모두 우등생이 되었다는 것입니다. 필자의 자녀들은 모두 수능을 보기 전에 자신이 적성에 맞는 분야를 결정하고 대학을 지원했습니다. 한 아이는 자신의 적성에 맞는 학과에 떨어져서 재수를 하여 자신의 적성에 맞는 분야에 입학하여 졸업을 했습니다. 그래서 취직하여 직장에 잘 다닙니다. 필자는 이것을 굉장히 중요하게 생각을 합니다. 자녀에게 자신의 적성에 맞는 분야를 결정하여 대학을 가도록 해야 합니다.

필자의 개인적인 견해로는 적성에 맞는 분야의 대학을 가지 못하면 삼수를 해서라도 본인의 적성에 맞는 분야의 대학을 가도록 해야 한다는 것입니다. 왜냐하면 자녀의 인생의 승패가 걸린 문제이기 때문입니다. 자기가 하고 싶지 않은 분야의 대학을 가면 첫 단추부터 잘못되어 자녀의 인생은 꼬이기 시작을 한다는 것입니다.

그렇기 때문에 자녀들이 초등학교, 중학교, 고등학교를 다니면서 자신의 적성에 맞고 하고 싶은 분야를 결정하는 것입니다. 필자는 자녀가 초등학교, 중학교, 고등학교를 다니면서 자신의 적성에 맞고 하고 싶은 분야는 성령의 인도라고 생각을 합니다. 그렇기 때문에 그 분야의 전문성을 개발하여, 그 분야를 발전시키면서 하나님께 쓰임을 받는 것입니다.

우리나라 대학생들이 졸업 후 관련학과에 취업하는 비율은 40~50%라고 합니다. 대부분 대학의 취업률이 70-80%대에 머무는 점을 감안하면 전공으로 공부했던 분야에서 일하는 졸업생이 절반을 밑돈다고 봐야 할 것입니다. 물론 직장을 잡기가 만만치 않아 대학생들이 전공보다는 일자리를 우선으로 찾는 경우도 있을 것입니다. 하지만 대부분은 자신이 좋아하거나 잘 할 수 있는 학과를 전공으로 선택하지 않았기 때문에 이와 같은 현상이 생겨났다고 볼 수 있습니다. 대학 4년을 공부해 놓고도 그것을 활용하여 업으로 삼지 않고, 엉뚱한 일을 하며 일생을 보낸다는 현실이 얼마나 큰 낭비이고 모순입니까? 본인은 얼마나 인생이 고달프겠습니까? 정말 살아가기에 힘이 들 것입니다.

관련학과 취업률은 직업 만족도와도 연관이 됩니다. 내가 원하지 않는 일을 하는데 그 일에 어찌 만족할 수 있겠습니까? 현재 하고 있는 일에 대한 만족도가 가장 낮은 직업은 의사와 모델이라고 합니다. 그런데 의사의 70%는 부모가 원하거나 강요해서 의대를 갔다고 합니다. 우리나라 의사들이 하루에 만나는 환자 수는 평균 100명이라고 합니다. 건강한 사람도 아니고, 온 종일 아픈 사람들을 만나야 하니 그 스트레스가 얼마나 많겠습니까? 자신이 원해서, 특별한 소명의식으로 시작했더라도 힘들다고 아우성일 텐데, 부모들의 강요에 의해 의사가 되었다면 무슨 흥겨운 멋이나 기분(신명)으로 일할 수 있겠습니까?

필자는 군대에서 장교로 23년이란 세월을 보냈습니다. 군인은 필자가 초등학교 다닐 때부터 꿈꾸었던 직업이었습니다. 그래서 인지 특수부대에서 군 생활을 했어도 제가 하고 싶은 일을 하기 때문에 즐겁게 군 생활을 했습니다.

절대로 군 생활에 실증이 느껴지지 않았습니다. 군에서 나와서 지금 목회도 마찬가지입니다. 제가 하나님께 기도하여 응답받아 결정한 일이기 때문에 아주 흥미롭게 목회를 하고 있습니다. 저는 성령으로 치유사역을 하는 것은 하나님이 지정해준 일이라고 생각을 합니다. 그렇기 때문에 성령의 역사가 일어나는 ①말씀을 전하고 ②한사람, 한사람 안수하며 치유하고 ③영적인 글을 써서 책을 발간하여 전파하는 일이 정말로 즐겁습니다. 힘이 드는 줄을 모르고 사역을 합니다. 밤잠을 설쳐가며 글을 쓰고 있습니다. 저는 일반적인 목회에 흥미가 없습니다. 개별적인 치유를 하는 것이 즐겁고 보람 있는 사역이라고 생각합니다. 또 하나님께서 하라고 승인한 목회이기 때문에 성령께서 역사하셔서 재정적으로나 영력이나 육체적으로 힘들지 않습니다.

그래서 저는 자녀들도 자신들이 하고 싶은 일을 하도록 해야 한다는 것입니다. 그래야 자녀가 일생을 살아가면서 흥겨운 멋이나 기분(신명)으로 일을 할 수가 있다는 것입니다.


**2. 자녀들의 진로선택 부모가 결정하지 말라는 것이다.** 자식은 내 소유물이 아닙니다. 모든 것을 부모 손에 넣고 쥐락펴락

해서는 안 되는 이유입니다. 물론 아직 세상 물정 모르기 때문에 자녀에게 모든 것들을 맡겨 놓기에는 미덥지 못할 수도 있습니다. 하지만 부모는 조언자이거나 조력자로 남아야 합니다. 자녀가 잘 할 수 있는 일, 꼭 하고 싶은 일을 하며 기쁘게 살 수 있도록 격려하고 지켜보아야 합니다. 다소 부족하고 서툴더라도 말입니다. 처음부터 잘하는 사람은 없을 것입니다.

그래야 자녀가 성령의 인도를 받으며 세상을 신명나게 살아갈 수가 있습니다. 저는 부모가 자녀의 진로선택을 하여 대학원을 나와서도 무위도식하는 자녀들을 많이 봅니다. 부모가 원해서 선택했는데 적성에 맞지 않아 직장을 가더라도 얼마 있지 못하고 나오기 때문입니다. 3명이 모두 남자인데 나이가 43세입니다. 결혼도 하지 못했습니다. 참으로 안타까운 일입니다. 자녀의 인생을 완전하게 망친 것입니다. 우리 부모님들은 자녀들에게 적성에 맞는 분야에 열정을 투자하면서 인생을 살아가게 해야 합니다. 부모님들이 자녀의 인생을 대신 살아줄 수가 없지 않습니까? 자녀가 성령 안에서 홀로서며 살도록 해야 합니다.

**3. 하나님은 성령 안에서 홀로서라고 한다.** 많은 부모님들이 이제 중학교를 다닌다든지, 고등학교를 다니는 학생들을 향한 하나님의 뜻을 알아보려고 합니다. 그것도 자신이 직접기도해서 알아내는 것이 아니라, 저에게 와서 물어본다는 것입니다. 이때 저는 이렇게 대답을 합니다. 아이들이 할 일은 하나님의 뜻을 구하는 것이 아닙니다. 현실에서 하나님에게 예배를 잘

드리면서 부모님 말씀에 순종하며 성령 충만하게 지내는 것입니다. 자기에게 주어진 공부를 열심히 하는 것입니다.

그리고 부모님의 말씀에 순종하는 것입니다. 그렇게 열심히 지내다가 보면 자신에게 유난하게 잘하는 것이 있습니다. 또 자신이 하고 싶은 충동이 강하게 일어나는 분야가 있습니다. 그것이 자녀가 앞으로 인생을 살아가면서 해야 하는 하나님의 뜻입니다. 이는 요셉을 보면 알 수가 있습니다. 요셉은 꿈으로 하나님의 뜻을 알려주었습니다. 결국 꿈으로 인하여 애굽의 국무총리가 되었습니다. 다윗은 양을 잘 돌보고 악기를 잘 다루며 물맷돌을 잘 던지는 것이었습니다. 부모 말에 순종을 잘하는 것이었습니다. 결국 그것을 통하여 이스라엘의 임금까지 되었습니다.

그렇기 때문에 아이들은 어려서부터 하나님의 뜻을 알려고 하는 것은 무리입니다. 그렇다고 공부를 못해서 좋은 대학에 못가니 너는 목회자가 되기 위하여 신학교를 가라, 이것은 절대로 안 될 일입니다. 반드시 하나님의 뜻에 합해야 하고 본인 또한 직접 사명을 받아야 합니다. 그래야 인생을 방황하지 않습니다. 저는 이렇게 말합니다. 지금 목사가 되었어도 목회의 길이 열리지 않는다면 다시 기도하여 자신이 제일로 잘할 수 있는 일을 하라는 것입니다. 그 일을 하면서 하나님에게 영광을 돌리면 되는 것입니다. 하나님은 절대로 목사하지 않았다고 벌을 주거나 저주하는 하나님이 아니십니다.

다른 경우로 사무엘과 같이 서원하여 낳은 아이들의 문제입니다. 내가 지금까지 성령치유 사역을 하다가 보니 부모님들이 목회자로 하나님에게 드리겠다고 서원한 아이들이 있습니다. 이 아이들이 보편적으로 부모의 생각대로 하나님의 뜻을 좇아서 순종하는 자녀들도 있습니다. 그러나 부모가 하나님에게 서원한대로 순종하지 못하는 아이들이 있습니다. 이런 아이들의 인생이 그리 평탄하지 못하고 허송세월을 하거나 방황하는 아이들이 많다는 것입니다. 36살이 되었는데도 마땅하게 할 일을 정하지 못하고 방황하는 사람들이 다수가 있습니다.

이를 방지하게 위하여 이렇게 하시기를 바랍니다. 사무엘과 같이 어려서부터 성전중심으로 살아가게 하라는 것입니다. 부모가 바른 신앙을 가지고 자녀를 지도하라는 것입니다. 어려서부터 성령 충만한 목사님으로부터 안수를 자주 받게 해야 합니다. 어려서부터 성령세례, 내적치유, 성령을 체험하게 하는 등, 영적생활이 몸에 베이게 하라는 것입니다. 또 부모가 믿음생활에 모범이 되어야 합니다. 그러면 부모가 원하는 대로 성령의 인도를 받는 영성 있는 목회자가 될 수가 있습니다.

많은 경우 부모가 믿음 생활을 제대로 하지 못하여 자녀들의 신앙이 잘못되는 경우가 있습니다. 특히 마귀는 하나님에게 드리겠다고 서원한 아이들을 강하게 공격한다는 것을 명심해야 합니다. 주변에 보세요. 부모가 하나님에게 드리겠다고 서원한 아이들이 인생을 방황하고 있습니다. 하나님은 세월을 아끼라고 했습니다. 우리 바르게 알고 바르게 행하여 귀한 세월을 낭비하지 말아야 합니다.

늙도록 성령 안에서 홀로서기하며 살아가려면 끝을 보는 습관을 길러야 합니다. 시작한 일에 끝을 보는 것은 앞으로 인생을 살아가면서 중요한 습관 중의 하나입니다. 이런 습관은 그를 가장 고집스런 인간을 만들면서 인생에서 성공을 보장하는 열쇠이기도 합니다. 되도록 자녀들에게 할 일을 메모하는 습관을 들이도록 지도하세요. 스스로 할 일들은 꼼꼼하게 챙기고 반드시 완수하도록 지도하세요. 하나를 마무리하고 다음 일을 시작하는 습관을 갖게 하세요. 이것 했다가 저것 했다가 하면 되는 것이 하나도 없습니다. 인생은 그렇게 하루하루 최선을 다하는 속에 성공을 보장합니다. 하루아침에 모든 것을 이루려 하는 것은 부질없는 욕심입니다. 계획성 있게 하루하루 마무리를 잘하면서 사는 것이 성공을 보장하는 것입니다.

옛날 명언에 이런 글귀가 있습니다. '앞으로 한 자만 더 파면 나올 우물물을 파지 않고 근심만 하고 있도다.' 이제 한 자만 더 파면 물이 콸콸 나오게 될 텐데 그만 도중에 단념해 버립니다. 이런 상태에서는 지금까지의 노력이 모두 수포로 돌아간다는 교훈입니다. 여기서 '우물을 파다'는 '일을 완수하다'로 바꾸어서 해석해야 한다고 생각합니다. 무슨 일이든 계속 노력함으로써 이루어지게 됩니다. 정말 중요한 것은 재능이 아니라 끈기라고 끝을 보는 습관이라 말할 수 있을 것입니다. 어떤 일이든지 시작하기란 쉬운 일이지만 그것을 단념하지 않고 계속하기란 결단코 쉬운 일이 아닙니다.

어째서 계속할 수 없는 것일까요? 도중에 싫증이 나기 때문이라고 생각합니다. 혹은 나태한 마음에 사로잡히기도 할 것입니다. 도중에 자신의 한계나 어려움을 느끼고 내팽개치게 되는 경우도 있으리라 여깁니다. 저는 어려서 부터 좌우명이 있습니다. "일을 시작했으면 끝을 보아야 한다." 그래서 군 생활하면서도 저 나름대로 성공적인 군 생활을 했다고 자부합니다. 일이 떨어지면 반드시 끝을 보았기 때문입니다. 다른 한 가지는 "어려운 과제가 떨어지더라도 못한다고 하지말자. 그냥 하다가 보면 하나님께서 할 수 있도록 지혜를 주신다." 저는 참으로 하나님의 사랑을 많이 받은 목사입니다. 군대에서 병과가 보병이지만 23년 군 생활 중에 참모생활을 15년을 했습니다. 참모 생활을 오래할 수 있었던 것이 어떤 일이 저에게 주어지더라도 할 수 있다고 생각하니까, 과제를 지혜롭게 해결하니 지휘관들이 저를 써주셨기 때문입니다. 이런 생활이 몸에 배여서 지금 목회에도 유용하게 사용하고 있습니다. 필자의 숨은 잠재력입니다.

'이 세상의 모든 일은 끈기에 달려 있습니다. 끈기가 강한 자만이 최후의 승부를 얻는다.'라는 말이 새삼 절실해집니다. 자신을 채찍질하면서 '계속'이라는 자기지배력이 끈기를 지속시키는 포인트입니다. 일상생활 속에서의 사소한 일일지라도 하겠다고 마음을 먹었으면 계속하는 일이 무엇보다 중요합니다. 이 '계속 한다'는 기력을 가리켜 끈기라고 하는 것입니다. 일을 시작했으면 끝을 보는 습관을 어려서부터 길러야 합니다. 그래야 직장에서나 가정에서 학교에서 살아갈 때 남에게 뒤떨어지지 않습니다. 직장에서 살아남을 수가 있습니다.

자기분야에 일인자가 되겠다는 의지가 필요합니다. 저는 항상 이렇게 말합니다. "내가 하고 있는 성령치유 사역의 일인자가 되겠다는 것입니다." 그렇게 생각하기 때문에 전문가가 되려고 노력을 합니다. 성령치유의 전문가가 되려는 의지가 있기 때문에 깊은 이론을 터득하려고 노력을 합니다. 깊은 치유가 되려면 어떻게 해야 하는가를 항상 생각하고 기도합니다. 실제 환자를 치유하며 적용을 합니다. 적용하여 이론을 정립합니다. 그렇게 사고하고 사역을 하다가 보니까, 점점 전문가가 되어갑니다. 다른 분야도 마찬가지입니다. 자신이 추구하는 분야에 일인자가 되겠다는 생각을 가지면 그 일에 매진하게 됩니다. 자연스럽게 전문적인 지식을 습득하게 됩니다.

그렇게 자기 분야에 집중하며 몰입을 하다가 보니 일인자가 되는 것입니다. 남을 모방하여 따라가면 2등 밖에 못합니다. 자신이 하나님께 기도하여 자신만의 전문성을 개발해야 일인자가 되는 것입니다. 일인자가 되기 위해서는 무엇보다 천직의식이 중요합니다. 천직의식을 가지고 하나하나 연구하고 적용해가다가 보니 자연스럽게 일인자가 되는 것입니다. 처음 생각과 습관이 굉장하게 중요한 것입니다. TV에 나오는 달인을 생각하면 맞습니다. 한 분야에 천직의식을 가지고 10년이상 몰입 집중하다가 보니 달인이 된 것입니다. 지금은 인생백세 시대입니다. 무엇보다도 자기 분야에 전문가 의식이 중요한 시대입니다.

그리고 50-60대에 은퇴하여 일을 시작하시는 분들은 자신이 지금까지 해오던 일과 비슷한 일을 신중하게 선택하여 시작을 하라는 것입니다. 모든 일은 10년을 해보아야 전문가가 됩니다. 다른 사람이 해서 성공했다고 자신도 성공하라는 법칙은 없습니다. 자신이 하나님을 주인으로 모시고 성령 안에서 홀로 서야 합니다. 자신의 여러 가지 재원을 잘 확인하시고 결정하기를 바랍니다. 그래야 실패의 충격을 받지 않습니다.

우리 부모들도 아이에게 자립심을 길러 주길 원합니다. 그러나 과정이 중요한 때조차도 결과에 집착합니다. 과외에 바쁜 아이들을 위해 부모가 인터넷을 뒤지며 숙제를 해주고, 심지어 봉사활동도 대신 해줍니다. 초등학생들의 과제물은 부모님들의 실력겨루기 경연이 된지 이미 오래입니다. 이렇게 혼자 힘으로 연습하는 과정을 거치지 않고 자라난 아이들이 갑자기 자립하기란 쉽지 않습니다. 자립심을 길러주려면 스스로 생각하고 배우며 행동하도록 도와만 주어야 합니다. 과보호는 나약하고 의존적인 인간을 만듭니다. 아이들을 지나치게 사랑한 나머지 아이들이 원하는 것이 있으면 무엇이든지 충족시켜 주고 있습니다. 이미 기성세대들은 경제적으로 궁핍했던 시절이였기에 풍족함이 그때는 자신감의 표상이요, 꿈을 꿀 수 있는 재료이기도 했었습니다.

성장기의 아이들에게는 사물에 도전하는 힘을 키워 줘야 합니다. 누구나 넘어지면서 일어서는 법을 배우고 다치면서 조심하는 법을 배우는 과정을 거치면서 육체적으로나 정신적으로나 신앙적으로 건전하게 성장할 수 있습니다. 아이들이 힘들어하고 아무리 느리게 하더라도 효율성이란 유혹에 부모님이 끼어들지 말아야 아이는 적극성을 배울 수 있습니다.

# 24장 홀로서면 혼자서도 즐겁고 행복하다.

(요 14:27)"평안을 너희에게 끼치노니 곧 나의 평안을 너희에게 주노라 내가 너희에게 주는 것은 세상이 주는 것과 같지 아니하니라. 너희는 마음에 근심하지도 말고 두려워하지도 말라"

예수님과 동행하며 홀로서서 인생을 살아가면 혼자서도 즐겁고 행복합니다. 혼자서 즐겁고 행복하지 않으면 인생이 고통이고 고난이라 자포자기가 될 수도 있습니다. 인생은 어차피 홀로서기이기 때문에 어떡하든지 홀로 서야 하는 것입니다. 그 누구도 자신을 즐겁고 행복하게 할 수가 없습니다. 오로지 자신의 주인이신 성령하나님 안에서 즐겁고 행복하도록 해야 합니다. 우리가 나름의 주관으로 '저 사람은 정말 행복할 것 같다'라고 생각하는 사람들 가운데 의외로 인생을 불행하게 살고 끝내는 자살로 인생을 마감하는 사람들이 많이 있는 것을 보게 됩니다. 유명한 배우나 탤런트, 가수 같은 사람들 가운데 이런 예들을 많이 봅니다. 이들은 사람들이 그렇게 흠모하는 미모와 인기와 돈을 가진 사람들입니다. 그런데 사실은 이들 가운데 불행하게 사는 사람들이 의외로 많이 있습니다.

몇 년 전에 공개된 연예 노조에 발표에 의하면 연기자 협회에 등록된 연예인 중에 활동하고 있는 사람은 400명 정도 된다고 합니다. 그 중에 TV에 활동하는 사람은 50명 쯤 된다고 합니다. 연기자 협회에 등록된 연예인들 가운데 불안감을 안고 사는 사람들이 있으며, 불면증, 위장병, 대인 기피증, 조울증, 공황장애를 가지고 고통을 당하면서 살아가는 사람들이 있다고 합니다. 또 알코올 중독, 약물 복용으로도 시달리고 있는 사람이 있다는 것입니다. 그들은 모두가 최고를 향해 뛰고 있습니다. 하지만 많은 사람들이 실패자로 살아갑니다. 그러고 보면 인생의 행복은 사람들이 추구하고 있는 것들로 인하여 얻어지는 것이 아님을 알 수 있습니다.

결혼하는 청년들에게 무엇을 위해 결혼하느냐? 물으면 행복하기 위해서 결혼한다고 대답합니다. 그러면 그때마다 저는 생각을 바꾸라고 말합니다. 행복해지기 위해서 결혼한다면 결혼하는 마음속에는 이미 상대방이 나에게 잘 해주기를 기대하는 마음이 가득하다는 것입니다. 그런데 이 마음은 상대 배우자에게도 가지고 있습니다. 이 마음을 가지고 결혼해서 함께 삶을 살기 시작하면 상대방을 배려하고 도우려고 하는 마음보다는 상대방을 통해서 무엇인가를 얻고자 하는 받고자 하는 마음이 있기 때문에 행복에 대한 환상은 깨지기 시작합니다.

우리 그리스도인의 행복도 마찬가지입니다. 행복을 추구함으로 행복을 누리는 것이 아닙니다. 주님의 소원을 이루어드리는 삶을 위해 내 자아를 포기하고 주님 앞에 순종할 때 하나님은 행복을 선물로 주십니다. 우리들의 인간관계, 부부관계, 교우관계, 직장의 동료들과의 관계에서 왜 싸움과 다툼이 일어나는 것입니까? 자신의 권리를 주장하고 있기 때문입니다. 우리의 신앙생활도 마찬가지입니다. 주님을 믿으면서도 삶의 주도권을 여전히 내가 주장하고 있는 사람은 항상 마음이 불안하고 조급합니다.

그러나 그 권리를 포기하고 주님께 양도해 보십시오. 포기한 사람은 더 이상 잃을 것이 없습니다. 빼앗길 것이 없습니다. 그래서 자유롭고 편안합니다. 그런 사람을 주님께서 마음껏 사용하십니다. 주님께서 사용하시니 놀라운 변화와 기적들을 체험합니다. 뿐만 아니라 우리는 우리 자신을 비워야 합니다. 자아를 비운 사람은 어떤 환경 가운데서도 편합니다. 복잡하지 않습니다. 삶이 단순합니다. 거기에 진정한 행복이 있습니다. 예수 그리스도를 구주로 모시면 어떠한 처지에 있든지 소박한 행복을 느낄 수 있는 것입니다. 나는 고향인 하나님을 찾았고, 길인 예수님을 믿고 성령님의 인도를 받으며 잃어버린 내 자신을 찾았기 때문에 이제는 내가 어디서 와서, 왜 살며, 어디로 가는 것을 아는 평안을 마음속에 소유하게 된 것입니다.

스웨덴의 복음가수 레나 마리아는 두 팔과 한쪽 다리 절반이 없는 선천성 장애인입니다. 그러나 그녀는 예수 그리스도를 구주로 모시고 하나님을 섬기는 건강한 자아상을 가지고 있었습니다. 자기의 모습에서 하나님의 신묘막측(神妙莫測)한 창조의 뜻을 깨닫고 오히려 불구로 태어난 것조차도 감사하는 사람이 된 것입니다. 장애에 굴하지 않고 모험을 즐긴 결과 장애인 올림픽에서 수영 4관왕을 차지했습니다. 두 팔이 없고 한쪽 다리의 반이 없는 그가 수영에 4관왕을 차지한 것은 놀라운 일입니다. 세계적인 복음가수가 되었습니다. 지금 그녀는 자신을 사랑하는 신실한 청년과 결혼해서 아름다운 가정을 이루었습니다. 스스로를 저버리지 아니하고 좌절하고 낙심하지 아니하고 예수 그리스도를 모시고 하나님 안에서 기쁘고 행복하게 사니까 그의 삶속에 긍정적이고 적극적이고 창조적인 일들이 늘 생겨난 것입니다. 그러므로 그 불구의 몸으로 올림픽에 나가서 수영 4관왕도 되고 가수가 되어 대중들 앞에 부끄러움 없이 서서 찬송가 노래를 부르고 그러한 밝고 맑고 환한 인격에 감동한 젊은 청년이 프러포즈해서 결혼해서 행복한 인생을 살아가고 있는 것입니다.

그러나 이와 반대로 20세기 최고의 여류작가로 불리는 프랑스와즈 사강은 유복한 가정에서 태어나 소르본 대학에 재학 중이던 18세 때 「슬픔이여 안녕」이라는 소설을 발표한 천재 작가요, 인물도 아름다운 지성인이었습니다. 그러나 그는 항상 인생을 부정적으로 생각하고 낙심하고 탄식하며 하나님을 등지고 예수 그리스도를 구주로 영접하지 않았습니다. 그는 무신론자요, 자기를 의지하는 사람이었습니다. 그러나 두 차례의 이혼을 하고 도박에 빠지고 알코올 중독으로 폐인이 되고 약물 남용으로 비참하게 삶을 마감하고 만 것입니다. 그는 하나님과 예수님을 저버렸습니다. 명예도 가지고 돈도 가지고 미모도 가지고 있었지만 항상 불행하고 불만족한 것으로 꽉 들어차고 최후에는 패퇴한 인생을 살다가 처참하게 죽고만 것입니다. 진정한 삶의 의미와 목적과 행복은 오직 예수 그리스도 안에 있는 것입니다.

그러므로 예수 그리스도 안에서 자신의 정체성을 찾은 사람만이 행복한 삶을 살아갈 수가 있는 것입니다. 오늘 나는 환경 때문에 불행하다고 생각하지 마십시오. 행복은 마음속에 있지 환경에 있지 않는 것입니다. 환경은 행복에 플러스 요건은 될 수 있어도 행복의 원인은 되지 못합니다. 환경이 아무리 어렵고 고통스러워도 행복은 내가 하나님을 아버지로 섬겨서 빈 가슴속에 영원의 고향을 차지하고 인생의 길이신 예수님을 주인으로 모시고 성령님을 따라가며 그리스도 안에서 나의 새로운 삶의 신분을 발견하고 살 때 비로소 행복해지는 것입니다. 그리스도 예수 안에서 하나님을 주인으로 모시고 인생을 밝고 맑고 환하게 살며 긍정적이고 적극적이고 창조적으로 살 때 하나님도 복을 주시고 사람들도 그러한 사람을 존경하게 되는 것입니다. 인간 세상에 살면서 아무리 환경이 좋고 천재적인 지혜와 총명을 가지고 있다 할지라도 하나님 모르고 예수님을 등지고 사는 인생은 비참한 결과를 초래하고 말 것입니다.

지구촌 어디에도 인간의 삶 가운데는 진정한 행복이란 없다는 사실입니다. 하지만 인간이 이룰 수 없던 그 행복이 주어지는 곳이 있습니다. 주님의 십자가 밑에 나와 짐을 내려놓고 무릎을 꿇으면 주님께서 우리에게 진정한 행복을 주시는 것입니다. 주님의 십자가는 나는 죽고 예수님으로 사는 것을 말하는 것입니다. 행복은 어디에 있으며 어디서 오는 것일까요?

**1. 탐욕을 버린 소박한 마음이 되어야 한다.** 하나님은 우리 모든 사람에게 분량대로 인생을 살도록 해주었습니다. 뱁새는 뱁새로 살아야 되지 황새가 될 수 없습니다. 황새는 황새로 살아야

지 뱁새로 낮아질 수 없습니다. 이솝우화에 보게 되면 개구리가 황소처럼 되겠다고 공기를 들여 마셨다가 배가 터져서 죽었다는 말이 있는 것입니다. 자기의 분수를 뛰어넘는 것이 탐욕인 것입니다. 아담이 사람으로 지음 받았으면 사람으로 살아야지 하나님처럼 되겠다는 것은 엄청난 탐욕입니다. 피조물이 어떻게 조물주가 되겠다는 것입니까? 탐욕을 가지고 있기 때문에 마귀가 시험하는 것이지 탐욕이 없으면 마귀가 시험하지 않습니다. 거름 무더기가 있어야 똥파리가 찾아오지 거름 무더기가 없는데 똥파리가 찾아오지 않습니다. 탐심이 곧 우리를 파멸케 하는 우상숭배가 되는 것입니다. 약 1:14~15에 "오직 각 사람이 시험을 받는 것은 자기 욕심에 끌려 미혹됨이니 욕심이 잉태한즉 죄를 낳고 죄가 장성한즉 사망을 낳느니라."고 한 것입니다. 탐심이 들어오면 부정한 방법으로 욕심을 채우기 위해서 온갖 범죄를 하게 되고 종국적으로 사망에 이르고 마는 것입니다. 아담의 탐욕은 결국 자기와 전 인류를 파멸로 이끌고 만 것입니다.

벤 플랜클린은 탐심에 대해 이런 말을 했습니다. "탐욕과 행복은 결코 서로 만나지 않는다. 그러니 이 둘이 어떻게 친구가 될 수 있겠느냐?" 또한 석유 재벌인 록펠러는 이렇게 말했습니다. "부자가 행복하리라고 생각하는 것은 잘못이다." 록펠러만한 부자가 어디 있습니까? 그러나 부자가 행복하다는 것은 거짓말이라고 했습니다. 통계에서 보면 사람이 어느 정도의 물질만 가지면 그 이후로는 물질과 환경으로 행복하지 않다는 것입니다. 15평의 집에 사는 사람이 35평의 집을 얻을 때는 행복한

데, 35평을 사는 사람이 50평의 집을 살 때는 덤덤하고 별 볼 일 없다는 것입니다. 남루한 옷을 입은 사람이 좋은 옷을 사 입었을 때는 행복하지만 나중에 화려한 옷을 입었을 때는 별로 행복하지 않다는 것입니다. 이것은 어느 정도의 물질만 가지면 그 다음에는 물질을 아무리 가져도 행복하지 않다는 것입니다. 행복은 환경이 조그마한 플러스 요건은 될 수 있어도 전적으로 환경이 행복을 가져오지는 않습니다. **행복은 예수 그리스도 안에서 하나님을 주인으로 모시고 성령으로 충만한 은혜 속에서 홀로서서 성령님이 내 인생을 살아주신 때 행복한 것입니다.**

아담은 탐욕으로 파탄에 이르렀습니다. 탐욕이 들어오면 아무리 많이 가져도 결코 만족함을 느끼지 못합니다. 우리가 탐욕을 버리고 겸허한 마음으로 살 때 행복을 누릴 수 있는 것입니다. 이 세상에 하나님을 의지하고 살면 하나님의 은혜로 우리가 무엇을 먹을까, 무엇을 입을까, 무엇을 마실까 걱정하지 않고 살게 해주겠다고 한 것입니다. 이스라엘이 애굽에서 살 때는 인간의 수단과 방법과 노력으로 살았지만 하나님을 따라 광야로 돌아왔을 때는 농사도 지을 수 없고 논밭도 없었습니다. 짐승도 기를 수가 없었습니다. 빈 손 들었습니다. 하늘만 처다 보았습니다. 그들이 40년 동안 광야에서 하늘만 처다 보고 하나님만 의지했지만 헐벗지도 아니하고 굶주리지도 아니하고 배고프지도 아니하고 목마르지도 아니한 것은 하나님이 그들을 돌보아 주셨기 때문인 것입니다. 우리가 이 광야 같은 세상을 살면서 우리가 인간의 수단과 방법과 노력이 모자란다 할지라도 하늘을 쳐다보고 하나님을 주인으로 모시면 하나님이 우리에게 복을 주셔서 먹고, 입고, 마시고 살게 만들어 주시겠다고 약속하신 것입니다.

**2. 사람과의 관계가 부드러운 것이 행복이다.** 우리는 어찌할 수 없이 태어날 때부터 가족을 가지고 태어나는 것입니다. 하나님이 아담만 지어놓지 아니하시고 하와를 지어서 두 사람이 함께 살도록 만들어 놓은 것입니다. 창 2:24에 "이러므로 남자가 부모를 떠나 그의 아내와 합하여 둘이 한 몸을 이룰지로다."라고 말한 것입니다.

어찌할 수 없이 남자와 여자가 부부가 되어서 함께 살아야 되지 이 함께 사는 것이 없으면 행복하지 않습니다. 또 부부가 있으면 자식을 낳기 때문에 부모, 자녀의 관계가 원만해야 행복하게 살아갈 수 있는 것입니다. 부모, 자녀가 원만하지 못하면 행복이 없습니다. 또 형제들이 있기 때문에 형제의 관계도 원만하게 이끌어 나가야 되는 것입니다. 또 우리 형제만 있는 것이 아니라 이웃과의 관계도 잘 맺어야 됩니다. 별 도리 없이 우리는 혼자 살지 않고 사회에서 함께 몸을 부딪치며 살아가기 때문에 이웃과도 올바른 관계를 갖고 살아야 되는 것입니다. 우리가 선한 인간관계를 위해서 항상 주님께 의지하고 상대를 이해하려고 노력해야 되는 것입니다. 이 세상에 살아온 사람은 모든 사람이 나와 똑같이 않다는 것을 알고 있는 것입니다. 모든 사람들은 자기 개인의 경험이 다르고 개성이 다른 것입니다. 경험과 개성이 다른 사람을 보고 나와 똑같으리라고 생각할 수 없는 것입니다. 나는 나의 세계가 있고 다른 사람은 다른 사람의 세계가 있으니 이것을 인정하고 상대를 이해하려고 노력해야 되는 것입니다. 벧전 3:8에 "너희가 다 마음을 같이하여 동정하며 형제를 사랑하며 불쌍히 여기며 겸손하며"라고 말한 것입니다.

또 언제나 우리가 서로 좋은 관계를 갖고 살려면 기쁨과 슬픔을 함께 나누며 살아야 되는 것입니다. 롬12:15에 "즐거워하는 자들과 함께 즐거워하고 우는 자들과 함께 울라" 즐거워하는 집에 가서 울면 안 되고 우는 집에 가서 깔깔 거리고 웃으면 안 되지 않습니까? 우리가 이웃에 동정하는 마음을 가지고 서로 짐을 나누어지는 그러한 자상스러운 마음을 가져야 인간관계를 잘 유지할 수 있습니다. 그리고 무엇보다도 참는 것입니다. 첫째도 참고, 둘째도 참고, 셋째도 참는 것입니다. 내 마음대로 안 된다고 화를 내고 주먹을 휘두르면 큰 사고가 나지 않습니까? 우리 인생에도 부부간에도 참아야 되고, 부모 자식 간에도 참아야 되고, 형제간에도 참아야 되고, 이웃 간에도 참고 또 참고 또 참아야 문제가 해결되고 좋은 인간관계를 가질 수가 있는 것입니다.

롬15: 5에 "이제 인내와 위로의 하나님이 너희로 그리스도 예수를 본받아 서로 뜻이 같게 하여 주사"라고 말씀하고 있는 것입니다. "모든 겸손과 온유로 하고 오래 참음으로 사랑 가운데서 서로 용납하고 평안의 매는 줄로 성령이 하나 되게 하신 것을 힘써 지키라(엡 4:2-3)"고 말하고 있는 것입니다. 그리고 우리는 사랑해야 되는 것입니다. 사랑한다는 것은 용서하고 화해하는 것을 말하는 것입니다. 사랑한다고 해서 뛰어 나가서 얼싸안고 뛰고 구르라는 것은 아닙니다. 사랑하라는 것은 잠잠하게 이웃을 용서하고 화해하는 마음, 관용하는 마음을 가진 것이 사랑하는 마음인 것입니다. 남편과 아내도 늘 마음이 부딪히잖아요. 잠잠하게 용서하고 화해하고 관용하는 마음, 이것이 부부간에 부모자식 간에 형제간에 이웃 간에 있을 때 우리가 인간관계를 올바르게 가질 수 있고 행복을 가져올 수 있는 것입니다.

인간관계가 굉장히 우리 마음속에 슬픔과 고통을 가질 수 있습니다. 부부간에 불화하면 마음을 고통스럽게 만드는 것입니다. 부모 자식 간에 상극이 되면 부모의 마음, 자식의 마음도 깊은 슬픔에 차이게 되는 것입니다. 형제간에 싸워도 괴롭고 이웃간에 싸워도 마음에 평안하지 않습니다. 마음에 평안과 행복을 가져오기 위해서는 인간관계를 올바르게 하기 위해서 이해하고 동정하고 인내하고 사랑하는 마음으로 인생을 살도록 끊임없이 우리가 노력을 해야 되는 것입니다. 갈 5:13~14에 "사랑으로 서로 종노릇 하라 온 율법은 네 이웃 사랑하기를 네 자신 같이 하라 하신 한 말씀에서 이루어졌나니"라고 말하고 있는 것입니다.

**3. 건강을 감사하고 관리할 때 행복하다.** 우리는 건강함을 감사하고 즐기는 삶을 살아야 되는 것입니다. 우리는 건강할 때 건강이 얼마나 소중하다는 것을 모릅니다. 그러나 건강을 잃고 보면 얼마나 건강이 소중한 것을 알게 되는 것입니다. 하나님이 건강 주신 것을 감사를 해야 행복해지는 것입니다. 건강한 것이 얼마나 감사하고 행복합니까? 오늘도 병원에 가보

십시오. 환자들이 줄을 서서 있는 것입니다. 얼마나 고통가운데 있는 것입니까? 병들지 않고 건강하게 사는 것만 해도 절대로 행복하고 즐거운 것을 알아야 할 것입니다.

필자는 하나님의 은혜로 3년 동안 병원에 능력전도를 다녔습니다. 병원에 입원한 환자 중에는 목사님도 계시고, 장로님도 계시고 권사님, 성도님들이 계십니다. 이분들이 이구동성으로 하시는 말이 교회에 나가서 예배를 드리는 것이 소원이라고 말합니다. 걸어서 교회에 나가 하나님께 예배를 드리고 싶다는 것입니다. 시 6: 2에 보면 "여호와여 내가 수척하였사오니 내게 은혜를 베푸소서! 여호와여 나의 뼈가 떨리오니 나를 고치소서"라고 시편기자가 간구하는 것을 볼 수 있습니다.

우리는 시103: 2~3에 "내 영혼아 여호와를 송축하며 그의 모든 은택을 잊지 말지어다. 그가 네 모든 죄악을 사하시며 네 모든 병을 고치시며"라고 말한 것입니다. 병을 치료받고 건강함을 가져야 행복을 누릴 수 있는 것입니다. 아무리 좋은 집에서 호의호식하고 살아도 몸이 아프면 짜증이 나고 좋은 것이 하나도 없고 고통만 꽉 들어찬 것입니다. 그러므로 주님께 늘 건강을 달라고 기도하고 건강을 유지하려고 노력하고 건강함을 감사, 찬송을 해야 되는 것입니다. 성경에는 감사로 제사를 드린 자가 나를 영화롭게 하나니 그 행위를 옳게 하는 자에게 하나님의 구원으로 보이리라 했는데 평소에 건강할 때 건강을 감사하지 아니하면 나중에 병들 때 아무리 고쳐달라고 해도 응답이 잘 오지 않습니다. 있는 것을 가지고 감사를 하면 하나님이 나중에 기쁘게 기도를 들어 주시는 것입니다.

우리가 일생에 살면서 건강에 투자를 해야 돼요. 건강에 투자를 하지 않고 자연히 건강해 지지는 않습니다. 건강에 어떻게 투자를 합니까? "마음의 즐거움은 양약이라(잠17:22)"고 했으니까 우리가 마음에 즐거움을 항상 가지고 평안을 가지고 살려고 투자를 해야 돼요. 노력을 해야 돼요. 마음에 평화를 깨고 흔들고 마음에 화평을 잃게 하는 것은 피해야 돼요. 우리가 과도한 스트레스를 받으면 마음에 즐거움과 평화가 다 사라지잖아요. 그런데 이 스트레스를 치유하기 위해서 열심히 하나님께 기도하고 수고하고 무거운 짐을 주님께 맡기고 말씀 읽고 기도하고 하나님께 맡기는 것을 게을리 하지 말아야 되는 것입니다. 그래서 하나님을 의지하고 마음에 기쁨과 평안을 늘 가지고 있어야 되는 것입니다. 잠17:22에 "마음의 즐거움은 양약이라도 심령의 근심은 뼈를 마르게 하느니라"고 한 것입니다.

우리는 자기만 즐거워할 뿐 아니라 이웃에 즐거움을 주는 약이 되어야 되는 것입니다. 자신의 마음이 약이 될 수도 있고 독이 될 수도 있습니다. 이웃을 즐겁게 하면 이웃에 양약이 되어주고 이웃에 마음에 근심을 끼치면 독이 될 수 있는 것입니다. 남편이 아내에게 약이 될 수도 있고 독이 될 수도 있고 아내가 남편을 약이 되게도 하고 독이 될 수도 있는 것입니다. 부모가 자식에게 약이 되고 독이 되고 자식이 부모에게 약이 되고 독이 될 수 있는 것입니다. 우리가 남에게 기쁨을 주고 평안을 주면 양약이 되는 것입니다. 그러나 남에게 근심을 끼치면 우리가 남을 죽이는 독이 되는 것입니다. 우리는 인생을 살면서 언제나 이웃에 양약이 되고 독이 되지 않기를 주님 이름으로 축원합니다.

시16:11에 "주의 앞에는 충만한 기쁨이 있고 주의 오른쪽에는 영원한 즐거움이 있나이다."라고 말했습니다. 우리가 주님께 기도하고 주의 은혜 속에 있으면 마음의 즐거움이 주님께로부터 오며 평안도 주님께로부터 오므로 우리 속에 양약이 역사해서 질병을 이기고 건강할 수가 있는 것입니다. 마음에 즐거움과 평안은 우리의 건강에 절대적인 요소가 되는 것입니다. 그리고 우리는 식생활에 조심해야 되는 것입니다. 식생활에 우리가 관심을 가지고 너무 기름진 음식을 많이 먹지 말고 절제할 수 있어야 우리가 건강을 가질 수 있는 것입니다. 그리고 언제나 건강에 조심하기 위해서 걸어야 되는 것입니다. 우리는 항상 앉아있고 자가용 자동차를 타고 다니고 걷는 기회가 없으므로 건강을 손상시킬 때가 많은 것입니다. 우리는 많이 걸어야만 되는 것입니다. 남녀모두 하체가 강해야 건강합니다. 하루에 6,000보 이상 1만보를 걸으려고 노력해야 합니다.

성경 고전 6:19~20에 "너희는 너희 자신의 것이 아니라 값으로 산 것이 되었으니 그런즉 너희 몸으로 하나님께 영광을 돌리라"고 했는데 몸이 자신의 것이 아니고 하나님의 것입니다. 자신이 하나님의 성전이기 때문에 살아있을 동안에 이 성전을 건강하게 유지하고 보수하는 것은 자신의 책임인 것입니다. 행복을 위해서 우리는 건강에 투자해야 됩니다. 건강을 위해서는 적당한 운동을 하고 음식도 적당하게 먹어야 합니다.

WHO 자료에 의하면 전 세계 인구의 10%에서 30%가 고혈압을 앓고 있습니다. 이를 막기 위해서는 지속적인 운동으로 체지방을 줄이고 야채를 많이 먹고, 소금은 적게 먹어야 한다고 말하고 있습니다. 미국의 국립 심장-폐-혈액연구소인 NHLBI에서는 고혈압을 막기 위해서는 하루 30분 이상 운동하고 체중을 관리하며 야채와 저지방 낙농 식품을 즐겨야 한다고 발표했습니다. 하버드 의대와 오키나와 국제대학이 25년간 세계적인 장수촌인 일본 오키나와 주민들 생활을 연구한 끝에 발표한 장수의 비결이 이러합니다. 먼저 신선한 물을 많이 마시고 야채와 잡곡을 많이 먹고, 동물성 음식과 술 담배를 먹지 말며, 운동하고, 긍정적인 사고를 지니면 오래 산다. 그렇게 말한 것입니다.

물론 죽고 사는 권세는 하나님께 있지만 하나님께서 건강을 우리에게 내어 준 이상 잘 돌보아야 오래 유지할 수가 있는 것입니다. 사람이 살면 70이요, 강건하면 80이라고 했는데 아무리 못살아도 70이상은 살아야 될 것입니다. 그러기 위해서 자신이 언제나 마음에 평안을 가지고 기쁨으로 충만하면 양약이 몸속에 충만하게 되는 것입니다.

그리고 식생활을 조심해서 하고 늘 운동하며 긍정적인 사고방식을 가지고 살면 건강해지고 소박한 행복을 가질 수 있는 것입니다. 행복을 위해서 우리는 먼저 이와 같이 식생활 개선과 운동에 투자를 해야 건강해질 수 있는 것입니다. 우리가 질병이 생기면 기도하고 병원에 가서 우리 몸의 건강을 조사해서 치료방법을 찾아야 합니다. 세상 병원을 이용하여 병을 고쳤다고 믿음이 없는 것이 아닙니다. 하나님 아버지는 내가 너의 병을 고치는 하나님이라고 말한 것입니다. 출15:26에 "나는 너희를 치료하는 여호와임이라"고 했으니 기도해서 병을 고치든지, 성령께서 감동하시면 병원에 가서 병을 고치는 것입니다.

벧전 2:24에 "그가 채찍에 맞음으로 너희는 나음을 얻었나니"다고 말한 것입니다. 하나님이 나의 의사가 되시고 예수님이 나의 약이 되시므로 언제나 의사되시는 하나님께 기도하고 치료해 주시기를 간구하고 예수님이 우리의 치료약이기 때문에 저가 채찍에 맞음으로 너희가 나음을 입었다는 이 약속의 말씀을 마음속에 간직하고 항상 입으로 시인하며 살게 되시기를 바랍니다. 질병이 생기면 하나님께 기도하여 세상 의술도 이용하여 질병을 치유해야 합니다. 하나님께서 자녀들을 치유하기 위하여 세상에 병원과 전문 의사를 두신 것입니다. 절대로 세상 의술을 이용하는 것은 불신앙이 아닙니다. 예수님 안에 행복이 있습니다. 진정 행복한 사람은 명예나 명성을 얻고, 세상에서 권세나 물질적으로 풍요를 누리는 사람이 아니라, 하나님을 사랑하고 하나님을 기뻐하며 찬송하는 사람입니다.

존 웨슬레도 "하나님을 떠나서는 행복이란 없다"고 했고, 아브라함 링컨도 "행복은 우리 안에 있는 것이 아니다. 그렇다고 우리 밖에 있는 것도 아니다. 행복은 우리가 하나님과 연합하는데 있다"고 하였습니다. 자신의 마음속에 하나님을 주인으로 모시고 성령 안에서 홀로 서며 범사에 감사함으로 인생의 행복자, 신앙의 승리자가 되시기를 축원합니다.

이 책을 통해 예수님이 땅끝까지 전파 되기를 소원합니다.
(출판으로 인한 이익금은 문서선교와 개척교회 선교에 사용합니다.)

## 홀로서기 예수님과 동행하며

발 행 일 l 2022. 8. 31초판 1쇄 발행

지 은 이 l 강요셉

펴 낸 이 l 강무신

편집담당 l 강무신

디 자 인 l 강요셉

교정담당 l 강무신

펴 낸 곳 l 도서출판 성령

신고번호 l 제22-3134호(2007.5.25)

등록번호 l 114-90-70539

주　　소 l 서울 서초구 방배천로 2길 53(방배동)

전　　화 l 02)3474-0675/ 3472-0191

E-mail l kangms113@hanmail.net

유　　통 l 하늘유통. 031)947-7777

ISBN l 978-89-97999-86-6  부가기호 l 03230

가　　격 l 16,000원